복 있는 사람

오직 여호와의 율법을 즐거워하여 그 율법을 주야로 묵상하는 자로다.
저는 시냇가에 심은 나무가 시절을 좇아 과실을 맺으며 그 잎사귀가 마르지 아니함 같으니
그 행사가 다 형통하리로다.(시편 1:2-3)

존 머레이의 구속

John Murray

Redemption Accomplished and Applied

존 머레이의 구속

존 머레이 지음 | 장호준 옮김

복 있는 사람

존 머레이의 구속

2011년 9월 14일 초판 1쇄 발행
2025년 4월 3일 초판 6쇄 발행

지은이 존 머레이
옮긴이 장호준
펴낸이 박종현

(주) 복 있는 사람
서울특별시 마포구 연남동 246-21 (성미산로 23길 26-6)
전화 723-7183(편집), 723-7734(영업·마케팅)
팩스 723-7184
이메일 hismessage@naver.com
등록 1998년 1월 19일 제1-2280호
ISBN 979-11-7083-222-5

Redemption Accomplished and Applied
by John Murray

Copyright ⓒ 1955 by Wm. B. Eerdmans Publishing Co.
Originally published in English under the title
Redemption Accomplished and Applied by John Murray
Published by Wm. B. Eerdmans Publishing Co.
2140 Oak Industrial Drive NE, Grand Rapids, Michigan 49505, U.S.A.
All rights reserved.

Translated and used by arrangement of Wm. B. Eerdmans Publishing Co. through rMaeng2, Seoul, Korea.
Korean Copyright ⓒ 2011 by The Blessed People Publishing Co., Seoul, Korea.

이 책의 한국어판 저작권은 알맹2 에이전시를 통해 Wm. B. Eerdmans Publishing Co.와 독점 계약한 (주) 복 있는 사람이 소유합니다. 저작권법에 의하여 한국 내에서 보호를 받는 저작물이므로 무단 전재와 복제를 금합니다.

차례

해설의 글 __ 9

서문 __ 19

1부 **구속의 성취**

1장 속죄의 필요 __ 25

2장 속죄의 본질 __ 39

3장 속죄의 완전성 __ 81

4장 속죄의 범위 __ 91

5장 결론 __ 115

2부 구속의 적용

6장 적용의 순서 __123

7장 유효한 부르심 __135

8장 거듭남 __145

9장 믿음과 회개 __159

10장 칭의 __175

11장 양자됨 __195

12장 성화 __207

13장 견인 __221

14장 그리스도와의 연합 __235

15장 영화 __253

주 __263

찾아보기 __267

해설의 글

존 머레이John Murray는 1898년 스코틀랜드에서 태어났다. 글래스고 대학교를 졸업한 그는, 미국 프린스턴 신학교에 입학하여 1927년 신학사와 신학석사 학위를 취득했다. 2년 후 프린스턴 신학교 조직신학 교수로 있던 하지C. W. Hodge로부터 부름을 받아 1929년부터 조직신학 강사를 역임했고, 이후 1930년 9월에 필라델피아에 있는 웨스트민스터 신학교로 자리를 옮기게 된다. 웨스트민스터 신학교는, 당시에 프린스턴 신학교가 자유주의의 영향을 받게 되자 그곳으로부터 나온 그레샴 메이첸, B. B. 워필드, C. W. 하지, O. T. 앨리스, R. D. 윌슨 등에 의해서 성경적 정통신학을 지키고 또 바르게 세워 가기 위해 설립된 신학교였다. 머레이는 이후 1966년 은퇴할 때까지 조직신학 교수로 지내면서 개혁신학의 기초를 놓았고, 자유주의와 인본주의적 세속 사상들로부터 성경적 진리를 지키며 30여 년간 개혁신학의 대표적인 조직신학자로서 자리매김했다.

1975년 하나님의 부름을 받기까지 머레이는 *The Presbyterian Guardian*, *The Westminster Theological Journal* 등에 수많은 논문들을 기고했으며, 주요 저서로는 「존 머레이의 구속 *Redemption Accomplished and Applied*」(1955년), *Principles of Conduct*(1957년), *The Epistle to the Romans* Vol. 1-2(1959년, 1965년) 등이 있다.

「존 머레이의 구속」은 1955년에 출간된 것으로, 2부의 내용은 *The Presbyterian Guardian*에 기고했던 글을 재편집한 것이다. 이 책은 기독론과 구원론의 주요 내용들을 개혁신학의 관점에서 기술한 우리 시대의 고전으로, 기독교 구원 진리의 핵심인 복음의 정수를 성경적으로 잘 소개하고 있다. 하나님께서 인간에게 베푸신 구원의 주제는 조직신학 안에서 전통적으로 기독론과 구원론에서 논의되어 왔는데, 그 두 주제들과 관련되는 핵심적인 내용들이 성경적으로 잘 요약되어 있다.

이 책은 크게 두 부분으로 나뉘는데, 1부의 내용은 기독론에서 취급되는 예수님의 속죄 사역을 다룬다. 머레이는 그것을 "구속의 성취 Redemption Accomplished"라고 표현한다. 창세전에 성부 하나님께서 성자와 성령 하나님과 의논하시고 작정하셨던 인류 구원을 위한 구속의 계획이 2천여 년 전에 어떻게 역사 속에서 예수님의 지상 사역을 통해 객관적으로 성취되었는지를 말해 준다.

그런데 역사 속에서 객관적으로 성취된 구속 사역은, 그것이

신자 개개인들에게 적용되지 않는 한 실제적으로 아무 도움이 되지 못한다. 주님의 구속의 은총이 아무리 위대하고 놀라운 것이라 하더라도, 그것을 자신의 것으로 삼지 못한다면 단지 그림의 떡으로만 남게 될 것이기 때문이다. 2부에서 취급되는 내용은, 바로 그러한 예수님의 구속 사역의 주관적인 적용에 관한 것이다. 머레이는 그것을 "구속의 적용-Redemption Applied"이라 표현한다. 즉, 예수님이 역사 속에서 객관적으로 성취해 놓으신 하나님의 자녀들을 위한 구속 사역의 은총과 축복들이 어떻게 신자 개개인들의 삶 속에 성령님의 역사를 통해서 적용되고 성취되는지에 대해 말해 주고 있다.

예수님께서 2천여 년 전에 갈보리 언덕에서 이루신 그분의 백성들을 위한 구원 역사의 핵심은 속죄 사역이다. 1부에는 바로 그 속죄 사역에 관한 성경적 관점들이 정리되어 있는데, 이 속죄론 논의들 속에서 특별히 주목해 볼 만한 내용은, 3장 "속죄의 완전성"과 그 다음 4장에서 제시되는 "속죄의 범위"에 관한 설명이다. 다른 장도 마찬가지지만, 머레이는 특히 이 두 장을 통해 개혁신학의 관점을 더욱 분명하게 제시하고 있다.

   3장에서 제시하는 그리스도의 속죄의 완전성에 관한 설명은, 주님의 십자가 사건이 범죄한 죄인들의 죄의 문제를 해결하기에 온전하며 또한 최종적으로 완성된 것임을 드러냄으로써 우리의 구원의 문제가 오직 주님의 은혜로만 주어진 것임을 확증해 준다. 속죄 사역을 인간 편에서의 어떠한 노력이나 참여와는 상관없이 오직 주님의 희생에 의해서만 완성된 사역이라고 말하는 것은, 개혁신학이 강조하는 "하나님의 주권적 은총에 의한 구원의 원리"를 더욱 확고히 세워 주는 가르침이 되는 것이다.

4장에서 속죄의 범위를 설명하는 내용 속에서도, 머레이는 칼뱅주의의 입장에서 분명하게 "제한 속죄 Limited Atonement" 교리를 제시한다. 성경에서 만인 속죄를 가르치는 듯이 보이는 구절들을 언급하면서, 성경 전체를 통해서 왜 보편적 속죄의 가르침이 잘못된 것인지를 명쾌하게 설명해 준다. "그리스도가 누구를 위해 십자가에서 죽으셨는가"라는 질문에 대해서 성경이 제시하는 "제한 속죄 교리"는, 사실상 개혁신학의 다른 주요한 가르침들과 맞물려 있는 가르침이다.

보편 속죄론이 지니는 문제의 핵심 중에 하나는, 궁극적으로 또 현실적으로 만인 구원론이 인정될 수 없으므로, 사실상 보편 속죄론, 곧 예수님께서 모든 사람을 위하여 십자가에서 죽으신 것이라는 주장이 성립될 수 없다는 점에서 발견된다(그렇지 않으면, 십자가를 지신 예수님의 의도가 좌절되는 것으로 말해야 하기 때문이다). 그러한 한계를 극복하기 위해서, 곧 만인 구원론은 피하면서도 보편 속죄론을 주장하기 위해서 보편 속죄론자들이 제시하는 대안이 바로 "속죄의 가능성 Redeemability"이란 개념이다. 그런데 그것은 결국 구원의 최종적인 결론의 근거를 인간 편에서 찾게 하는 알미니안적 오류에 빠지고 만다. 즉, 주님께서 십자가에서 하신 일이란 모든 사람들에게 구원받을 가능성만을 열어 놓기 위한 것이라고 주장하고, 따라서 최종적인 구원은 그 가능성 위에서 인간이 스스로 자신의 신앙의 길을 성공적으로 경주했을 때 주어진다는 결론으로 귀착되고 마는 것이다. 결국 그러한 주장은 앞의 3장에서 제시한 그리스도의 속죄 사역의 완전성과 최종성을 무너뜨리고, 주님의 사역을 단지 구원의 기초만을 놓은 사역으로 전락시키게 된다.

예수님께서 성취하신 구속 사역의 주관적인 적용의 주제를 다루는 2부에서 주목할 부분은, 칼뱅Jean Calvin의 전통을 따라 "그리스도와의 연합의 중요성"을 강조한 점이다. 예수님께서 객관적으로 성취하신 구속 사역이 신자 개개인들에게 적용되는 축복들은 예정에서부터 시작해서 부르심, 거듭남, 믿음, 칭의, 양자됨, 성화, 영화로 이어지는 일련의 단계들로 설명되는데, 전통적으로 그것을 구원의 서정이라 불렀다. 2부의 내용은 그러한 여러 가지 영적인 축복들에 관한 것인데, 전통적인 구원의 서정 논의에서 빠지기 쉬운 위험성은, 성경에서 하나의 역동적인 영적 축복으로 주어지는 구원을 인간의 논리적 차원에서 직선적인 과정으로만 축소시킬 수 있다는 점이다. 구원의 서정 논의란 하나님의 풍성한 구원의 축복 안에 담긴 내용들을 더 잘 이해하고 바르게 적용하기 위해서 시도되었지만, 더 논리적으로 잘 설명하려는 시도가 하나님의 구원의 역동성을 평면화시킬 위험성을 안고 있다는 것이다. 그래서 때로는 구원의 주가 되시는 예수님은 놓쳐 버리고, 예수님으로부터 분리된 영적 축복들에만 우리의 시선을 고정시키는 결과를 낳게 될 수도 있는 것이다.

여기에서 전통적인 "직선적 접근 방식"의 한계를 극복하기 위해 필요한 논의가 바로 "그리스도와의 연합"에 기초한 "그리스도 중심적 접근 방식"이다. 사실 구원의 서정 논의는 17-18세기 개신교 스콜라 신학에서 시작되었고, 그 이전의 종교개혁자 칼뱅에게서는 찾아볼 수 없는 주제였다. 칼뱅은 전통적인 구원의 서정 주제가 공식적으로 논의되기 전이었으므로, 단순히 그리스도에 참여하는 participation in Christ 개념으로 구원의 다양한 영적 축복들을 설명했었다. 구원론의 논의가 제시되는 「기독교 강요 Institutes of the Christian Religion」 제3권에서 그는 구원의 모든 축복들이 주어지는 기초로서 "그리스도와의 연합"을 강조하고 있는데, 그러한 방식은 오히려 성경적인 관점을 바로 제시하는 설명이었다.

머레이도 칼뱅의 그리스도 중심적인 접근 방식을 따라, 구원의 서정 논의에서 "그리스도와의 연합"의 중요성을 강조한다. 물론 그가 그리스도와의 연합을 구원의 서정 논의의 전면에 부각시키지 않고 성도의 견인의 주제를 다룬 이후 영화를 제시하기 전에 설명하고 있지만, 내용 면에서 충분히 그 중요성을 강조하고 있다. 구원의 서정 논의를 시작하면서 전체 논의의 기초를 놓아 주는 차원에서 그리스도와의 연합의 주제를 제시했다면 하는 아쉬움이 있지만, 그리스도와의 연합이 구원 적용 과정의 모든 국면의 기초가 됨을 강조하는 부분은 "그리스도 중심적인 구원의 서정"을 이해하는 데 많은 도움을 준다.

끝으로, 머레이의 글 전반을 통해서 드러나는 중요한 특징으로 그의 조직신학 연구의 방법론에 관한 내용을 들 수 있다. 조직신학과 밀접한 관계 속에 있는 것은 성경신학이다. 전자가 논리적인 접근 방식을 택한다면, 후자는 역사적인 접근 방식을 택한다고 볼 수 있다. 머레이는 그의 스승 게할더스 보스Geerhardus Vos와 마찬가지로 성경신학을 "특별계시의 역사"라고 부르기를 원했는데, 이것은 하나님의 특별계시가 역사 속에서 주어진 상황을 따라 신학의 내용들을 이해하고 설명하는 역사적 성격을 말한다.

조직신학이 성경의 교훈들을 상호 결합하여 적절한 주제들로 종합할 때, 성경의 개개의 단락들을 올바르게 이해하도록 돕는 주경신학은 이에 대한 중요한 기초가 된다. 그러한 주경적 열매에 기초하여 주어지는 성경신학적 연구들로부터 멀어질수록, 조직신학은 생명력을 잃게 될 위험성이 있다. 하나님의 말씀으로부터 이끌어 낸 성경신학적 열매들을 통해 조직신학의 논의들이 더욱 심화되고 풍부해지며 살아 있는 하나님의 말씀의 동력들을 공급받을 수 있게 된다는 점을 머레이는 잘 알고 있었고, 그의 조직신학 논의에도 적용하고 있음을 보게 된다.

머레이의 조직신학 연구들 속에서 그러한 접근 방식이 더욱 분명하게 드러나는 사례들 중의 하나가 바로 그의 "결정적 성화 교리 Doctrine of Definitive Sanctification"다. 이 책에서는 이 용어를 직접적으로 사용하고 있지 않지만 성화를 다루는 장에서 교리의 내용을 설명하고 있으며, 머레이의 선집 *Collected Writings of John Murray* Vol. 2에서 더욱 자세히 논의되고 있다.

전통적으로는 성화가 점진적인 과정으로서 이해되어 왔으나, 머레이는 로마서 6장, 베드로전서 2장, 4장, 요한일서 3장, 5장, 그리고 그 밖의 다른 많은 바울서신 본문들에 대한 연구를 통해, "결정적 성화"라고 표현할 수 있는 영적 축복이 신자의 삶의 초기에 주어짐을 밝힌다. 결정적 성화의 핵심 개념으로 "죄에 대해 죽는 죽음(롬 6:1-2)"을 들 수 있는데, 이 책에서도 성화를 다루는 장에서 그 개념이 제시된다. 죄에 대해 죽는 죽음을 통해서 거듭난 사람에게 주어지는 승리의 축복은 실제적인 승리이며, 우리의 노력이나 행위에 의해서 주어지는 것이 아닌, 그리스도와의 연합을 통해서 주어지는 "죄의 세력에 대한 승리"임을 밝히고 있다.

이처럼 머레이의 조직신학은 성경신학적 논의에 근거하여 성경적 교리들을 제시하기 위해 노력하는 모범을 보이고 있으며, 동시에 성경 안에 담겨 있는 말씀의 동력들을 조직신학의 주제들 속으로 이끌어 내는 접근 방식을 견지하고 있음을 보게 된다. 신자의 성화가 일생 동안 지리한 영적 싸움 속에서 갈등과 투쟁의 연속으로만 이해되는 것이 아니라, 거듭남에서부터 그리스도와의 연합 속에서 주어진 우주적인 죄의 세력의 붕괴와 패배를 확신시켜 주고, 따라서 죄와의 싸움 속에 패배와 좌절에 빠지기 쉬운 신자들에게 성경적 동력을 제공해 주는 성화론을 제시해 주었다고 볼 수 있다.

이러한 사례는 머레이의 조직신학 논의가 단순히 신학자의 사변적 논리에서 맴도는 신학이 아니라, 성경신학적 논의를 통해서 얻어 낸 하나님의 말씀에 기초한 성경적 동력 위에서 세워지는 조직신학, 곧 평면적 진리가 아닌 역동적 진리를 제시하는 조직신학 연구의 방향성을 제시해 주었다고 평가할 수 있다.

사실, 본서는 교역자나 신학생들에게 바람직한 신학연구의 길을 제시해 줄 뿐만 아니라, 교회의 일반 평신도들의 신앙생활에도 큰 유익을 주는 책이다. 단지 열심만으로는 성숙한 신앙인으로 성장하기가 어렵다. 그 열심은 성경이 가르치는 바른 교훈에 기초한 열심이어야 하다. 복음 진리의 핵심인 예수님과 성령님의 사역에 대한 성경적 이해 없이 신앙의 성숙을 이루어 내기란 어려운 일이다.

단순한 믿음으로 주께 나아가야 하지만, 동시에 주님께로 나아온 신자는 자신의 믿음의 내용이 무엇인지를 바로 이해해야 한다. 예수님의 속죄 사역의 완전성에 대한 바른 이해는 이러한 신자의 믿음생활에 확신을 가져다준다. 하나님의 주권적 계획 속에서 성취된 주님의 속죄 사역을 전적으로 신뢰할 수 있기 때문이다. 이와 함께, 예수님의 속죄 사역을 신자에게 적용시키시는 성령님의 사역에 대한 바른 이해는, 천성을 향해 나아가는 성도들의 신앙 여정 속에서 질서와 규모 있는 신앙생활로 안내하는 든든한 나침판이 된다.

김광열 교수
총신대학교 신학과

서문

구속redemption의 성취, 혹은 흔히들 대속atonement이라고 하는 것은 기독교 신앙의 핵심이다. 그렇다면 기독교회가 이 주제에 관한 문헌과 저술들로 넘쳐나는 것은 전혀 이상한 일이 아니다. 한편, 이미 이토록 많은 연구가 이루어진 하나님 계시의 한 부분을 다루는 이런 시도를 감히 활자화한다는 것이 여간 조심스러운 것이 아니다. 이 책에 담긴 연구 내용이 아주 오래전부터 최근에 이르기까지 교회사에서 이루어진 뛰어난 다른 연구들과 어깨를 나란히 할 것이라고 감히 말하지는 못하겠다. 이 책은 그저 내가 그동안 씨름하면서 묵상해 온 것들을 글로 정리한 결과물이다. 그 과정에서 수많은 신학자들과 주석가들에게 엄청난 빚을 졌다. 그들의 수고를 일일이 나열하는 것이 불가능할 정도다. 항상 그렇듯이, 수고는 다른 사람들이 하고 우리가 그들의 수고에 참여하게 된다. 여기서는 이 위대한 진리를 다 다루지 않고 그중 몇 가지 부분에 주안점을 두었다. 오늘날의 신학적 상황에서 중요하지만 그동안 조금 소홀히 여겨 온 부분이라고 할 수 있겠다.

그리스도가 이루신 구속의 성취라고 하는 엄청난 주제를 설명하려는 시도 자체가 많은 한계를 내포하고 있음을 절감한다. 영광의 하나님이 죄인들을 대신해 그들의 죄를 짊어지신 눈앞에 펼쳐진 참상에 말문이 막히고 가슴이 먹먹해진다. 우리는 지금 경건의 신비를 다루고 있고, 영원은 말 그대로 무궁하며, 하나님께 드리는 송영도 다함이 없을 것을 알아야 한다. 그럼에도 불구하고 이 신비를 전파하고 이 진리를 끊임없이 탐구하고 지키는 것은 우리의 몫이다.

구속의 적용 부분을 다루는 이 책의 2부는 1952년 10월부터 1954년 8월까지 *The Presbyterian Guardian*에 연재되었던 것으로, 이 잡지의 편집자인 레슬리 슬롯 목사의 요청이 있었다. 이 글을 연재할 수 있도록 호의를 베풀어 주었을 뿐 아니라, 이 책을 통한 출판을 허락해 준 *The Presbyterian Guardian*과 슬롯에게 감사의 인사를 전한다. 1부와 2부의 표현법이 서로 다른 부분이 있다면, 그것은 2부 내용의 원래 목적 때문이다.

원고 타이핑을 도와준 마거릿 로빈슨 양과 색인을 정리해 준 오징가 양에게 감사한다. 무엇보다도 이 책의 출판을 맡아, 출판이 되기까지 많은 호의를 베풀어 준 어드만스 출판사에 감사하지 않을 수 없다.

본 연구가 믿음의 유일무오한 규칙인 성경의 증거에 부합하는 것으로 독자들에게 드러나고, 성경에 부합하는 이런 내용들을 통해 독자들이 하나님의 은혜로 죄를 확신하고 믿음과 확신으로 반응할 수 있게 되기를 바랄 뿐이다.

1955년 5월 24일
필라델피아에서
존 머레이

1부

구속의 성취

1장
속죄의 필요

구속의 성취는 이른바 속죄라고 하는 것과 관계가 있다. 속죄를 다루면서, 은혜로 주어지는 하나님의 주권적인 사랑에 기반하지 않는 것은 방향을 잘못 잡은 것이다. 우리가 잘 아는 성경 구절이 그것을 증거한다. "하나님이 세상을 이처럼 사랑하사 독생자를 주셨으니 이는 그를 믿는 자마다 멸망하지 않고 영생을 얻게 하려 하심이라" (요 3:16). 여기가 바로 하나님의 계시의 정점이요, 인간의 생각이 다다를 수 있는 끝자락이다. 더 이상 나아가지도 못하고, 감히 그렇게 할 수도 없다.

하지만 이 말이 곧 구속에 드러난 하나님의 사랑을 더 이상 특징짓거나 묘사할 수 없다는 뜻은 아니다. 성경은 이런 하나님의 사랑에서 속죄가 비롯되고, 이 대속이야말로 하나님의 탁월한 사랑의 표현이라고 말한다. 사도 바울만큼 하나님이 보여주신 대속의 사랑을 즐거워한 사람이 또 있을까? "우리가 아직 죄인 되었을 때에 그리스도께서 우리를 위하여 죽으심으로 하나님께서 우리에 대한 자기의 사랑을 확증하셨느니라"(롬 5:8). "그런즉 이 일에 대하여 우리가 무슨 말 하리요. 만일 하나님이 우리를 위하시면 누가 우리를 대적하리요. 자기 아들을 아끼지 아니하시고 우리 모든 사람을 위하여 내주신 이가 어찌 그 아들과 함께 모든 것을 우리에게 주시지 아니하겠느냐"(롬 8:31-32). 이뿐 아니다. 바울은 이런 확증을 뒷받침하고 이런 언명이 의미와 가치를 가질 수 있도록 범위를 정하는 하나님의 영원한 경륜을 상술한다. "하나님이 미리 아신 자들을 또한 그 아들의 형상을 본받게 하기 위하여 미리 정하셨으니 이는 그로 많은 형제 중에서 맏아들이 되게 하려 하심이니라"(롬 8:29). 다른 말씀에서는 더 명시적으로 이 사실을 확증한다. "곧 창세전에 그리스도 안에서 우리를 택하사 우리로 사랑 안에서 그 앞에 거룩하고 흠이 없게 하시려고 그 기쁘신 뜻대로 우리를 예정하사 예수 그리스도로 말미암아 자기의 아들들이 되게 하셨으니"(엡 1:4-5). 대속을 있게 한 하나님의 사랑은, 누구에게나 차별 없이 균등하게 주어지는 사랑이 아닌 택정하고 예정하는 사랑이다. 하나님께서는 자신의 불가항력적이고 영원한 사랑을 셀 수 없이 많은 무리에게 베풀기를 기뻐하셨고, 그 사랑이 추구하는 분명한 목적을 대속을 통해 이루셨다.

하나님의 주권적 사랑의 개념은 강조할 필요가 있다. 진실로 하나님은 사랑이시다. 하나님의 사랑은 결코 우발적이지 않다. 하나님은 사랑일 수도 있고 아닐 수도 있는 분이 아니다. 하나님은 사랑 그 자체이시다. 필연적으로 본질적으로 영원히 그러하시다. 영이시고 빛이신 것과 마찬가지로, 하나님은 또한 사랑이시다. 하지만 선택적 사랑electing love의 핵심을 이해할 필요가 있다. 구속하고 양자 삼은 것을 통해 드러난 엄청난 사랑을 전혀 사랑받기에 합당하지 않을 뿐 아니라 지옥에 가는 것이 마땅한 존재들에게 베푸는 것은, 영원히 사랑이실 수밖에 없는 하나님의 사랑에 있어서조차 본유적이거나 필연적인 것이 아니라는 사실이다. 하나님께서 한 백성을 택하사 상속자로 삼으시되 그리스도와 함께 한 후사로 삼으신 것은, 전적으로 하나님께 있는 선하시고 기쁘신 뜻을 따라 자유롭고 주권적으로 하신 일이다. 그 원인은 전적으로 하나님께 있다. "나는 스스로 있는 자이니라"(출 3:14)고 하신 바와 같이, 오직 하나님의 고유한 작정에서 나온다. 대속이 하나님의 사랑을 강제한 것이 아니다. 오히려 하나님께 있는 굳건한 사랑의 뜻을 이루기 위해 대속이 사용된 것이다.[1]

그러므로 하나님의 사랑이 대속의 원천이요 근거라는 사실이 불변의 준거가 되어야 한다. 그렇다고 이런 사실이 대속의 **이유와 필요**를 설명해 주는 것은 아니다. 대속을 하나님이 가진 사랑의 목적과 뜻을 실현하고 성취하는 방편으로 삼은 이유는 무엇인가? 왜 하나님의 아들이 제물로 드려져야 했고 영광의 주가 보혈을 흘려야 했는지 묻지 않을 수 없다. 캔터베리의 안셀무스Anselm of Canterbury는 "전능하신 하나님이 인간을 구원하기 위해 인간 본성의 비천함과 연약함을 친히 담당할 필요가 어디 있으며, 그렇게 할 이유가 어디 있었는가"라고 물었다.[2] 왜 하나님은 인간을 향한 사랑이 뜻하는 바를 능력의 말씀과 명령을 통해 이루지 않으셨는가? 그럴 능력이 없어서라고 말한다면, 그분의 능력을 폄훼하는 것이 아닌가? 할 수는 있지만 하지 않았다고 말한다면, 그분의 지혜를 탓하는 것이 아닌가? 이런 질문은 학자들만의 전매도 아니고 쓸데없는 호기심의 발로도 아니다. 이런 의문을 회피한다면, 그리스도의 구속 사역을 해석하는 핵심을 방기하게 될 뿐 아니라, 그 사역을 통해 드러난 영광의 중요한 부분을 놓쳐 버리게 된다. 왜 하나님은 사람이 되셨는가? 사람이 되신 그분은 또 왜 죽으셔야 했는가? 죽으시되, 왜 하필 저주받은 나무인 십자가에 달려 죽으셔야 했는가? 이 모든 것이 바로 대속의 필요성에 관한 질문이다.

이런 물음에 대한 대답 가운데 가장 중요한 두 가지 견해가 있다. 그중 첫 번째는 가설적 필요hypothetical necessity라고 하는 것이고, 두 번째는 결과적 절대적 필요consequent absolute necessity라는 견해다. 아우구스티누스Augustine, 토마스 아퀴나스Thomas Aquinas 같은 사람들이 전자를 주장했고,[3] 고전적 개신교 진영은 후자를 눈여겨보았다.

가설적 필요라고 알려진 견해는 대속이나 속죄—물론 모든 것이 가능한 하나님은 다른 방법도 얼마든지 사용하실 수 있다—가 없이도 하나님께서 그분의 택한 자들의 죄를 용서하고 구원하실 수 있었다고 주장한다. 하지만 하나님께서는 은혜와 주권적인 지혜를 따라 하나님의 아들이 대속제물로 드려지는 길을 택하셨다. 그것만이 인간에게 가장 큰 유익을 가져다주고 하나님의 은혜가 더욱 놀랍게 드러나는 유일한 길이기 때문이다. 하나님은 대속의 길이 아니더라도 그분의 택한 자들을 구원하실 수 있었지만 주권적인 작정을 따라 그렇게 하셨다는 말이다. 피흘림이 없이는 죄 사함도 구원도 있을 수 없다. 그렇다고 해서 하나님의 본성이나 속죄의 본질 가운데 피흘림을 필수 불가결한 것으로 만드는 어떤 요소가 있다는 말은 아니다.

또 하나는 결과적 절대적 필요라고 하는 견해다. 여기서 "결과적"이라는 말은 사람을 구원하는 하나님의 뜻이나 작정은 하나님의 자유롭고 주권적인 은혜의 결과라는 의미다. 잃어버린 자를 구원하는 것은 절대적인 필요에서 비롯된 것이 아니라, 하나님의 선하시고 주권적인 뜻에 따라 결과적으로 그렇게 된 것이다. 반면에 "절대적 필요"라는 말은, 하나님이 자신의 선하시고 기쁘신 뜻을 따라 특정한 사람들을 영생으로 택하셨기 때문에 하나님은 자신의 독생자를 내주어서라도 그 뜻을 반드시 이루셔야 한다는 것을 말하는 것으로, 하나님의 완전한 본성에서 기인한 필요를 가리킨다. 다시 말해 죄인을 구원할 본유적 당위가 하나님께 있는 것은 아니지만, 하나님이 구원을 작정하신 이상 대속제물과 피로 값 주고 사는 구속을 통해서만 얻을 수 있는 만족을 통해 이 구원을 이루실 필요가 있었다는 말이다.[4]

이렇게 질문을 던지며 구속을 위해 본질적으로 하나님께 필요한 것이 무엇인지를 결정해 보려는 것이 주제넘은 무익한 공론처럼 보일 수도 있다. 더구나 피흘림이 없이는 **실제적인** 죄 사함이 없다고 말하는 "피흘림이 없은즉 사함이 없느니라"(히 9:22)와 같은 성경 본문을 버젓이 앞에 두고, **이론적으로** 하나님께 필수 불가결한 것이 무엇인지 논의를 일삼는 것은 성경의 계시를 넘어설 뿐 아니라 거짓말처럼 들릴 수도 있겠다.

하지만 어떤 일들이 하나님께 본유적으로 필요하거나 불가능하다고 말한다고 해서 그것을 주제넘은 짓이라 할 수 없다. 하나님은 식언치 않으시고 스스로를 부인하실 수 없는 분이라는 확언은 하나님에 대한 믿음에서 나오기 때문이다. 이러한 하나님이 "하실 수 없는 일들cannots"은 하나님의 영광스런 모습과 다르지 않다. 그렇기 때문에 이런 하나님이 하실 수 없는 일들impossibles을 생각하지 않거나 제대로 평가하지 않는 것이야말로 그분의 영광과 완전을 부정하는 일이 될 것이다.

문제는 이것이 하나님께 불가능하거나 꼭 필요한 것들 가운데 하나라고 결론 내릴 근거가 될 만한 증거나 이유를 성경이 제공하고 있는가 하는 것이다. 하나님도 대속의 희생 없이는 죄인을 구원할 수 없기 때문에, 주권적으로 정하신 은혜의 구원을 이루기 위해서 영광의 주가 피를 흘려야 한다고 성경이 말하고 있는가 하는 것이다. 이어지는 성경의 예증들을 고찰해 보면 이 질문에 긍정적으로 답할 수밖에 없다. 이런 성경의 예증들을 고찰해 보면서 이 예증들 간의 조합과 그것이 가진 점증적인 효과를 주의 깊게 살피는 것이 중요하다.

1. 위의 추론을 강하게 수긍할 수밖에 없는 성경 구절들이 있다. 예를 들어 히브리서 2:10, 17은, 하나님이 많은 자녀들을 영광으로 불러들이심에 있어서 구원의 머리가 되시는 그리스도가 고난을 통해 온전하게 되고 모든 일에서 스스로 자기 형제들과 같이 되심이

마땅하다고 말한다. 이런 방식으로 구원을 성취하는 것이 하나님의 지혜와 사랑에 부합한다는 개념만으로는, 이 강력한 성경 구절이 말하고자 하는 것을 다 담아내기에 역부족이다. 물론 이 말은 참이고, 가설적 필요라고 하는 견해가 그렇게 주장한다. 하지만 본문은 그 이상을 말하고 있다. 하나님의 신성이 요구하는 바를 따라 하나님이 은혜로 정한 바를 위해서는, 고난으로 온전하게 될 구원의 머리 되신 그리스도를 통해 구원이 성취되고, 이를 위해 그분은 모든 일에서 자기 형제들과 같이 되셔야 했던 것으로 보인다. 바꾸어 말해, 이제 우리는 하나님의 신성과 부합하는 생각에서 머물지 않고, 이런 특별한 방식을 통해 많은 자녀들을 영광으로 이끌 것을 요구하는 하나님의 속성에 대한 생각으로까지 나아간다. 사실이 그렇다면, 하나님의 속성이 요구하는 것들이 구원의 머리 되신 그리스도의 고난으로 인해 충족되었다고 할 수 있다.

2. 요한복음 3:14-16과 같은 말씀이 분명히 말하는 것은, 하나님이 보내신 독생자가 저주받은 나무에 높이 달리지 않았다면 죄로 잃어버린 자들이 영원한 멸망을 면치 못했을 것이라는 사실이다. 독생자를 보내어 영원한 멸망에 처한 잃어버린 자들을 살리신 것이다. 그런데 우리는 이 일에서 다른 길을 선택할 여지가 없다는 사실을 생각하지 않을 수 없다.

3. 히브리서 1:1-3, 2:9-18, 9:9-14, 22-28과 같은 성경 구절은, 그리스도가 이루신 일의 효력이 그리스도의 고유한 인격과 결부된다는 사실을 분명히 한다. 물론 이런 사실 자체가 모든 의문점을 해소하는 것은 아니다. 하지만 문맥을 고려해 보면 더 많은 의미

가 분명하게 드러난다. 이 본문들은 그리스도가 치른 희생이 가진 초월적 효력과 궁극성과 완전성을 강조한다. 그리스도의 희생이 담당한 죄의 엄중함에 비추어 볼 때 이런 궁극성과 완전성과 효력은 필연적이다. 구원이 성취되기 위해서는 죄가 실제적으로 다루어져야 한다. 하늘의 실체를 가리키는 모형들이 양이나 염소의 피로 정결하게 되어야 했던 것처럼, 하늘에 속한 실체들은 오직 독생자의 피로만 깨끗해진다고 하는 히브리서 9:23이 바로 이런 필연성을 가리킨다. 예수의 피로만 충족될 수 있는 필연성을 말하고 있는 것이다. 하지만 예수의 피가 하나님이 구별하신 자들의 구원을 위해 필요한 모든 덕과 효력을 가질 수 있는 것은, 성부의 영광의 광채요 하나님의 본체의 형상이신 그분이 그들을 완전하게 하기 위해 친히 육신을 입고 단번에 자신을 드리셨기 때문이다. 그런 희생을 드릴 수 있는 자만이 죄를 없이할 만큼 죄를 다룰 수 있고, 많은 하나님의 자녀들이 하나님의 임재가 있는 지성소로 나아갈 수 있도록 그들을 정결하게 한다고 본문이 결론 내리는 것은 전혀 근거 없는 추론이 아니다. 하나님이 계획하고 약속하신 뜻을 이루기 위해서는 예수가 꼭 피를 흘려야 했다고 말하는 것이기 때문이다.

이런 본문들, 그중에서도 특히 히브리서 9:9-14, 22-28을 통해 우리는 또 한가지, 곧 그리스도가 친히 드린 희생이 레위기에 기록된 희생의 위대한 원형이라는 사실에서 비롯된 다른 사실들도 고찰해 볼 수 있다. 우리는 보통 그리스도의 희생은 레위기에 나온 희생제사의 모양을 따라 드린 것이라고 생각할 때가 많다. 물론 이런 생각이 잘못된 것은 아니다. 레위기의 희생제사는 그리스도의 희생을 해석하고 이해할 수 있는 틀을 제공해 주기 때문이다. 특별히 보상 expiation, 속죄 propitiation, 화목 reconciliation이 그렇다. 하지만 그것이 곧 히브리서 9장이 말하는 바는 아니다. 히브리서 9장은 레위기의 희생제사들이 하늘에 있는 것들을 본뜬 것이라고 말한다. "하늘에 있는 것들의 모형"(히 9:23). 그렇기 때문에 하늘의 것들을 깨끗하게 하는 탁월한 피흘림의 희생을 본뜬 레위기의 제사제도에서도 피흘림이 불가피한 것이다. 레위기 제사에서 피흘림이 있을 수밖에 없는 이유는, 그것이 본뜬 하늘의 제사에서 피흘림이 없을 수 없기 때문이다. 여기서 우리는 이렇게 물을 수 있다. 하늘의 희생제사가 피흘림을 필요로 했다고 할 때, 그것은 어떤 필요를 말하는가? 가설적 필요인가 아니면 절대적 필요인가? 다음 사실들을 보면 그 답을 알 수 있다.

1) 이 성경 구절은, 탁월한 효력을 갖는 그리스도의 희생이 있을 수밖에 없는 것은 다름 아닌 죄의 성격에서 비롯된 긴박성 때문이라고 강조한다. 또한 이런 긴박성은 가설적인 것이 아니라 절대적이다. 문맥에서 죄가 가진 본질적 심각성과 그것이 즉각적으로 다루어져야 할 필요가 강조되는 것을 볼 때, 가설적 필요는 논리적으로 부합하지 않는다. 죄의 실체와 심각성을 고려할 때 효과적인 속죄가 절대적으로 필요하다.

2) 스스로 제사장과 희생제물로 드려진 그리스도의 희생의 엄밀함과 효력은 그리스도가 가진 인격의 본질과 긴밀히 연계된다. 죄를 없이하기 위해서 그런 희생이 필요했다면, 반드시 그런 희생으로 드려질 수밖에 없었고, 그런 희생으로 드려질 수 있는 인격이 절

대적으로 필요했다는 말이다.

3) 본문은 그리스도가 피를 흘려야만 했던 하늘의 것들을 가리켜 **참** 것이라고 부른다. 여기에 내포된 대비는 참 대 거짓, 실체 대 허구의 대비가 아니다. 땅에 속한 것과 대비되는 하늘에 속한 것, 일시적인 것과 대비되는 영원한 것, 부분적인 것과 대비되는 완전한 것, 잠정적인 것과 대비되는 결정적인 것, 사라질 것들과 영원토록 있을 것의 대비다. 그리스도의 희생을 앞에서 열거한 성격—하늘에 속한, 영원한, 완전한, 결정적인, 영원토록 있는—에 부합하게 드려진 것으로 생각한다면, 이런 희생을 많은 자녀들을 영광으로 불러들이는 하나님의 뜻을 이루는 가설적인 필요로만 여기는 것이 불가능하지 않겠는가? 그리스도의 희생이 가설적으로만 필요한 것이라면, 이 희생에 의미를 부여하고 합당한 것으로 드러나게 하는 하늘의 것들 역시 단지 가설적으로만 필요했을 뿐이라는 말인데, 그렇다면 이는 너무나 난해한 가설이 되지 않겠는가?

요컨대, 본문은 죄 사함(히 9:14, 22, 26)을 위해 그리스도의 피 흘림이 필요하다는 것(히 9:23)을 말하고 있고, 이는 너무나 분명한 사실이다.

4. 속죄의 필요에 대한 어떤 관점에서 보더라도, 은혜의 선택이 포함하는 구원은 하나님과의 사귐과 거룩으로 인도하는, 죄로부터의 구원이다. 그러나 만일 우리가 구원을 하나님의 의로움이나 거룩과 양립할 수 있는 것으로 정의하고 이해한다면, 이 구원은 죄 사함만이 아니라 또한 칭의justification를 포함할 수밖에 없다. 그리고 이 칭의는 우리가 죄책 아래 정죄받은 상태로 있다고 여긴다. 이런

칭의는 결국, 죄책으로 정죄 아래 있는 우리 상황을 해결하기 위한 충분한 의가 필요함을 의미한다. 은혜가 지배하는 것이 사실이지만, 의와 상관없는 은혜의 지배란 한낱 허구일뿐더러 생각할 수도 없는 것이다. 그렇다면, 어떤 의가 죄인을 의롭다 할 수 있는가? 죄인 된 우리의 상태가 요구하는 것을 충족시키고, 번복할 수 없는 완전한 칭의를 위한 필요를 만족시키는 의는 그리스도의 의밖에 없다. 그리스도의 순종을 함의하는 이런 사실은 그의 성육신과 죽음과 부활 역시 내포한다. 한마디로, 칭의는 그 안에 이미 대속의 필요를 포함한다. 그것이 칭의의 핵심이다. 칭의와 상관없는 죄로부터의 구원은 불가능하다. 구속자이신 하나님의 의가 없는 죄인의 칭의 역시 생각할 수 없다. 그렇다면 다음과 같은 바울의 말은 그냥 지나칠 수 없다. "그러면 율법이 하나님의 약속들과 반대되는 것이냐. 결코 그럴 수 없느니라. 만일 능히 살게 하는 율법을 주셨더라면 의가 반드시 율법으로 말미암았으리라"(갈 3:21). 바울은 지금, 만일 칭의가 그리스도를 믿는 믿음이 아닌 다른 방편을 통해서도 가능했다면 굳이 믿음이 아니라 다른 방법을 통해서 이루어졌을 거라고 강변하고 있는 것이다.

5. 하나님의 사랑은 그리스도의 십자가에서 가장 탁월하게 나타났다(롬 5:8, 요일 4:10). 그리스도의 십자가를 통해 드러난 하나님의 사랑의 가장 두드러진 특징은, 그렇게 드려진 희생이 갖는 무한한 가치에 있다. 로마서에서 바울이 "자기 아들을 아끼지 아니하시고 우리 모든 사람을 위하여 내주신 이가 어찌 그 아들과 함께 모든 것을 우리에게 주시지 아니하겠느냐"(롬 8:32)고 말하며 염두하고

있는 것이 바로 십자가 희생이 가진 이런 가치다. 십자가 희생이 가진 무한한 가치는 우리에게 하나님의 사랑의 위대함을 확신하게 하고, 다른 모든 것 역시 선물로 값없이 주실 것을 확증한다.

우리는 이렇게 묻지 않을 수 없다. 우리를 대속하기 위해 그렇게 값비싼 희생을 치르지 않아도 되었다면, 과연 그리스도의 십자가가 하나님의 사랑을 나타내는 최고의 표현이 될 수 있었을까? 그리스도의 십자가를 하나님의 사랑을 극명히 드러낸 것으로 천거할 유일한 이유가, 십자가에 달린 하나님의 아들의 희생만이 우리의 죄에 대한 엄청난 요구를 만족시킬 수 있는 유일한 것이기 때문이라고 한다면, 그렇게 결론 내릴 수밖에 없지 않겠는가? 이렇게 자문할 때, 비로소 우리는 요한의 말을 이해할 수 있다. "사랑은 여기 있으니 우리가 하나님을 사랑한 것이 아니요 하나님이 우리를 사랑하사 우리 죄를 속하기 위하여 화목제물로 그 아들을 보내셨음이라"(요일 4:10). 이런 이해가 없이는 갈보리의 의미와 거기서 나타난 죄인을 향한 하나님의 탁월한 사랑의 경이로움에 탄복하지 못할 것이다.

6. 마지막으로, 죄를 보응하시는 하나님의 정의의 관점에서도 그렇게 주장할 수 있다. 죄는 하나님을 대적하는 것으로 하나님과 양립할 수 없다. 하나님은 거룩한 진노로 죄를 대적하시는 분이다. 죄는 반드시 하나님의 심판을 받을 수밖에 없다(참조. 신 27:26, 훔 1:2, 합 1:13, 롬 1:17; 3:21-26, 갈 3:10-13). 죄로부터의 구원이란 보응과 속죄 없이는 생각조차 할 수 없다고 결론 내릴 수밖에 없는 것도 바로 이런 거역할 수 없는 하나님의 율법의 거룩함, 거룩에 대한 변개할 수 없는 요구, 엄중하고도 단호한 정의의 요구 때문이다.

영광의 주가 겟세마네의 고통을 마다 않고 저주받은 나무에 달리고 희생제물로 드려진 것도, 이런 원리를 통해야 이해할 수 있다. 하나님은 의로우시고 예수를 믿는 자를 의롭게 하시는 분이라는 위대한 진리 역시 이 원리를 통해야 든든하게 선다. 그리스도의 사역으로, 거룩이 요구하는 것과 정의가 주장하는 것이 넘치도록 충족되었기 때문이다. 하나님께서는 자신의 의로움을 만천하게 알리기 위해 그리스도를 대속제물로 삼으셨다.

모든 것을 종합해 볼 때, 성경을 통해 확인할 수 있는 대속의 필요는 절대적이고 필수 불가결한 필요라고 결론 내리지 않을 수 없다. 가설적 필요를 주장하는 사람들은 죄를 떠나 영생에 이르는 구원에 포함된 긴박성과 절박성을 충분히 설명하지 못한다. 이들은 그리스도의 성취에 포함된 하나님과 관계된 측면을 제대로 고려하지 않는다. 만일 우리가 죄의 엄중함과 죄에서 구원받기 위해 반드시 충족되어야만 하는 하나님의 거룩함에서 기인하는 긴박성을 제대로 주목하기만 한다면, 가설적인 필요가 아닌 절대적인 필요의 교리를 통해 갈보리를 더 잘 이해하게 되는 것은 물론이거니와 갈보리를 통해 성취된 하나님의 사랑이 가진 주권적인 뜻과 갈보리 십자가에 대한 경이로움이 날마다 더해 갈 것이다. 변개할 수 없는 하나님의 정의와 거룩의 요구를 더 많이 강조할수록, 하나님의 사랑과 그 사랑으로 말미암아 우리에게 주신 것들이 한층 경이롭게 다가올 것이다.

2장
속죄의 본질

속죄의 본질을 다루려면, 성경이 말하는 속죄의 다양한 측면을 포함하는 몇 가지 포괄적인 범주를 찾아보는 것이 옳다. 그리스도의 속죄 사역을 설명하는 좀 더 구체적인 범주로 성경은 희생, 속죄, 화목, 구속 등을 말한다. 하지만 여기서 그치지 않고 이런 구체적인 범주들을 담고 있는 좀 더 포괄적인 범주는 없는지 계속해서 자문해 보아야 할 것이다.

성경은 그리스도의 사역을 하나의 순종obedience으로 여기고 이 용어는 물론 이 용어가 내포하는 개념을 자주 사용한다. 그리스도의 사역을 통합하고 하나로 아우르는 말이 순종이라고 할 수 있을 정도다. 구약성경에서 그리스도의 속죄의 모양을 보다 탁월하게 묘사하는 본문이 이사야 53장이라는 사실을 생각하면, 이런 결론이 뜻하는 바가 무엇인지 알고 무리 없이 받아들일 수 있을 것이다.

이사야 53장에 나오는 고난당하는 인물은 종으로 묘사된다. "보라, 내 종이 형통하리니 받들어 높이 들려서 지극히 존귀하게 되리라" (사 52:13). 종의 자리에서 그는 의롭게 하는 열매를 거둔다. "나의 의로운 종이 자기 지식으로 많은 사람을 의롭게 하며"(사 53:11). 우리 주님은 이사야 53장의 이런 의미를 분명히 함의하는 말로 자신이 이 땅에 온 목적을 명시하시면서 이사야서의 그런 구조가 타당함을 분명히 하셨다. "내가 하늘에서 내려온 것은 내 뜻을 행하려 함이 아니요 나를 보내신 이의 뜻을 행하려 함이니라"(요 6:38). 심지어 구속의 성취에 있어서 핵심적인 사건인 자신의 죽음에 대해서도 이렇게 말씀하신다. "내가 내 목숨을 버리는 것은 그것을 내가 다시 얻기 위함이니 이로 말미암아 아버지께서 나를 사랑하시느니라. 이를 내게서 빼앗는 자가 있는 것이 아니라 내가 스스로 버리노라. 나는 버릴 권세도 있고 다시 얻을 권세도 있으니 이 계명은 내 아버지에게서 받았노라 하시니라"(요 10:17-18). 사도 바울만큼 이 죽음의 효과를 명백하게 말할 사람도 없을 것이다. "한 사람이 순종하지 아니함으로 많은 사람이 죄인 된 것같이 한 사람이 순종하심으로 많은 사람이 의인이 되리라"(롬 5:19). "오히려 자기를 비워 종의 형체를 가지사 사람들과 같이 되셨고 사람의 모양으로 나타나사 자기를 낮추시고 죽기까지 복종하셨으니 곧 십자가에 죽으심이라"(빌 2:7-8, 참조. 갈 4:4). 히브리서 역시, "그가 아들이시면서도 받으신 고난으로 순종함을 배워서 온전하게 되셨은즉 자기에게 순종하는 모든 자에게 영원한 구원의 근원이 되시고"라고 독특하게 말하고 있다(히 5:8-9, 참조. 히 2:10).

그리스도의 이런 순종은 이른바 적극적인 순종과 소극적인 순종으로 설명되어 왔다. 이 말의 의미를 제대로 알고 사용하면, 그리스도의 순종 사역이 갖는 두 가지 측면을 이해하는 데 큰 도움이 된다. 하지만 그렇지 못한 경우가 많기 때문에 논의에 들어가기에 앞서 이 말을 잘못 이해하고 오용하는 사례를 먼저 배제하려고 한다.[1]

우선, "소극적 순종"은 그리스도는 원치 않았지만 자기에게 부과된 순종의 의무 때문에 어쩔 수 없이 순종했다는 말이 아니다. 이런 개념은 전혀 **순종**이라는 말에 부합하지 않는다. 그렇기 때문에 우리 주님이 자신이 당한 고난과 죽음마저 할 수 없기 때문에 어쩔 수 없이 받아들인 것이 아니라는 사실을 끈질기게 주장해야 한다. 우리 주님은 고난당하는 일에서 경악을 금치 못할 정도로 능동적이셨고, 그분에게 찾아온 죽음 자체도 다른 사람들을 삼킨 죽음과는 그 성격이 달랐다. "이를 내게서 빼앗는 자가 있는 것이 아니라 내가 스스로 버리노라"(요 10:18). 이것은 주님 자신의 말씀이었다. 바울은 그리스도께서 죽기까지 순종하셨다고 말한다. 순종하다 보니 죽음에까지 이르게 되었다는 말이 아니다. 죽음의 순간조차 자신의 영혼을 아버지께 내맡기고 스스로 생명을 내어줄 정도로 순종하셨다는 말이다. 자의적이고 주권적인 의지로 모든 일을 이루고, 이제 이 일을 온전히 성취할 순간이 온 것을 아신 그리스도는, 자신의 몸과 영혼이 분리되도록 기꺼이 내어주시고 영혼을 성부께 맡겼다. 자기 영혼을 아버지의 손에 맡기고 생명을 내려놓았다. 어떤 식으로든 "소극적"이라는 말을 그분의 순종의 모습에 비춰진 단순한 수동성으로 이해해서는 안된다. 저주받은 나무에 달려 죽음으로 절정에 이른 그분이 감내한 고난은 그분이 이루신 순종의 핵심이었고, 이런 고난은 하나같이 자신이 이루어야 할 사명을 추구하는 가운데 감내해야 했던 것이다.

두 번째로, 이 땅을 살아간 예수님의 삶 가운데 특정한 시기나 행위를 가리켜, 어떤 것은 적극적인 순종으로 어떤 것은 소극적인 순종으로 구분하고 나눌 수 있을 것이라고 생각해서는 안된다. 적극적인 순종과 소극적인 순종은 시기로 구분될 만한 성격의 것이 아니다. 적극적이고 소극적 순종으로 각각 묘사되는 모든 시기와 모든 행위들이 다 우리 주님의 전체 순종의 삶이었다. 그러므로 적극적인 순종은 그분의 공생애에 해당하고, 소극적 순종은 마지막에 당하신 고난과 죽음을 가리킨다고 임의로 생각해서는 안된다.

적극적인 순종이나 소극적인 순종과 같은 말을 사용하는 목적은, 우리를 대신한 주님의 순종이 갖는 두 가지 고유한 측면을 강조하기 위한 것이다. 이런 구분에 담긴 진의를 알기 위해서는 하나님의 율법이 가진 두 가지 측면, 곧 율법의 요구와 처벌을 알아야 한다. 율법은 그 안에 있는 모든 요구를 온전히 충족시킬 것을 요구할 뿐 아니라, 그런 요구를 거스르는 모든 거역과 그 요구에 미치지 못하는 것에 대한 처벌을 명한다. 그리스도의 적극적 순종과 소극적 순종을 말할 때는 하나님의 율법의 이런 이중적인 요구를 염두하고 그렇게 하는 것이다. 자기 백성의 대리자로서 그리스도는 그들의 죄로 인한 율법의 저주와 정죄를 담당하셨고, 율법의 모든 적극적인 요구를 성취하셨다. 죄책을 짊어지고 의의 요구를 온전히 성취하신 것이다. 하나님의 율법이 부과하는 형벌을 다 담당하고 하나님의 율법의 모든 요구를 완전히 이루셨다. 소극적 순종은 전자를, 적극적 순종은 후자를 가리킨다. 그리스도의 순종은 죄에 대한 하나님의 모든 심판을 짊어졌다는 점에서 대속적이고, 의의 모든 요구를 온전히 이루었다는 측면에서 또한 대리적이다. 그분의 이런 순종은 우리의 사죄와 실제적인 칭의의 토대가 된다.

하지만 이런 순종을 인위적이고 기계적인 것으로 이해해서는 안 된다. 그리스도의 순종을 마치 하나님의 계명에 대한 형식적인 성취인 양 생각해서는 안된다는 말이다. 예수님이 "받으신 고난으로 순종함을 배워서"라고 말하고 있는 히브리서 2:10-18과 5:8-10만큼 그리스도의 순종이 그리스도 자신과 어떤 관계가 있었는지를 잘 표현하는 곳도 드물 것이다. 그분은 고난으로 온전하게 되셨을 뿐 아니라, 그렇게 온전하게 되셔서 "자기에게 순종하는 모든 자에게 영원한 구원의 근원"이 되셨다. 이 본문들을 연구할수록 다음과 같은 교훈이 명백해진다. 첫째, 그리스도께서 우리의 구원을 이루시고 구속을 성취한 것은 단순히 성육신 때문만이 아니다. 둘째, 그분의 죽음만으로 구원이 성취된 것도 아니다. 셋째, 예수님이 구원의 주인이 된 것은 그분이 십자가에서 죽으셨기 때문만도 아니다. 넷째, 구속을 위한 요구의 정점인 십자가상에서의 죽음은 그분의 순종의 삶이 절정에 이른 **행위였다**. 저항할 수 없기 때문에 속절없이 맞이한 죽음이 아니라, 털 깎는 자 앞에 잠잠한 양과 같이 유순하게 기꺼이 십자가에서 죽으신 것이다.

순종이란 단지 겉으로 드러나는 순종의 행위만을 가리키는 것이 아니라, 순종의 이면에 있으면서 순종의 행위를 통해 드러나는 내면의 경향성과 의지와 결심과 결단도 포함한다. 십자가에서의 죽음을 순종 행위의 절정으로 이야기하는 것도, 저주받은 나무 위의 겉으로 드러난 모습만이 아닌, 그런 순종을 뒷받침하는 내면의 경향성과 의지와 결연한 선택을 염두하고 그렇게 말하는 것이다. 또한 우리는 다음과 같이 물어야 한다. 자기 희생과 순종의 탁월한 행위로써 자기 생명을 내려놓기로 한 우리 주님의 거룩한 결단과 의지는 어디로부터 온 것인가? 이렇게 묻지 않을 수 없는 것이 **온전한 인간**으로서 그렇게 하셨기 때문이다. 더구나 히브리서의 이 본문들은 이런 질문이 타당할 뿐 아니라 필요하다는 것을 보여준다. 이 본문들은 그리스도께서 순종을 **배우셨고**, 그것도 고난을 통해서 배우셨다는 사실을 분명히 말한다. 그분은 고난을 통해 완전해지고, 그 완전을 통해 구원의 주가 되셔야 했다. 물론 여기서 말하는 완전은 죄에서 거룩으로 나아가는 성화와 관련된 완전은 아니다. 그분은 항상 완전했고, 악의가 없고, 순전하셨고, 죄인들과 달랐다. 하지만 순종에 있어서만큼은 완전에 이르는 여정을 지나셔야 했다. 순종을 배워야 했던 것이다. 우리 주님의 생각과 마음과 뜻은 시험과 고난이라는 혹독한 용광로에서 주조되어야—연마된다는 표현을 써도 되지 않을까—했다. 오류가 없는 지혜와 영원한 사랑으로 예비된 정점에서 죽기까지 복종하되, 십자가에 달려 죽기까지 그렇게 하실 수 있었던 것은 바로 이런 시험과 고난을 통해 순종을 배우셨기 때문이다. 기꺼이 저주받은 나무에 달려 죽기까지 자원하여 자신의 생명을 내어줄 정도로 그분의 마음과 생각과 의지가 온전하게 빚어진 것은, 성부의 뜻을 한 치의 어긋남도 없이 준행하는 죄 없는 삶을 통해 순종을 배우셨기 때문이다.

　이런 순종과 그것을 배우는 삶의 여정을 통해 구원자로서 완전하게 구비되었다. 완전한 구원자로 넉넉히 준비되신 것이다. 모든 고난과 유혹과 고통을 통해 이룬 준비였고, 이는 그리스도께서 맡으신 일을 이루는 데 없어서는 안될 극적인 요구를 충족시킬 방편이 되었다. 그리스도를 전혀 부족함 없는 완전한 구원자로 구비시킨 것은, 십자가에서 정점에 이른 이와 같은 순종이었다. 굴욕으로 점철된 온 삶의 여정을 통해 배우고 나타난 순종이, 그분을 구원의 대장으로 완전하게 구비시켰다는 말이다. 그분이 고난을 통해 배우고 고난을 통해 온전해지고 십자가상의 죽음이라는 고난을 통해 정점에 이른 순종이야말로, 구원의 주인 되신 그분의 사역과 성취를 정의할 수 있는 말이다. 그리스도께서는 자신의 순종으로 우리의 구원을 이루셨다. 순종으로 우리의 구원에 필요한 모든 일들을 이루셨기 때문이다.

　그러므로 순종을 인위적이나 추상적으로 이해해서는 안된다. 그분의 완전한 인성이 가진 모든 자원을 동원해서 이룬 순종이요, 그분의 고유한 온 인격으로 힘써 이룬 순종이요, 일생을 통해 온전히 구현해 낸 순종이기 때문이다. 또한 그분에게 있는 영원한 가치와 효력을 드러낸 순종이다. 그분과의 연합으로 우리는 이 순종에 참여하고, 그로 인한 모든 은택을 누린다. 이런 순종을 통해 모든 구원론의 중심 진리인 그리스도와의 친교와 연합의 중요성이 극명히 드러난다.

　이런 순종에 대한 이해를 통해 우리는 그리스도의 대속 사역을 포괄적으로 여러 각도에서 바라볼 수 있고, 구속을 성취함에 있어서 그리스도께서 얼마나 능동적으로 일하셨는지도 확인할 수 있다. 지금부터는 성경이 그리스도의 속죄의 본질을 설명하면서 사용한 구체적인 범주들을 하나씩 살펴보려고 한다.

1. **제사** sacrifice. 신약성경에는 제사라는 단어가 자주 등장한다. 신약성경이 그리스도의 사역을 제사로 이해하기 때문이다.[2] 그렇다면 그리스도의 사역을 제사라고 할 때는 어떤 의미로 그렇게 말하는지 묻지 않을 수 없다. 신약성경의 화자와 저자들이 어떤 의미를 가지고 이 단어를 사용했는지를 먼저 알아야 이 질문에 답할 수 있다. 구약의 사상과 언어에 뿌리를 박고 산 이들이 제사의 결과와 의미를 어떻게 이해했을지는 자명하다. 구약성경에서 제사란 무엇인가? 이 질문에 대해서는 많은 논란이 있다. 하지만 구약성경에서의 제사는 기본적으로 죄를 속하는 것이라고 분명히 말할 수 있다. 구약에서의 제사들은 기본적으로 죄책과 관련이 있다는 말이다. 죄는 일종의 경향성을 포함한다. 하나님의 거룩에서 비롯된 의무와 그 거룩과 정면으로 대치되는 죄로의 이끌림이 그것이다. 제사는 그 죄를 덮고 하나님의 진노와 저주 아래 있을 수밖에 없는 죄책을 없이하기 위해 하나님이 정하신 규례다. 제단으로 나아가 제사를 드리는 구약의 예배자들은 자신를 대신해 짐승을 희생제물로 드렸다. 손을 희생제물 위에 얹어서, 제사를 드리는 당사자의 죄와 죄책이 그 제물로 전가되었음을 **상징적으로** 고백했다. 이렇게 해서 당사자의 죄가 제물로 전가되고, 죄를 담당한 제물은 그 결과로 죽음의 형

벌에 처해진다. 이처럼 제사 개념의 핵심은 죄의 전가에 있다. 죄에서 비롯된 형벌 혹은 책임을 제물이 대신 지는 것이다.

물론 제사를 드리는 당사자의 죄와 그가 치르는 죄값으로서의 제물 사이에는 큰 괴리가 있었다. 이런 제사들은 단지 그림자와 모형에 불과했다. 그럼에도 불구하고 속죄의 개념만큼은 여기서 분명히 드러났다. 제사의 이런 속죄적인 성격을 통해 그리스도의 희생 제사를 바로 이해할 수 있다. 그리스도의 이런 사역은 구약의 희생 제사 모형에 부합하는 것이었고, 양이나 염소와 같은 제물로는 얻을 수 없는 초월적인 가치와 효력과 완전함을 가진 진정한 속죄였다. 이는 곧 자신을 하나님의 흠 없는 어린양으로 드리는 그리스도에게 백성들의 죄와 모든 죄책이 전가되는 것을 의미한다. 그분이 고난당한 것은 자기 백성들의 죄가 그분께 전가되었기 때문이다. 그들이 하나님께 나아갈 수 있도록 하기 위해 그분 스스로 그들의 죄를 담당하고 고난당하고 죽으셨다. 의로운 자가 불의한 자를 대신한 것이다. 자기 백성으로 구별된 모든 자들을 단번의 희생으로 영원히 완전하게 하셨다.

비록 신약성경 저자들이 스스로 제물 되신 그리스도의 희생에서 레위기 율법이 정하는 짐승을 제물로 드리는 모든 규례가 문자 그대로 성취된 것을 발견하지는 못했을지라도,[3] 모세를 통해 주어진 특정한 규례들이 그리스도의 희생에서 성취되는 것을 분명하게 목도한 것만은 사실이다. 예를 들어, 히브리서 9:6-15이 대속죄일의 규례를 구체적으로 명시하고 있는 것을 보면, 그리스도의 희생의 궁극성과 완전성, 초월적인 효력을 말하는 히브리서 저자는 구약의 이런 규례가 갖는 상징성을 인식하고 있었음이 틀림없다. "그리스도께서는 장래 좋은 일의 대제사장으로 오사, 손으로 짓지 아니한 것 곧 이 창조에 속하지 아니한 더 크고 온전한 장막으로 말미암아 염소와 송아지의 피로 하지 아니하고 오직 자기의 피로 영원한 속죄를 이루사 단번에 성소에 들어가셨느니라"(히 9:11-12, 참조. 히 9:23-24).

마찬가지로 히브리서 13:10-13에서 우리는, 저자가 그리스도의 사역과 희생을 제사장과 전체 회중을 위해 드리는 속죄제물의 형태—제물의 피는 성소로 들어가고 살과 가죽과 다리는 진영에서 불살라졌다—로 묘사하고 있는 것을 분명히 알 수 있다. 이렇게 드려진 제물의 살을 먹을 권한이 제사장들에게 없었던 점에 주목한 히브리서 저자가 이를 그리스도께 적용한 것은, 그것이 문자적으로 그리스도에게서 성취되었기 때문이 아니라, 그리스도의 희생과 관련해서 그것이 가진 모형적이고 비유적인 중요성을 알았기 때문이다. "그러므로 예수도 자기 피로써 백성을 거룩하게 하려고 성문 밖에서 고난을 받으셨느니라. 그런즉 우리도 그의 치욕을 짊어지고 영문 밖으로 그에게 나아가자"(히 13:12-13).

이처럼 예수님은 자신을 희생제물로 드리셨고, 그 모습에는 레위기 규례에 나오는 속죄제의 형태와 모양이 특별히 잘 드러난다. 우리 마음을 악한 양심으로부터 깨끗하게 하고 몸을 정결한 물로 맑게 하여, 예수님의 보혈로 지성소로 나아가고 믿음의 확신으로 하나님께로 나아가도록 하기 위해, 예수님은 자신을 제물로 드려서 우리의 죄와 죄책을 없이하셨다.

앞에서 말한 바와 같이, 예수님의 희생과 레위기에 나오는 규례의 이런 관계에 있어서 레위기의 희생제사는, 히브리서 저자가 "하늘의 것"이라고 말한 대로 하늘에 있는 참된 것의 모형이라는 사실을 놓치지 말아야 한다. 모세의 율법에 기록된 피흘리는 제사의식들은 하늘의 것들을 깨끗하게 하는 그리스도의 희생에 대한 예표였다(히 9:23). 일시적이고 잠정적이고 예비적이고 부분적인 레위기의 희생제사들이 죄를 속하는 것일진대, 영원하고 불변하는 실체로서 이런 모든 제사의 원형인 최종적이고 완전한 그리스도의 희생이 그렇다는 것은 너무나 자명하다. 모든 희생제사의 원형인 그리스도의 희생이 갖는 효력은 그 무엇과도 비교할 수 없다. 다음과 같은 말씀에서 이런 사실은 더욱 자명해진다. "하물며 영원하신 성령으로 말미암아 흠 없는 자기를 하나님께 드린 그리스도의 피가 어찌 너희 양심을 죽은 행실에서 깨끗하게 하고 살아 계신 하나님을 섬기게 하지 못하겠느냐"(히 9:14). 그리스도의 희생은 레위기에서 말하는 모형들을 따라 이해해야 한다. 하나같이 그리스도께서 드린 산 제사를 본뜬 것이기 때문이다. 하지만 동시에 원형인 그리스도의 희생의 완전함과 대비되는 모형으로서 그것들이 갖는 한계 역시 인식해야 한다. 레위기의 희생제사가 그리스도의 희생에서 문자적으로 세세하게 성취되는 것을 기대할 수도 찾을 수도 없는 이유는, 바로 그것들이 갖는 이러한 모형으로서의 한계 때문이다. 구약의 제사에는, 제물을 드리는 사람과 드려지는 제물 사이의 괴리가 있었고, 제물을 드리는 사람의 죄책과 그것으로 인해 드려지는 제물 사이의 불균형이 상존했다. 그리스도께서 자신을 희생제물로 드리신 경우에서는 이런 모든 괴리가 사라져야 했다. 자신을 드린 그리스도의 희생제사의 고유하고 초월적인 성격과는 도무지 비교될 수 없는 레위기 제사들이 말하는 세세한 규례들을 그리스도의 희생에서 찾아볼 수 없는 것 역시, 하나님 아들의 희생제사에서 구약의 희생제사가 갖는 이런 불균형이 사라진 것과 관계가 있다.

그리스도의 사역이 스스로를 제물로 드려 죄를 속하는 희생제사였다는 것은 인식하면서도, 여기에 뒤따르는 또 하나의 진리를 사람들은 자주 간과한다. 그리스도께서 스스로를 희생제물로 드리셨다면, 그분은 또한 제사장이셨다는 사실이다.[4] 제사장으로서 자신을 드리신 것이다. 구약의 제사에서는 찾아볼 수 없는 일이다. 제사장이 자신을 드린 일도 없거니와, 제물이 스스로를 드린 일도 없다. 하지만 우리는 그리스도에게서, 그분이 드린 희생의 고유함과 친히 담당하신 제사장직의 초월적인 성격, 그렇게 드린 희생의 본유적인 완전함을 드러내는 고유한 조화를 보게 된다. 그리스도께서 우리 죄를 대속하시는 것은 그분이 친히 제사장 되셔서 그 직무를 수행하시기 때문이다. 그분은 진실로 죽임당한 어린양이었을 뿐 아니라, 세상 죄를 지고 가는 하나님의 어린양으로 스스로를 드린 제사장이었다. 스스로 희생제물이 되고 그 제물을 드리는 제사장이 되는 전대미문의 경이로운 일이 일어난 것이다. 사람들이 자주 인용하지만 정작 제대로 음미하지 못하는 간단한 표현, 곧 "그분은 흠 없는 제물로 자신을 하나님께 드리셨다"는 말에 모든 것이 함축되어 있다. 이미 살펴본 바와 같이, 이런 사실은 그분이 마침내 자신을 희생제물로 드린 이 정점의 사건에서는 물론, 각 나라와 혈통과 민족과 언어를 가진 셀 수 없이 많은 사람들을 향한 하나님의 진노를 모두 담당하는 제물로 드려짐에 있어서도 능동적이셨다는 사실을 확증한다.

마지막으로 단번에 드려진 희생을 구속자에게 있는 영원한 제사장적 기능과 하나로 결부시키는 그리스도의 제사장적 기능을 인식해야 한다. 그분은 멜기세덱의 반차를 따른 영원한 제사장이다. 지금 그분은 제사장으로 계신다. 또 제사를 드리기 위해서가 아니라, 단번에 드린 제사로 얻은 모든 효력과 정결함을 가진 인격적인 영원한 현현으로서 계신다. 이와 더불어 그리스도는 항상 자기 백성을 위해 중보하신다. 쉬지 않고 영원토록 항상 드리는 효력 있는 간구 역시, 단번에 드리신 제사를 떠나서는 생각할 수 없다. 이는 백성 한 명 한 명을 온전하게 하는 역사가 우리의 존귀한 대제사장 되신 그분의 능력에 있기 때문이다.

2. **속죄** propitiation. 영어로 "속죄"에 해당하는 헬라어 단어는 신약성경에 그리 자주 등장하지 않는 말이다. 영어로 "대속 atonement"이라고 번역되는 헬라어 단어가 헬라어 구약성경에 자주 등장하는 것과 비교해 보면 의아할 수도 있을 것이다. 속죄제도와 관련하여 헬라어 구약성경에서 그토록 자주 사용된 단어라면 신약 저자들에 의해서도 즐겨 사용되어야 할 것이라고 생각할 수도 있겠지만, 이 경우는 그렇지 않다.

그렇다고 그리스도의 대속 사역이 속죄의 차원에서 해석될 수 없다는 말은 아니다.[5] 신약성경에는 속죄라는 단어를 직접 사용하지는 않지만 속죄를 의미하는 단어를 가지고 그리스도의 사역을 말하는 본문들이 있다(롬 3:25, 히 2:17, 요일 2:2; 4:10). 이는 의심할 여지 없이 그리스도의 사역이 속죄로 해석되어야 할 것을 의미한다. 그러나 여기에 또 한 가지 고려할 사항이 있다. 이 속죄라는 개념이 구약성경에서 희생제사와 관련하여 자주 등장한다는 점이나, 헬라어 구약성경에서 이 개념을 가리키는 단어를 신약성경이 그리스도의 사역에 적용하고 있다는 사실, 그리고 레위기에서 말하는 제사 규례들을 신약성경에서 그리스도의 희생을 예표하는 모형으로 여긴다는 점 등으로 볼 때, 이 개념이 그리스도의 희생을 설명해 주는 말로 쓰인 것으로 이해하는 것이 바람직할 뿐 아니라, 반드시 그렇게 해야 한다는 결론에 이르게 된다. 다시 말해, 만일 단번에 드려진 유일하고 위대한 그리스도의 희생제사에서 속죄를 중심에 두지 않는다면 구약의 제사가 그리스도가 치른 희생에 대한 모형이었다고 말할 하등의 이유가 없다고 할 정도로, 구약성경이 말하는 제사의식은 온통 속죄의 개념과 결속되어 있다. 희생제사와 속죄가 서로 긴밀하게 얽혀 있다는 말이다. 신약성경의 저자들이 "속죄"라는 말을 주저 없이 그리스도의 사역에 적용하는 것을 볼 때, 그렇게 결론 내릴 수 있다.

그렇다면 속죄란 무엇인가? 구약성경 언어인 히브리어의 속죄라는 말에는 "가린다cover"라는 뜻이 담겨 있다. 가린다는 것과 관련하여 주목해야 할 세 가지가 있다. 첫째, 가린다는 것은 곧 죄를 가린다는 말이다. 둘째, 죄가 가리워진 결과, 용서를 받고 깨끗하게 된다. 셋째, 죄가 가리워지는 것과 그에 따른 결과는 모두 하나님 앞에서 일어나는 일이다(참조. 레 4:35, 10:17, 16:30). 죄는 **하나님과 관련된** 어떤 상황을 초래하고, 죄가 초래한 이 상황은 반드시 가리움이 필요하다는 말이다. 죄와 그 죄를 덮는 행위가 하나님과 관련을 가지고 있다는 사실을 충분히 인식하지 않으면 안된다. 죄 혹은 그 죄를 지은 사람은 하나님 목전에서 가리움을 받아야 한다. 구약성경을 보면 희생제사를 드릴 수 있는 건축물은 한 군데밖에 없다. 죄는 하나님의 거룩한 분노와 노여움을 불러온다. 징벌은 죄에 대해 하나님의 거룩이 하는 일이고, 죄를 덮는 것은 죄가 촉발한 하나님의 노여움을 없애는 것이다. 이제 우리는 신구약성경 모두에서 속죄의 의미로 사용된 헬라어 단어가 뜻하는 바가 무엇인지 어렵지 않게 짐작할 수 있다. 속죄라는 말에는 "잠잠하게 하다", "진정시키다", "가라앉히다", "달래다"와 같은 의미가 포함되어 있다. 이는 모두 그리스도께서 이루신 대속에 적용되는 말이다.

    속죄는 하나님의 진노와 노여움을 전제하고, 속죄의 목적은 이런 진노를 없이하는 것이다. 아주 간단히 말해서 속죄 교리는 그리스도께서 하나님의 진노를 가라앉히고 이로 인해 하나님이 자기 백성들을 향한 호의를 갖게 되셨다는 말이다.

    그리스도의 대속에 관한 교리만큼 신랄한 비판을 받은 교리도 없을 것이다.[6] 하나님에 대한 신화적 이해에서 비롯되었다는 것이다. 또한 삼위 하나님의 위격들 사이에 불일치가 있다고 여기고 하나님도 생각의 갈등을 겪는 존재임을 전제한 교리라는 것이다. 성자가 마침내 진노한 성부의 화를 달래서 사랑과 온화함을 얻어 낸 것처럼 가르치는, 하나님의 사랑이 그리스도께서 이루신 대속의 원천이라는 사실과 정면으로 배치되는 교리라는 것이다.

물론 속죄 교리가 이런 관점에서 제시된다면, 기독교 복음과 정면으로 배치되는 것으로 드러날 수밖에 없고, 또 그렇게 비난받아 마땅하다. 하지만, 속죄 교리는 그리스도의 대속을 그렇게 말하지 않는다. 아무리 좋게 말해도, 속죄 교리에 대한 이런 비판은 이 교리가 담고 있는 근본적이고 중요한 특징을 제대로 이해하지 못해서 나온 것으로밖에 볼 수 없다.

우선, 사랑한다to love는 말과 호의를 베푼다to be propitious는 말은 서로 바꿔 쓸 수 있는 말이 아니다. 속죄로 하나님의 사랑과 호의를 이끌어 내는 것을 속죄 교리라고 한다면 이는 잘못 알고 있는 것이다. 하나님의 진노를 가라앉히는 것을 말하는 이런 속죄 개념이, 대속이 하나님의 사랑에서 나온다는 사실을 이해하는 데 방해가 된다는 개탄스런 주장은 바른 이해에서 나온 것이 아니다.

둘째, 속죄가 하나님의 진노를 사랑으로 바꾸는 것이 아니다. 오히려 하나님의 불변하고 영원한 사랑에서, 그리스도의 대속 사역을 통한 하나님의 진노에 대한 속죄가 나온다. 결국 하나님의 진노에 대한 속죄를 통해 하나님의 거룩이 요구하는 영광에 부합하도록 하나님의 사랑의 목적이 이루어지는 것이다. 속죄를 통해 진노의 하나님이 사랑의 하나님이 되었다고 말하는 것과 진노하시는 하나님은 사랑이 많으시다고 하는 것은 전혀 같은 말이 아니다. 전자는 완전히 잘못된 것이고, 후자야말로 참이다. 그런 하나님의 진노가 십자가를 통해 가라앉았다는 것 역시 참이다. 십자가에서 이루어진 속죄는 그것을 가능하게 한 하나님의 사랑의 열매다. "사랑은 여기

있으니 우리가 하나님을 사랑한 것이 아니요 하나님이 우리를 사랑하사 우리 죄를 속하기 위하여 화목제물로 그 아들을 보내셨음이라"(요일 4:10). 속죄는 하나님의 사랑이 역사하는 토대요, 그 사랑이 흘러나와 그 뜻을 향해 달려가는 통로다.

셋째, 속죄 때문에 하나님의 사랑과 긍휼이 손상되는 것은 아니다. 오히려 속죄는 하나님의 사랑이 얼마나 놀라운지를 보여준다. 속죄는 구속의 사랑이 치른 속전의 가치를 보여준다. 하나님은 사랑이시다. 하지만 그 사랑이 지향하는 최고의 목적은 하나님 자신이다. 자기 자신을 최고로 사랑하는 하나님이시기에 자신의 흠 없는 성품과 영광이 손상되거나 절하되도록 내버려 두실 수 없다. 이것이 바로 속죄가 필요한 이유다. 하나님께서는 자신의 영광을 구성하는 모든 완전이 요구하는 타락한 인간에 대한 보응을 만족시키는 방식으로, 상실한 인간을 향해 가지신 사랑의 목적을 이루기 위해 그리스도의 십자가를 통해 거룩한 진노를 거두셨다. "이 예수를 하나님이 그의 피로써 믿음으로 말미암아 화목제물로 세우셨으니, 이는 하나님께서 길이 참으시는 중에 전에 지은 죄를 간과하심으로 자기의 의로우심을 나타내려 하심이니, 곧 이 때에 자기의 의로우심을 나타내사 자기도 의로우시며 또한 예수를 믿는 자를 의롭다 하려 하심이라"(롬 3:25-26).

하나님의 진노를 누그러뜨리는 것으로서의 속죄 교리에 대한 반감은 구속이 무엇인지 제대로 이해하지 못하는 데서 나온다. 거룩과 정의의 긴박한 요구를 충족시키는 것이 바로 구속이다. 정의롭고 거룩하신 하나님은 죄에 대하여 진노하실 수밖에 없다. 죄는 하나님의 완전을 정면으로 거스르는 것이고, 하나님은 자신을 부인하려는 것은 무엇이나 혐오하실 수밖에 없다. 하나님의 완전을 거스르는 것에 대한 혐오가 바로 하나님의 거룩한 분노다. "하나님의 진노가 불의로 진리를 막는 사람들의 모든 경건하지 않음과 불의에 대하여 하늘로부터 나타나나니"(롬 1:18). 죄를 향한 하나님의 심판은 본질적으로 하나님의 진노다. 하나님께서 그리스도를 통해 죄를 심판하신 것이 구속이라는 것을 믿는다면, 그 심판의 전형인 십자가를 그리스도께서 대신 짊어지셨다고 하는 것이 맞다. 속죄를 부정하는 것은 죄의 형벌을 대신 짊어지는 구속의 본질을 손상시키는 것이고, 그리스도가 하신 대리적 구속을 부정하는 것이다. 십자가를 자랑하는 것은, 죄에 대한 영원한 보상으로 영원한 속죄의 효력을 단번에 이루시고 죄를 영원히 보상하는 속죄 제물로 단번에 드려지신 그리스도를 자랑하는 것이다. "나의 자녀들아 내가 이것을 너희에게 씀은 너희로 죄를 범하지 않게 하려 함이라. 만일 누가 죄를 범하여도 아버지 앞에서 우리에게 대언자가 있으니 곧 의로우신 예수 그리스도시라. 그는 우리 죄를 위한 화목제물이니 우리만 위할 뿐 아니요 온 세상의 죄를 위하심이라"(요일 2:1-2).

3. **화목**Reconciliation. 속죄가 하나님의 진노와 그 진노를 없애는 하나님의 행위에 주목한다면, 화목은 하나님과 원수 된 인간의 상태와 그런 인간을 다시 하나님께로 회복하는 하나님의 방법에 주목한다. 그리스도께서 하신 사역이 갖는 이 두 가지 측면이 서로 긴밀하게 연결되어 있는 것은 사실이지만, 이 두 가지 측면을 구분하는 것

도 그만큼 중요하다. 이를 통해서만 우리의 많은 필요를 채우시는 하나님의 은혜의 풍성함을 발견할 수 있기 때문이다.

화목이라는 말은 하나님과 인간 사이의 단절된 관계를 전제하고, 이는 곧 원수 됨과 소외를 의미한다. 하나님과 인간 사이의 이런 분리는 이중적이다. 하나님으로부터의 인간의 소외, 인간으로부터의 하나님의 소외가 그것이다. 물론 이런 소외의 원인은 우리의 죄다. 하지만 이런 소외는 우리에게 있는 하나님을 향한 악한 적개심뿐 아니라 우리를 향한 하나님의 거룩한 적개심도 포함한다. 우리의 악함이 하나님과 우리 사이를 갈라놓았고, 우리의 죄가 그분의 얼굴을 가리웠다(참조. 사 59:2). 죄인을 향해 하나님이 가지고 계시는 "적개심"이란, 악의나 살의와 관련된 모든 것들이 배제된, 하나님께서 타락한 인간을 향해 가지고 계시는 거룩한 적의로서의 소외를 말한다. 화목을 통해 해소된 것이 바로 이런 분리와 단절이다.

우리는 그러한 화목을 통해 우리를 향한 하나님의 거룩한 적개심은 물론, 하나님을 향한 우리의 거룩하지 못한 악의마저도 해소된 것처럼 생각할 수 있다. 더구나 영어를 쓰는 우리로서는 그렇게 생각하기가 쉽다. 신약성경의 용례들이 이런 이해를 뒷받침하는 것처럼 보이기도 한다. 하나님이 우리와 화목하셨다는 말보다는 우리가 하나님과 화목하게 되었다는 말이 더 많이 나온다(롬 5:10-11, 고후 5:20). 이 말이 능동태로 사용될 때 하나님은 우리를 그분과 화목하게 하신 분으로 언급하고 있고(고후 5:18-19, 엡 2:16, 골 1:20-21), 이는 마치 화목을 통해 우리를 향한 하나님의 거룩한 소외가 아닌, 하나님을 향해 우리가 가진 악의가 해결되었다는 주장을 뒷받침하는 것처럼 보인다. 그래서 하나님의 행위로 화목이 언급될 때는 하나님이 우리에게 있는 적의를 사랑으로 바꾸어 준 것으로, 화목이 결과로 언급될 때는 하나님을 향한 우리의 적개심이 이미 해결된 것으로 주장되어 온 것이 사실이다. 결국, 하나님을 향한 우리의 적개심이 사라지도록 하나님이 화목을 이루신 것으로 이해되었다. 다시 말해, 이런 이해는 우리에게 있는 적개심에 초점을 맞춘 것이고, 화목의 교리는 이런 관점에서 이해되기에 이르렀다.[7]

그러나 성경을 더 주의 깊게 살펴보면, 오히려 그 반대라는 것을 알 수 있다. 성경이 화목을 말할 때 그 중심은 항상 우리가 가진 하나님을 향한 적의가 아니라, 우리 죄로 인한 하나님의 떠남이다. 하나님 편에서의 이런 소외는 우리의 죄에서 비롯되었다. 하나님의 거룩함을 촉발시킨 것은 다름 아닌 우리의 죄다. 화목이 행위로 이해되든 결과로 이해되든 상관없이, 항상 전면을 차지하는 것은 우리 죄로 인해 하나님이 우리에게서 떠났다는 사실이다.

신약성경에서 "화목"이라는 말이 나오는 경우들을 이와 관련하여 살펴보는 것은 아주 유익하다. 화목이라는 말은 사람 사이의 관계를 말할 때 사용된다. 가장 먼저 마태복음 5:23-24을 들 수 있다.[8] "그러므로 예물을 제단에 드리려다가 거기서 네 형제에게 원망들을 만한 일이 있는 것이 생각나거든, 예물을 제단 앞에 두고 먼저 가서 형제와 화목하고 그 후에 와서 예물을 드리라." 여기서 명령형으로 쓰인 "형제와 화목하고"가 의미하는 바가 바로 지금 우리가 살피고 있는 주제와 맥을 같이 한다. 이와 관련해 다음 몇 가지를 언급할 필요가 있다.

우선, 본문에는 제단에 예물을 드리는 사람의 마음속에 화목하게 지내야 할 형제에 대한 악의나 적개심이 있다는 언급이나 암시가 전혀 없다. 그럴 수도 있고, 아닐 수도 있다. 하지만 예배를 가로막는 것이 있었으니 그것은 다름 아닌 서로 간의 분리였다. 본문에서 형제라고 일컬어지는 사람이 제단에 예물을 드리는 사람에 대해 느끼는 마음의 어려움이 두 사람 사이의 관계에 끼어들었고, 그것은 형제라고 일컬어지는 사람이 생각하기에 두 사람의 좋은 관계를 갈라놓는 어떤 것이었다.

둘째, 이 경우 우리는 예배를 드리러 가는 자에게 무언가 잘못이 있다고, 다시 말해 그가 어떤 악행을 저질렀거나 사랑을 깨뜨린 책임이 있을 것이라 생각할 수도 있다. 하지만 꼭 그렇게만 생각할 필요는 없다. 그리고 그것이 사실이든 아니든 우리가 주목해야 할 것은, 자신과 관련해 마음에 어려움을 느끼고 있는 다른 형제의 생각이나 판단이 정당하든 그렇지 않든, 온전한 예배를 드리기 위해서는 마땅히 그 형제의 마음에 있는 걸림돌을 없애 주어야 한다는 점이다.

셋째, 본문에서 제단에 예물을 드리러 온 사람은, 즉시로 그 형제와 화목하라는 명령을 받았다. "화목하라"는 명령을 곧 "네가 가진 원한이나 적개심을 풀어라"는 뜻으로 해석해서는 안된다. 그에게 그런 적개심이 있는지 본문이 말하고 있지 않기 때문이다. 더구나 화목하라는 명령이 그런 뜻이었다고 한다면, 그렇게 하기 위해 굳이 제단을 떠날 필요가 없을 것이다. 회개하고 자신이 가진 원한이나 적개심을 없애기에 성전 제단만큼 좋은 자리가 없을 것이기 때문이다. 본문에서 예배자가 들은 명령은 그것과 사뭇 다르다. 그는 제단을 떠나 상심해 있는 형제에게로 가서 무언가를 해야 했다. 그것이 무엇인가? 그 형제로 소원하게 하고 불화하도록 한 근원을 제거하는 것이다. 형제와의 관계를 바로 하여 그가 불화한 마음을 가질 어떤 이유도 없도록 하는 것이다. 돈독한 관계를 다시 누릴 수 있도록 하는 것이다. 화목하기 위해서는 불화의 원인을 제거해야 한다. 그 결과로, 서로 조화롭고 화평하고 배려하는 화목한 관계를 누린다.

그러므로, 이 예배자가 화목하게 하는 행위를 위해 먼저 자기 형제가 가지고 있는 자기에 대한 마음의 어려움을 생각했다는 사실을 인식하는 것이 무엇보다 중요하다. 화목을 추구하는 사람이 고려해야 할 것은 상대방이 품은 소원한 마음이나 적개심 이면에 있는 심경이다. "적개심"이라고 할 때, 우리가 중심에 두고 깊이 생각하고 배려해야 할 것은 그렇게 상심한 형제의 마음 상태다. 바꾸어 말해, 화목하게 되어야 할 것은 상심한 형제에게 깊이 자리한 **반감**인 것이다. 이런 반감을 없이하는 것이 화목이다.

그렇다면 이 본문은 우리에게 "화목하게 된다"는 것이 무엇인지 잘 보여준다. 이 말은, 적어도 이 경우에 있어서는, 화목하게 되어야 할 사람이 가진 원한이나 적개심 이면에 자리한 분리와 소외에 우리의 생각과 관심을 집중해야 한다는 것을 보여준다. 그리고 만일 이 본문을 통해 말하고자 하는 것이 그리스도의 죽음을 통한 하나님과의 화목이라고 한다면, 하나님과 화목하게 되었다고 할 때 우리가 중심에 두어야 할 것은 우리 죄로 말미암은 하나님과의 불화요, 우리로 하나님과 소원하게 하는 하나님 편에 있는 거룩한 원한이다. 행위로서의 화목은 하나님으로 우리와 불화하시게 한 원인을 제거하는 것이 될 것이고, 결과로서의 화목은 하나님으로 우리와 불화하시게 한 원인을 제거함으로 돈독해진 상서롭고 화목한 관계일 것이다. 현시점에서 이것이 하나님과 우리의 화해와 관련된 "화목"이라는 말이 가진 정확한 의미인지 단언하기는 어렵다. 이 주제를 직접 다루는 본문에서 화목 교리를 좀 더 이끌어 낼 필요가 있다. 하지만 마태복음 5:23-24은 신약성경에서 사용되는 "화목하다"는 말이 우리가 사용하는 같은 의미의 영어 단어가 뜻하는 것과는 아주 상이하게 사용된다는 사실을 보여준다. 그렇기 때문에 신약성경이 하나님의 아들의 죽음으로 우리가 하나님과 화목하게 되었다고 하거나 하나님이 우리를 자기와 화목하게 하신 것을 말할 때, 우리가 하나님을 향해 가진 적의나 원한을 없앤 것으로 이해해서는 안된다. 적어도 마태복음 5:23-24은 그것과는 전혀 다른 것을 의미한다.

고린도전서 7:11에 언급된 "화목하다"는 말 역시 다르지 않다. 남편과 갈라선 여인을 언급하면서 바울은 이렇게 말한다. "만일 갈라섰으면 그대로 지내든지 다시 그 남편과 화합하든지 하라." 이 경우, 남편에 대해 부인이 가진 적개심이 서로 갈라선 일에 어느 정도든 작용했을 것이다. 하지만 여기서 "남편과 화합하라"는 명령은 여인이 가진 남편에 대한 적개심과 원한을 없애라는 뜻이 아니다. 그런 뜻이라면 별로 실효를 거두지 못할 것이다. 오히려 여기서 말하는 화목은 분리를 끝내고 부부로서의 합당한 관계를 다시 회복하는 것을 뜻한다. 이 경우 행위로서의 화목은 분리를 그치도록 하는 것이고, 결과로서의 화목은 다시 금술 좋은 부부관계가 시작되는 것이다.

다시 로마서 11:15에서 우리는 "화목"의 참뜻을 보여주는 예를 발견한다. "그들을 버리는 것이 세상의 화목이 되거든 그 받아들이는 것이 죽은 자 가운데서 살아나는 것이 아니면 무엇이리요." 여기서 화목하는 것은 버리는 것과 반대되고, 버리는 것은 받아들이는 것과 반대되는 것이 분명하다. 받아들이는 것이란, 이스라엘이 다시 하나님의 은택과 복음의 은혜로 받아들여지는 것을 말한다. 버리는 것이란, 이스라엘이 하나님의 은택과 복음의 은혜로부터 내쳐지는 것이다. 이스라엘을 버림으로 가져온 이방인과의 화목 역시 그들이 하나님의 은택으로 받아들여지는 것을 말한다. 그러므로 이방인과의 화목을 이방인들이 하나님에 대해 가진 적개심을 없앤 것으로 이해해서는 안되고, 이방인들과의 분리가 종식되어 그들이 하나님의 권속과 성도들과 동일한 시민이 되는 때를 가리키는 하나님의 은혜의 경륜의 변화로 이해해야 한다(참조. 엡 2:11-22). 이방인에게는 은혜를 이스라엘에게는 심판을 뜻하는, 이방인의 마음에서 일어나는 적개심에서 믿음과 사랑으로의 변화를 어느 정도까지 은혜와 심판에 대한 하나님의 경륜의 변화의 결과로 이해하든지 간에, "세상의 화목"이란 말은 하나님이 이방 세상에 대해 일으키시는 **관계**의 변화, 곧 분리와 단절 가운데 있던 그들과의 관계를 축복의 관계로 변화시키는 것을 뜻한다고 봐야 한다. "화목"이라는 말을 사용함에 있어서 가장 중심적인 것은 하나님이 이방인에 대해서 가지시는 관계다.

그리스도를 통해 이루어진 화목의 역사와 직접적으로 연관된 본문을 계속 다루어 갈 때, 이런 본문들이 말하는 화목이란 화목하라는 명령을 들은 사람의 마음에 자리한 주관적인 원한이나 적개심을 없앨 것을 말하는 것이 아니라, 우리가 화목해야 할 대상이 가진 소원함이나 분리에 관한 것을 말하고 있음을 항상 기억해야 한다. 이런 개념이 어떻게 그리스도께서 이루신 화목에 적용되는지 앞으로 살펴보겠다. 그리스도께서 이루신 화목은 우리의 죄 때문에 촉발된 하나님 편에 있는 소원함과 분리를 다룬다. 죄를 가리움으로 하나님과 화목하게 되어, 하나님께 있는 소원함과 분리의 원인이 사라지고 하나님과의 평화가 찾아왔다. 이와 관련해서는 로마서 5:8-11과 고린도후서 5:18-21을 살펴보자.

로마서 5:8-11. 본문이 화목의 주제를 도입하는 방식을 보면 화목의 의미를 어떤 방향으로 이해해야 할지를 알 수 있다. "우리가 아직 죄인 되었을 때에 그리스도께서 우리를 위하여 죽으심으로 하나님께서 우리에 대한 자기의 사랑을 확증하셨느니라"(8절). 하나님과 인간 사이의 화목을 불러온 그리스도의 죽음이야말로 인간을 향한 하나님의 사랑의 최고 표현이라고 설명하고 있다. 여기서 초점은 그리스도의 죽음이라는 행위로 선명하게 드러난 하나님의 사랑이다. 그러므로 우리 역시 하나님을 향한 사람의 태도라는 주관적인 영역이 아닌, 역사적 사건을 통해 명확히 드러난 인간을 향한 하나님의 태도에 관심을 가져야 한다. 우리의 주관적인 본성에서 일어나는 것을 가지고 화목을 해석하는 것은, 인간을 향한 하나님의 태도에 관심을 갖는 일을 그르칠 뿐이다. 하지만 이렇게 생각해야 할 더 직접적이고 분명한 이유가 있다.

우선, 우리가 하나님과 화목하게 된 것은 그분의 아들의 죽음 때문이라고 바울은 분명히 말한다. 바울이 사용하는 시제를 보면 이것은 이미 성취된 사실이고, 그리스도께서 죽으심으로 단번에 이루어진 일이다. 이런 사실에서 하나님과 우리 사이의 화목을 하나님께서 우리에게 있는 하나님에 대한 적개심을 제하신 것이나, 혹은 우리 편에서 적개심을 내려놓는 것으로 해석하는 것이 불가능하다는 것을 알 수 있다. 우리에게 있는 적개심이 제하여지고 그것을 내려놓을 수 있도록 하는 일을 하나님께서 단번에 하신 것은 사실이다. 하지만 하나님께서 단번에 하신 일은 우리가 가진 하나님에 대한 적의를 없애거나 제하신 것이 아니다. 더구나 화목을 그리스도 때문에 하나님이 인간이 가진 적개심을 없앤 것이라든지, 하나님을 향한 적개심을 우리 편에서 내려놓은 것으로 말하는 것은 이 본문에서 바울이 사용하는 논거에 부합하지 않다. 그렇게 본다면 바울의 말은 아마 이렇게 달라졌을 것이다. "우리가 아직 하나님과 원수 되었을 때에 그의 아들의 죽음으로 말미암아 우리가 가진 하나님에 대한 적개심을 내려놓았은즉, 화목된 자로서는 더욱 그의 살으심으로 구원을 받을 것이니라"(참조. 10절). 명백히 모순되는 이런 사실은 오직 "화목하다"는 말의 의미를 달리함으로서만 해결할 수 있다.

둘째, "그의 아들의 죽으심으로 말미암아 하나님과 화목하게 되었은즉"(10절)이라고 하는 말은 "그의 피로 말미암아 의롭다 하심을 받았으니"(9절)와 대구를 이룬다. 이 주장의 결론을 볼 때 이런 대구는 당연하다. 하지만 의롭게 되었다는 말은 항상 법정적인 용어로, 인간 본성에 일어난 주관적인 변화를 전제하는 것은 아니다. 이런 사실을 볼 때, 법정적인 표현인 이 말과 대구를 이루는 "하나님과 화목하게 되었다"는 말 역시 법정적인 의미를 가질 수밖에 없고, 그렇다면 이 화목은 하나님의 행위와 심판이라고 하는 객관적인 영역에서의 화목을 가리킨다.

　셋째, 화목은 우리가 받는 것이다. "우리로 화목하게 하신"(11절)이라는 말을 최소한 자신이 가진 적개심을 내려놓거나 제하는 것으로 해석할 여지는 없다. 오히려 이 말은 값없이 주어진 선물로 그려진다. 물론 우리 안에 일어난 하나님의 은혜의 역사로 하나님과 원수 된 것에서 믿음과 회개와 사랑으로 돌아서게 된 것이 사실이다. 그러나 성경에서 후자와 같은 은혜의 역사는 지금 우리가 살피고 있는 식으로 표현되지 않는다. 바울의 말을 다음과 같이 치환해 보면 그렇게 말하는 것이 부자연스럽다는 것을 금방 알 수 있다. "이제 우리가 우리의 적개심이 제해지는 선물을 받았으니" 혹은 "이제 우리가 우리 안에 있는 적개심을 내려놓은 선물을 받았으니." 반면에, 우리가 화목을 하나님 편에서의 죄인에 대한 단절과 분리가 사라지고 죄인들이 그분과의 바른 관계로 받아들여지게 된 것으로 보면 모든 것이 합리적으로 들어맞고 의미가 제대로 살아난다. 다시 하나님과의 바른 관계를 갖고 살 수 있게 된 것이다. 사도 바울의 말과도 부합하고 그가 표현하는 기쁨과도 상통한다. "우리로 화목하게 하신 우리 주 예수 그리스도로 말미암아 하나님 안에서 또한 즐거워하느니라"(11절).

　넷째, 바울은 우리가 아직 원수 되었을 때에 그 아들의 죽으심을 통해 하나님과 화목하게 되었다고 말한다(10절). 여기서 "원수"라는 말을 우리가 하나님을 대적한 것이 아닌, 죄로 인해 인간이 떨어지게 된 하나님과 분리된 상태를 가리키는 것으로 충분히 생각할 수 있다. 같은 말이 로마서 11:28에서 소극적 의미로 사용된다. 만약 이런 의미를 받아들인다면 원수 됨과 화목 사이의 대비는 정확히 분리와 하나님의 호의로의 영접 사이의 대비가 되고, 이런 사실은 화목의 의미에 관해 앞에서 말한 주장을 확증해 줄 것이다. "원수"라는 말을 적극적인 의미를 가진 하나님을 대적한 것으로 이해한다고 해도, 화목의 의미에 있어서는 전혀 달라질 것이 없다. 어떻게 사도의 이 주장을 이것과 다르게 이해할 수 있단 말인가? "하나님을 적극적으로 대적했을 때조차 하나님의 아들의 죽음으로 말미암아 우리에게 있는 하나님에 대한 적개심이 없어졌다면, 그의 생명을 통해서는 얼마나 더 그렇겠는가"라는 식으로는 말하기 어렵다.

고린도후서 5:18-21. 우리가 로마서 5:8-11에서 발견한 것을 확증해 주는 이 본문은 이 가르침의 두드러진 특징을 잘 나타내고 있다.

우선, 화목을 하나님의 역사, 곧 하나님이 시작해서 하나님이 성취하신 역사로 말한다. "모든 것이 하나님께로서 났으며 그가 그리스도로 말미암아 우리를 자기와 화목하게 하시고"(18절). "하나님께서 그리스도 안에 계시사 세상을 자기와 화목하게 하시며"(19절). 하나님 사역의 단독성에 대한 이런 강조는, 화목이 그 속에 인간의 기여나 행위를 전혀 포함하지 않는 역사라는 것을 말해 준다. 하나님의 성취로서의 화목은 인간의 행위를 포함하지도 의지하지도 않는다.

둘째, 화목은 이미 성취된 역사다. 18-20절의 시제는 이 사실을 분명히 한다. 하나님이 끊임없이 이루어 가시는 역사가 아니다. 과거에 이미 끝난 역사다. 하나님은 유일한 역사자일 뿐 아니라 이미 완성된 행위의 역사자다.

셋째, 본문은 무엇이 화목을 구성하는지를 잘 보여준다. "하나님이 죄를 알지도 못하신 이를 우리를 대신하여 죄로 삼으신 것은 우리로 하여금 그 안에서 하나님의 의가 되게 하려 하심이라"(21절). 이 말은 화목을 이룰 때 인간의 죄를 대신 짊어진 그리스도의 행위를 가리킨다. 화목이 가진 이런 법정적 특징은 또한 "그들의 죄를 그들에게 돌리지 아니하신" 것을 화목을 구성하는 것 혹은 화목이 불러온 결과로서 세상과 자기를 화목하게 하신 것과 연결하는 19절에서도 도드라진다. 어느 경우에서든 화목은 그 어떤 주관적인 작용보다는 범과의 비전가non-imputation와 관계가 있다.

넷째, 복음 전도자들에게 주어진 것은 화목을 이루신 이런 하나님의 역사다(19절). 이것이 바로 복음 메시지의 내용이다. 이 메시지는 사실로서 선포된다. 회심conversion이 복음은 아니라는 사실을 기억해야 한다. 회심은 복음 메시지가 요구하는 것이지, 그것이 복음은 아니다. 우리 안에 어떤 변화가 있다면 그것은 하나님께서 이루신 일이 우리에게 선포된 결과다. 우리 마음과 생각에 일어난 변화는 하나님이 이루신 화목을 전제로 한다.

다섯째, "너희는 하나님과 화목하라"(고후 5:20)는 촉구는 우리가 갖게 된 화목에 담긴 지배적인 의미를 통해 해석되어야 한다. 그렇게 볼 때 하나님과 화목하라는 말은, 더 이상 하나님과 분리된 상태에 있지 말고 그리스도의 화목하게 하는 역사를 통해 이루어진 하나님과의 화평과 은혜의 관계로 들어가라는 것이다. 우리 주 예수 그리스도를 통해 하나님의 은혜를 누리고 하나님과의 이런 화평으로 들어가라는 것이다.

그러므로 성경이 말하는 그리스도의 죽음으로 성취된 화목은 하나님께서 우리와 가지시는 관계에 주목한다. 소외되고 분리된 관계를 전제하는 이 화목은 은혜와 평강으로 역사한다. 하나님과의 이런 새로운 관계는 하나님과의 분리를 낳았던 원인을 제거함으로 이루어진다. 그리스도 안에서 우리가 하나님의 의가 되도록 하기 위해 그분이 우리를 대신하여 죄를 담당하셨을 때 이루어졌다. 그리스도의 대속 사역이 그렇게 한 것이다. 그리스도께서 자신이 친히 위하여 죽은 자들의 죄와 죄책과 정죄와 저주를 짊어지셨다. 그들의 죄와 죄책, 정죄와 저주를 담당하신 것이다. 여기서 하나님의 은혜와 사랑이 극명히 드러났다. 하나님이 친히 베푸시고 이루신 일이다. 자기 아들을 통해 하나님께서 모든 범과의 기초를 허무셨고 우리는 하나님과의 화목을 얻었다. 이것이 바로 복음을 통해 우리에게 전해진 하나님의 완전한 행위가 말하는 바다. "너희는 하나님과 화목하라"는 그리스도와 하나님을 대신한 사도의 호소는 우리에게 믿음을 요구하고 있다. 복음이 전하는 이 메시지가 사실임을 믿고 하나님께서 이루신 복과 즐거움에 참여하라는 것이다. 하나님이 이루신 화목을 받으라는 것이다.

4. **구속**Redemption.[9] 구속 개념을 구원으로 일반화시키지 말아야 한다. 구속은 무엇을 되샀다는 말이며, 특별히 속전을 지불하고 그렇게 했다는 말이다. 속전이란 풀려나기 위해 치르는 값이다. 그리스도의 죽음을 이런 구속의 개념으로 확증하는 말들이 성경 곳곳에 있다. 이런 이해를 가지고 그리스도가 이루신 구속을 해석해야 하는데는 의심의 여지가 없다. 주님께서 하신 말씀(마 20:28, 막 10:45)에서 다음 세 가지 사실이 명확히 드러난다. 첫째, 그분은 자신을 속전으로 내어주기 위해 이 세상에 오셨다. 둘째, 그분이 내어놓은 자신의 생명은 다름 아닌 구속을 위해 치르는 속전이었다. 셋째, 이렇게 치른 구속의 속전은 본질적으로 다른 사람이 치러야 할 것을 대신 치르신 것이다.

구속을 위해 치르는 몸값을 말하는 속전이라는 말에는 속박이나 포로 됨이 전제된다. 그러므로 우리를 구속했다는 말은 포로로 있던 우리를 속전을 치르고 구해 냈다는 말이다. 우리의 죄책 때문에 희생이 필요하고, 우리의 죄로 인한 하나님의 진노를 누그러뜨리기 위해 화목제물이 필요하고, 하나님과 분리된 우리의 상태 때문에 화목이 필요한 것처럼, 죄로 인해 포로 된 우리는 구속을 필요로 한다. 포로 된 상태는 여러 가지이기 때문에 값을 치르고 되사는 구속 역시 그만큼 광범위하게 적용할 수 있다. 구속은 우리가 묶여 있는 모든 부분에 적용될 수 있고, 이로 인해 우리는 하나님의 자녀의 영광에 걸맞는 자유를 누린다.

물론, 속전을 치르고 산다는 말을 부당하게 사용해서는 안된다. 크로포드T. J. Crawford가 상기시키는 것처럼, "그리스도께서 이루신 역사를 인간의 구속의 행위에서 이루어지는 모든 면과 정확하게 일치시키려고 해서는 안된다."[10] 그렇게 되면 그리스도의 역사를 인위적이고 감상적으로 해석하게 된다. 그러나 "몸값을 지불하는 것과 유사하게 **죗값을 치르는 과정**을 통해 이루어진 것이 우리의 구원"이라는 것이 신약성경에서 말하는 바다.[11] 그렇다면, 성경은 그리스도가 이루신 구속을 어떻게 바라보는가? 다음 두 가지 구분을 통해 이 부분을 가장 분명하게 이해할 수 있다.

1) **율법**Law. 성경이 구속을 하나님의 율법과 관련하여 말할 때는 용어를 신중하게 선택하여 표현한다. 성경은 우리가 율법으로부터 구속되었다고 말하지 않는다. 이렇게 말하는 것은 정확하지 않고 성경도 그런 표현을 배제한다. 우리는 온 맘과 뜻과 힘과 정성을 다해 하나님을 사랑하고 내 이웃을 내 몸과 같이 사랑하라는 율법의 의무에서 구속받은 것이 아니다. 이 두 계명은 모든 율법을 포함한다(마 22:40). 그리고 사랑은 율법을 이룬다(롬 13:10). 하나님과 이웃에 대한 이런 의무를 말하는 율법으로부터 자유롭게 되었다고 생각하면 오산이다. 이는 구속을 성취하신 그리스도의 뜻과 정면으로 배치된다. 이제 누구나 더 이상 하나님을 온 맘으로 사랑하고 그 계명에 순종할 필요가 없어졌다고 생각하는 것은 하나님의 본성과도 상치된다. 성경이 구속을 하나님의 율법과 관련시킬 때는 훨씬 더 구체적인 용어를 사용한다.

 • **율법의 저주**The curse of the Law. "그리스도께서 우리를 위하여 저주를 받은 바 되사 율법의 저주에서 우리를 속량하셨으니"(갈

3:13). 율법의 저주란 율법을 어겼을 때 따르는 형벌을 말하는데, 이는 본질적으로 율법의 요구에 부응하지 못하는 모든 경우에 임하는 하나님의 진노 혹은 저주다. "누구든지 율법 책에 기록된 대로 모든 일을 항상 행하지 아니하는 자는 저주 아래에 있는 자라"(갈 3:10). 이 저주에서 벗어나지 못하는 한 구원은 없다. 그리스도께서 하신 일이 바로 이 저주에서 그의 백성을 건져 내신 것이고, 그들의 저주를 친히 담당하심으로 값을 치르셨다. 친히 그 저주 아래로 들어오셔서 그들에게 드리운 모든 저주를 원색적으로 담당하셨다. 이것이 바로 그들의 구속을 위해 치른 값이고, 더 이상 율법으로 인한 저주가 그들에게 남아 있지 않게 하신 것이다.

- **의식법** The ceremonial law. "때가 차매 하나님이 그 아들을 보내사 여자에게서 나게 하시고 율법 아래에 나게 하신 것은 율법 아래에 있는 자들을 속량하시고 우리로 아들의 명분을 얻게 하려 하심이라"(갈 4:4-5). 몽학선생으로서의 모세 율법이 가진 속박에서 구속된 것을 염두한 말이다.[12] 구약성경 시대의 하나님의 백성은 하나님께서 은혜로 양자 삼은 자녀들이었다. 하지만 그들은 아직 어려서 아버지가 정한 때가 되기까지는 몽학선생 아래 있어야 했다(참조. 갈 4:2). 몽학선생의 지도 아래 있어야 하는 이 기간에는 모세의 율법이 그 역할을 했다(참조. 갈 3:23-24). 바울은 몽학선생 역할을 하는 모세의 율법 아래서 지도를 받아야 했던 시기를, 유대인이든 이방인이든 차별 없이 주어진 복음 아래서 모든 신자가 누리는 완전한 자유와 비교하고 있다. 이런 완전한 자유와 특권을 바울은 양자됨이라 부른다(갈 4:5). 자기의 백성으로 이런 양자됨을 얻도록 하

기 위해 그리스도께서 오셨다. 구속을 위해 치러진 대가와 관련하여 특별히 생각해야 할 사실은 그리스도께서 율법 아래로 오셨다는 것이다. 모세의 율법 아래서 태어나셔서, 그것의 모든 요구와 조건을 만족시키고 이루셨다. 그리스도에게서 모세 율법의 목적이 실현되고, 그분 안에서 율법의 모든 의미와 영원한 가치가 체화되었다. 결과적으로 그리스도께서는 모세의 율법을 통한 상대적이고 일시적인 속박에서 자유로우셨다.

그리스도께서 이루신 이 구속은 유대인들은 물론 이방인들에게도 아주 중요하다. 이 구속으로 인해 복음시대에는 이방인들도 이스라엘이 굴복해야 했던 몽학선생의 지도를 받지 않을 수 있게 되었기 때문이다. "믿음이 온 후로는 우리가 초등교사 아래에 있지 아니하도다. 너희가 다 믿음으로 말미암아 그리스도 예수 안에서 하나님의 아들이 되었으니"(갈 3:25-26). 모두가 차별과 구분이 없이 그리스도 예수를 믿음으로 하나님의 자녀가 되는 이런 놀라운 은혜는, 그리스도께서 모세의 율법 아래서 그것을 온전히 준행하시고 성취하심으로 이루신 구속이 맺은 결실이다.

• **행위의 율법**The law of works. 그리스도께서는 **하나님 앞에서 의롭게 되고 용납되기 위한 조건**, 곧 율법을 지켜야 할 필요에서 우리를 구속하셨다. 이런 구속이 없었다면 칭의와 구원은 없었을 것이다. 그리스도께서 친히 이루신 순종으로 이런 해방을 얻었다. 그분의 순종으로 많은 사람들이 의롭게 드러날 것이다(롬 5:19). 다시 말해, 그리스도의 적극적이고 소극적인 순종이 이런 구속을 위한 속전이 되었다. 여기서 적극적이고 소극적인 순종이라 함은, 그분이

율법 아래 들어오셔서 정의가 요구하는 모든 형벌을 받으시고 의의 모든 요구를 충족시키신 것을 말한다.

2) 죄 Sin. 그리스도께서 율법에서 비롯된 죄에서 자기 백성을 구속하셨다. 죄는 율법을 틈타 권세를 부린다. 그렇기 때문에 율법이 없는 곳에는 범죄함도 없다(고전 15:56, 롬 4:15). 하지만 성경은 구속 역시 죄와 직접적인 관련이 있는 것으로 말한다. 그리스도의 피로 이런 구속을 얻는다고 성경이 말하는 것은 바로 구속과 죄가 갖는 이런 관계 때문이다. 죄로부터의 구속이 갖는 몇 가지 측면을 통해 죄를 살펴볼 수 있다. 죄로부터의 구속이라 함은, 죄의 모든 양상과 그 결과로부터의 구속이다. 히브리서 9:12과 요한계시록 5:9이 특히 이를 잘 말해 준다. 죄는 물론 그 죄에서 초래되는 여러 악에까지 미치는 구속의 포괄적인 성격은, 전체 구속 과정이 종말론적으로 성취되는 것을 구속이라 지칭하는 것에서 알 수 있다(참조. 눅 21:28, 롬 8:23, 엡 1:14; 4:30, 고전 1:30도 포함시킬 수 있을 것이다). 모든 악으로부터의 최종적이고 완전한 구원과 그 목적이 성취된 것을 가리키는 데 구속이라는 말이 사용된다는 사실은, 하나님의 자녀들이 누리는 영광의 자유와 그리스도께서 이루신 구속이 얼마나 긴밀하게 연결되어 있는지를 잘 보여준다. 또한 구속이 하나님의 백성들이 누릴 완전한 복락의 개념을 구성한다는 사실도 보여준다. 그렇기 때문에 구약성경의 예언이 구속과 관련된 용어들을 사용하고(참조. 호 13:14), 영화롭게 된 자들이 구속을 노래한다는 사실은 새삼스러운 것이 아니다(참조. 계 1:5-6, 5:9).

하지만 이 논의에서 우리는 구속을 그리스도께서 이루신 성취로 생각한다. 이렇게 구속을 좀 더 제한적인 의미로 보면, 그리스도께서 이루신 구속과 관련하여 죄가 가진 두 가지 두드러진 특징이 드러나는데, 그것은 바로 **죄책**과 **죄의 권세**다. 그리스도께서 구속을 성취하심으로 이 두 가지 각각의 특징에 중대한 변화를 가져왔다. 칭의와 사죄, 그리고 죄인들로 종노릇하게 하는 죄의 권세와 부패로부터의 자유가 그것이다. 죄책을 해결하고 칭의와 사죄를 가져오는 구속에 대해서는 로마서 3:24, 에베소서 1:7, 골로새서 1:14, 히브리서 9:15과 같은 말씀이 잘 설명해 주고 있다. 그리스도의 구속이 죄인으로 하여금 종노릇하게 하는 죄의 권세와 부패에 미치는 영향에 대해서는 디도서 2:14, 베드로전서 1:18이 잘 말해 주고 있다. 물론 후자에서는 법정적 의미를 배제할 수 없지만 말이다.

죄책으로부터의 구속과 관련해서는 그리스도의 피가 대속물로서 그리고 우리를 자유롭게 하는 속전으로서 선명하게 부각된다. 주님께서 대속물에 대해 언급하신 부분(마 20:28, 막 10:45)을 보면, 그분 스스로가 세상에 오신 목적을 속전과 관련하여 이해하고 있었고, 이 속전은 다름 아닌 자신의 생명을 주는 것이었다는 사실이 분명히 드러난다. 신약성경을 보면 그리스도가 생명을 내어준 것과 피를 흘리신 것은 같은 의미로 사용된다. 그렇기 때문에 우리 주님의 관점에서 구속은, 자기 목숨을 대속물로 내어줌으로 그 혜택을 받게 될 많은 사람들을 얻기 위해 대속의 피를 흘리는 것이거나 혹은 그들을 대신해 그들의 자리에서 피를 흘리는 것이었다. 사도들의 가르침도 이와 다르지 않다. 구속의 용어들을 그대로 사용한 것은 아니지만, 에베소 장로들에게 당부하면서 "하나님이 자기 피로 사신 교회를"(행 20:28)이라고 하는 바울의 말은 분명 구속의 의미를 담고 있다. 그리스도 예수에 대해 말하는 다른 곳에서도 바울은 구속이나 속전을 의미하는 용어로 자신의 생각을 밝히고 있다. "그가 우리를 대신하여 자신을 주심은 모든 불법에서 우리를 속량하시고 우리를 깨끗하게 하사 선한 일을 열심히 하는 자기 백성이 되게 하려 하심이라"(딛 2:14). 또한 바울이 사랑해 마지않았던 분 안에 있는 "그의 은혜의 풍성함을 따라 그의 피로 말미암아 속량 곧 죄 사함을 받았느니라"(엡 1:7. 참조. 골 1:14)고 말하는 대목에서도, 그가 죄 용서를 구속의 피를 통해 얻은 복으로 이해하고 있었다는 것이 분명히 드러난다. 히브리서 9:15은 주석하기가 쉽지 않지만, 그리스도의 죽음이 옛 언약하에서 지은 죄들에 대한 구속의 방편이라는 사실만큼은 명확히 드러난다. 그리스도의 죽음에는 죄를 대속하는 효력이 있다는 것이다.

죄책에 대한 속전으로서의 구속을 그리스도의 사역을 해석하는 다른 범주들과 인위적으로 분리해서는 안된다. 이런 범주들은 단번에 성취된 그리스도의 역사를 여러 측면에서 바라보는 것에 불과하기 때문이다. 이런 범주들은 오히려 서로 긴밀하게 연결되어 있다고 할 수 있다. 예를 들면 그리스도의 사역을 그리스도의 구속과 관련하여 말하는 로마서 3:24-26이 이 사실을 잘 보여준다. "그리스도 예수 안에 있는 속량으로 말미암아 하나님의 은혜로 값없이 의롭다 하심을 얻은 자 되었느니라. 이 예수를 하나님이 그의 피로써 믿음으로 말미암아 화목제물로 세우셨으니 이는 하나님께서 길이 참으시는 중에 전에 지은 죄를 간과하심으로 자기의 의로우심을 나타내려 하심이니 곧 이 때에 자기의 의로우심을 나타내사 자기도 의로우시며 또한 예수 믿는 자를 의롭다 하려 하심이라." 여기에는 구속과 속죄가 서로 연결되어 있을 뿐 아니라, 그리스도께서 이루신 역사의 의도와 효과를 내포하는 개념들이 서로 조화를 이루고 있다. 이런 사실을 통해, 그리스도의 구속에 대한 이런 다양한 개념들이 어떻게 서로 긴밀하게 연결되어 있는지 알 수 있다. 이 본문은 다른 논의들을 통해 분명해진 사실, 곧 죄책으로부터의 구속 역시 화목제물이나 속죄나 화목과 마찬가지로 법정적 용어로 이해되어야 한다는 사실을 확증적으로 보여준다.

죄의 **권세**로부터의 구속은 구속의 승리적 측면이라 할 수 있다. 그리스도께서는 자신의 완성된 사역을 통해 죄의 권세와 관련된 어떤 일을 단번에 이루셨고, 이 승리 덕분에 그와 연합한 모든 자들 안에서 죄의 결박이 풀어진 것이다. 이런 관계 속에서 신약성경이 가르치는 교훈의 가닥을 잡아야 함에도 불구하고, 그렇지 않을 때가 많다. 성경은 신자를 위해 그리스도께서 죽으신 것뿐 아니라, 신자 역시 그리스도 안에서 죽었고, 그분과 함께 새 생명으로 다시 살아났다고 말한다. 그리스도와 연합한 결과다. 이 연합을 통해서 그리스도가 하나님께서 자기에게 주신 자들과 연합하고, 그들은 그리스도와 연합한다. 따라서 그리스도께서 그들을 위해 죽으셨을 뿐 아니라, 그들 역시 그리스도 안에서 죽었고, 그분 안에서 다시 살아났다(참조. 롬 6:1-10, 고후 5:14-15, 엡 2:1-7, 골 3:1-4, 벧전 4:1-2). 그리스도의 죽음의 효력으로 그리스도와 함께 죽고, 그분의 부활의 능력 안에서 그분과 함께 다시 살아났다는 이 사실이, 하나님의 백성들이 죄의 지배에서 벗어난 것을 확증한다. 이런 사실이 "너희도 너희 자신을 죄에 대하여는 죽은 자요 그리스도 예수 안에서 하나님께 대하여는 살아 있는 자로 여길지어다"(롬 6:11)라고 촉구하는 근거요, "죄가 너희를 주장하지 못하리니 이는 너희가 법 아래에 있지 아니하고 은혜 아래에 있음이라"(롬 6:14)는 확언에 힘을 더한다. 그리스도께서 단번에 이루신 죽음과 부활이 암시하는 바와 같이, 그와 함께 죽었고 또 다시 살아났다는 이 사실이야말로 신자가 거룩하게 되는 성화의 토대다. 성경이 신자의 삶에서 일어나는 성화를 끊임없이 촉구하고 독려하는 것도 바로 이 때문이다.

우리가 그리스도의 구속을 근거로 사탄을 대적할 수 있는 것도 이 때문이다. 이 또한 구속의 승리적 측면이라고 할 수 있다. 기독교회의 초대 교부들은 구속의 이런 승리적 측면을 부각시키느라 마귀에게 속전이 지불된 것처럼 이해했다. 결국 이런 이해는 어처구니없는 허구로 드러났다. 안셀무스가 자신의 기념비적인 저작「왜 하나님은 사람이 되셨나*Cur Deus Homo*」에서 이런 이해가 얼마나 잘못된 것인지를 효과적으로 드러낸 것이다. 하지만 구속에 대한 이런 잘못된 이해에 너무 과도하게 반응한 나머지, 이런 주장을 통해 초대 교부들이 말하고자 했던 위대한 진리를 경시하는 경향이 있는 것도 사실이다. 그들은 그리스도의 구속 역사가 사탄의 역사와 권세에 대해서, 그리고 악한 공중 권세 잡은 영적인 존재들에게 미친 영향을 말하고자 했던 것이다(참조. 엡 6:12). 이런 관계를 놓고 보면, 우리의 첫 조상에게 주어진 구속에 대한 처음 약속과 처음으로 그들에게 비친 구속의 빛이 다름 아닌 그들을 미혹한 자의 멸망에 관한 것이었다는 사실은 아주 의미심장하다. 신약성경도 동일한 것을 강조한다. 갈보리로 나아가시는 길에 헬라 사람들의 요청으로 자신이 지금 막 이루려는 일이 온 우주적으로 얼마나 중요한지를 새롭게 상기하셨던 예수님은, 이때를 놓치지 않고 원수에 대한 승리를 말씀하셨다. "이제 이 세상에 대한 심판이 이르렀으니 이 세상의 임금이 쫓겨나리라"(요 12:31). 또한 사도 바울에게 있어서 그리스도의 십자가에서 빛나던 영광은 "통치자들과 권세들을 무력화하여 드러내어 구경거리로 삼으시고 십자가로 그들을 이기셨느니라"는 사실을 통해 더욱 밝게 빛났다(골 2:15). 너무나 자주 죽음이라는 엄중한 실체를 바로 인식하지 못하고, 믿음이 아닌 무디어진 마음으로 죽음의 실체 앞에서 주눅 들어 있는 때가 많은 우리와 달리, 신약성경에 드러난 믿음들은 아주 뜨겁게 타올랐다. 히브리서의 저자는, 이런 깊은 이해를 가지고 예수께서 혈과 육을 입으신 것은 "죽음을 통하여 죽음의 세력을 잡은 자 곧 마귀를 멸하시며 또 죽기를 무서워하므로 한평생 매여 종노릇 하는 모든 자들을 놓아주려 하심이니"라고 적고 있다(히 2:14-15). 오직 이 승리만이 일생을 두려움에 종노릇하는 것에서 신자들을 풀어 주고, 그들에게 확신과 믿음의 안정을 가져다준다. 또한 이 승리는 신자들 자신과도 큰 관련이 있다. 이 승리를 통해 사탄의 역할과 행동이 어떻게 변화되었는지 앎으로 신자의 의식이 달라지고, 그리스도의 승리가 사망의 권세를 가진 악한 사탄과 그 대리자들을 끝장낸 것을 앎으로 그들이 확신과 평강을 누릴 수 있기 때문이다.

이처럼 이 세상 신이요, 공중의 권세 잡은 자요, 불순종의 아들들 가운데 역사하는 영인 마귀를 단번에 이기신 그리스도의 승리를 이해하지 않고서는, 죄로부터의 구속을 온전히 누릴 수 없다. 죄와 악을 대할 때는 사탄과 그의 군대, 곧 "통치자들과 권세들과 이 어둠의 세상 주관자들과 하늘에 있는 악의 영들"(엡 6:12)이 사용하는 모략과 술수와 교묘함과 권세를 가지고 지칠 줄 모르게 부단히 역사하는 하나의 거대한 나라로 그것을 볼 줄 알아야 한다. 구속의 성취로 말미암아 흑암의 권세가 파괴된 이 사실이 아니고서는 죄의 권세로부터의 구속을 이야기할 수 없다. 이를 통해 우리는 그리스도께서 "이제는 너희 때요 어둠의 권세로다"라고 말씀하셨을 때 그분이 맞닥뜨린 것이 무엇이었는지(눅 22:53), 그리고 이 세상 임금을 쫓아내셨다고 하셨을 때 영광의 주님께서 말씀하신 것이 무엇인지를 더 잘 이해할 수 있다(요 12:31).

3장
속죄의 완전성

개신교 신학 논쟁에서 그리스도가 이룬 속죄의 완전성은, 그리스도의 속죄에도 불구하고 신자는 여전히 자기가 지은 죄값을 치러야 한다는 로마 가톨릭의 가르침과 상치된다. 로마 가톨릭 신학에 의하면, 영원한 형벌에 해당하는 것이든 이 땅에서 받는 형벌에 해당하는 것이든, 신자들이 과거에 지은 모든 죄는 세례를 통해 사라진다. 하지만 세례를 받은 후에 지은 죄로 인한 형벌에 대해서는 이 땅에서든 연옥에서든 신자 자신이 보속을 해야 한다. 인간의 속죄 행위를 말하는 이런 모든 개념에 반하여 개신교 신자들은, 그리스도의 속죄만이 죄를 속하는 유일한 수단일 뿐 아니라, 신자가 지은 죄에 대한 어떤 형벌도 남겨 놓지 않을 만큼 완전하고 최종적인 것이라고 바르게 주장한다. 사실 신자들은 자신이 지은 죄 때문에 이 땅에서 징계를 당하고 그것을 통해 바르고 거룩하게 된다. "무릇 징계가 당시에는 즐거워 보이지 않고 슬퍼 보이나 후에 그로 말미암아 연단 받은 자들은 의와 평강의 열매를 맺느니라"(히 12:11). 또한 이런 징계는 고통스럽다. 하지만 징계를 속죄와 함께 놓고 이야기하는 것은 그리스도의 사역이 가진 완전성과 상치될 뿐 아니라, 그분이 이루신 속죄의 본질을 손상하는 것이다. "그러므로 이제 그리스도 예수 안에 있는 자에게는 결코 정죄함이 없나니"(롬 8:1). 그리스도의 복음을 왜곡하는 이 같은 가르침에 대해 개신교는 논박하는 목소리를 누그러뜨리지 말아야 한다. 어떤 식으로든 인간이 속죄에 기여하는 가르침이 우리가 믿는 칭의나 성화의 진리에 침투하도록 용인하는 것은, 하나님의 도성을 흡족히 적시며 흐르는 생명의 강물을 오염시키는 일이다. 이런 가르침이 가진 가장 심각한 문제는 영광의 구속주가 단번에 성취하신 것을 탈취한다는 데 있다. 그분은 친히 우리 죄를 없이하시고 지극히 크신 이의 보좌 우편에 좌정하셨다(참조. 히 1:3). 하지만 구속에 대한 논의와 관련해 지금 우리가 처한 상황을 볼 때, 구속의 완전 교리를 편향되게 이해하는 다른 방식들과 함께 그리스도의 완성된 사역의 다른 특징들도 살펴볼 필요가 있다.

1. 역사적 객관성. 우리가 전혀 기여하거나 참여하지도 않았지만, 그리스도의 구속을 통해 어떤 것이 단번에 이루어졌다. 구속의 은택을 입는 자들이 전혀 알지도 못하고 무슨 반응을 보이기도 전에 이루어진 일이다. 구속을 보다 윤리적으로 해석하고 이를 통해 사람들의 도덕적 변화를 불러일으킬 요량으로 이 사실을 어떤 식으로든

생략할 경우, 구속의 중심 진리는 온데간데없고 껍데기만 남을 것이다. 구속의 성취에 우리가 기여하거나 참여한 것은 전혀 없다. 그만큼 구속은 객관적인 사실이다. 또한 구속을 통해 우리가 누리고 참여하는 주관적인 결과를 통해, 그것이 자신과 관련하여 성취된 일이라는 것을 안다. 오직 믿음으로 그 객관적 사실의 의미를 인식할 때, 구속의 결과가 우리의 지각과 의지에 주관적으로 역사한다.

구속의 역사적 객관성이 함축하는 또 다른 사실이 있는데, 그것은 바로 성취된 사실들이 갖는 역사적 성격이다. 구속은 역사 밖에서 일어난 일도 아닐뿐더러, 이 시대의 산물도 아니다. 죄를 대속한 분은 역사 속에서 자신의 신성과 하나님의 아들됨을 인식한 분이었고, 이는 분명한 사실이다. 참으로 그분은 모든 조건과 시간을 초월하여 영원히 계신다. 역사를 주관하시는 성부, 성령 하나님과 함께 계신다. 성육하신 하나님의 아들로서 하나님 보좌 우편에까지 높아지신 그분만이 진정한 의미에서 현존하시는 분이다. 그분은 언제나 살아 계신다. 죽었다가 다시 사신 분으로서 대속으로 얻은 능력과 덕과 효력으로 언제나 역사하시고 현존하신다. 그러나 그분이 참된 인성을 통해 이루신 구속은 과거의 특정한 시점에 일어난, 이미 달력에 표시된 끝난 사건이다. "때가 차매 하나님이 그 아들을 보내사 여자에게서 나게 하시고 율법 아래에 나게 하신 것은 율법 아래에 있는 자들을 속량하시고 우리로 아들의 명분을 얻게 하려 하심이라"는 사도 바울의 말보다 이 사건의 중요성과 진리됨을 도드라지게 하는 것이 또 있을까?(갈 4:4-5) "때가 차매"라는 말을 하나님이 아들을 보내시기로 정하신 시간까지의 일정한 기한이 다 찬 것으로 보든 아니면 때가 된 것으로 보든 간에, 우리는 그 시간의 의미를 하나님 아들의 성육신으로 시작되고 구체화된 사명 감당의 시간으로 인식하지 않으면 안된다. 때가 차고 하나님이 정하신 역사상의 한 시점에 성육신이 일어났다. 그 이전도 아니고 꼭 그 시점에 일어났다. 그리스도는 계속해서 성육하신 상태로 계시지만, 그 후로 성육신은 다시 없었다. 정해진 때와 기한을 포함하는 역사는 하나님의 구속 드라마에서 중요한 의미를 갖는다. 시간상에서 일어난 사건들이 갖는 역사적 정황과 자리는 없어질 수도 그 중요성이 무시될 수도 없다. 성육신 사건에서 진리인 것은 성취된 구속에 있어서도 진리다. 이 두 사건은 모두 구체적인 인간 역사 속에 자리한 사건들이지, 역사를 초월해 일어난 것도, 이 시대가 만들어 낸 것도 아니다.

2. **궁극성**. 역사적 논쟁에서 기독교는, 그리스도의 구속이 가진 궁극성이라는 특징을 들어 미사라고 하는 로마 가톨릭의 희생제사에 대한 가르침을 논박했다. 종교개혁시대와 마찬가지로 로마 가톨릭의 이런 불경한 가르침에 대한 논박은 지금도 계속되어야 한다. 구속은 완성된 사역이기 때문에 반복되지도 않고 반복될 수도 없다. 하지만 오늘날의 상황을 볼 때 로마 가톨릭의 가르침에 반대하기 위해서뿐 아니라, 개신교 진영에 만연한 구속에 대한 그릇된 이해 때문에라도 계속해서 그렇게 해야 한다. 하나님이 죄를 담당한 사건은 예수가 드린 희생이라는 역사상의 한 지점에만 국한될 수 없는 영속되는 것으로 여겨야 한다는 것이다. 구속의 역사, 예수 그리스도의 성육신의 역사, 고난의 역사는 하늘에 계시는 하나님의 생명

속에서 영원히 계속된다는 말이다. "시간을 초월한 구속의 영원한 역사는 세상에 죄가 계속되고 하나님과 화목해야 할 죄인들이 있는 한 하늘에 계신 하나님의 영원한 생명과 더불어 계속된다."[1]

그리스도의 대제사장적 역할은 하늘에서도 계속된다는 사실을 잊어서는 안된다. 이 땅에서 드린 희생을 통해 얻은 구속의 효력을 그리스도께서 영원토록 가지고 계시고, 이런 효력으로 더불어 그리스도께서는 우리 신앙고백의 위대한 대제사장으로서 하늘의 사역을 계속해 가신다는 사실을 잊지 말아야 한다. 그리스도께서 그분의 백성을 위해 중보하실 수 있는 것도 바로 이 때문이다. 우리가 가진 연약함을 깊이 체휼하시는 것도 그분이 이 땅에서 친히 겪으신 시험을 통해 우리의 형편과 처지를 아시기 때문이다. 이는 곧 대제사장으로서 그리스도가 가지신 직분과 행위의 일치를 제대로 알아야 한다는 말이다. 하지만 그분이 하시는 제사장적 기능의 통일성을 훼손해서는 안된다는 것이, 곧 제사장으로서의 독특한 행위와 그분이 담당하시는 제사장 직분의 단계들을 혼동해도 된다는 말은 아니다. 대제사장으로 제사를 드리신 것과 그 후에 이어지는 대제사장으로서의 행위는 반드시 구분되어야 한다. 신약성경이 강조하는 것은, 하나님 백성의 죄책을 없이하고 그들을 하나님과 화목하게 한 그리스도가 드리신 희생제사의 단회성이다(참조. 히 1:3, 9:12, 25-28). 이 단회성이 내포하는 궁극성을 제대로 이해하지 못하면 구속이 말하는 바를 잘못 받아들일 수밖에 없다. 성경 해석상 구속이 성취된 조건을 모르면 구속을 제대로 이해할 수 없다. 겸비함과 순종이야말로 구속에 꼭 필요한 최소한의 조건이다. 이 두 조건은 떨어져서는 결코 존재할 수 없는 서로를 형성하는 조건이다. 구속을 이런 조건들 자체가 불가능한 영역으로 끌고 간다면, 이는 성경 전체의 흐름에 역행하는 결과가 될 것이다.

더구나 사람들이 상투적으로 사용하는 "하나님의 마음에 있는 영원한 구속"이라는 말을 생각해 보더라도, 이 땅에서 단번에 드려진 구속은 하늘의 그것과 반드시 구별되어야 한다. 구속이 하나님 마음에 있는 영원한 사랑에서 비롯된 것은 맞다. 하지만 구속이 영원히 계속된다고 여기는 것은 영원한 것과 이 세상의 것을 혼동하는 것이다. 성경의 증거들은 한결같이 이 세상에서 성취된 구속이 하나님께 실질적인 의미가 있다는 사실을 확증한다. 성경이 말하는 구속은 바로 이런 구속이고 틀림없는 사실이다. 성경을 따라 구속을 정의해야 한다. 영광의 주님이 단번에 우리 죄를 깨끗하게 하시고 높이 들리사 존귀한 보좌 우편에 앉으신 그때가 바로 대속의 순종과 속죄와 화목과 구속이 이루어진 때라고 성경은 말한다.

3. **고유성.** 호레이스 부시넬Horace Bushnell은 그리스도의 희생을 자기 희생의 원리로 가장 강력하게 주장하고 변호한 사람이다. 사람이 죄나 악과 맞닥뜨릴 때 모든 사랑 넘치는 거룩한 존재들의 중심에는 자기 희생의 원리가 작용하는데, 그리스도의 희생은 바로 이 원리를 가장 잘 대변하고 확증한다는 것이다. "사랑은 다른 사람의 곤경과 고통에 참여할 만큼 자신을 다른 사람과 동일시하고 그들이 당하는 어려운 짐을 스스로 감당하는 본질적으로 대속의 성격을 가진 원리다."[2] "모든 사랑에는 겟세마네가 감추어져 있다."[3] "대속의

희생을 이렇게 이해하는 우리는, 모든 거룩한 덕에 본질적으로 이런 원리가 깃들어 있음을 알아야 한다. 더 나아가 대속의 희생과 육신을 입으신 그리스도와의 관계는 물론 다른 모든 선한 존재들과도 어떻게 관계되는지 사람들이 볼 수 있도록 드러내야 한다. 그리스도께서 오시기 전의 영존하시는 아버지와, 그리스도께서 오신 후의 성령과, 그리스도가 오시기 전과 후에 각각 역사했던 선한 천사들 모두가 어떻게 그 짐을 함께 졌는지, 대속의 고통 속에서 어떻게 인간들을 위해 씨름했는지 나타내야 한다. 또한 어떻게 기독교 신앙이 천국에 있는 영화롭고 선한 사람들을 지배하는 대속의 사랑을 우리 안에 잉태해서 그 사랑을 낳게 하고, 그들이 그리스도의 십자가를 지고 그분의 고통에 참여했던 것처럼 우리를 불러 모아 주님을 따르게 하는지 나타내야 한다."[4]

이 인용문에서 오류와 진리를 가리고 잘못된 것들을 바로잡는 것은 지금 우리가 논할 일이 아니다. 그리스도의 희생은 하나님의 사랑에 대한 가장 탁월한 계시다. 그리스도의 삶과 고난과 죽음은 사랑에 대한 가장 탁월한 모범이다. 교회의 고난은 그리스도의 남은 고난을 채우는 것과 다름 아니다. 신자들이 겪는 이런 고난을 통해 그리스도의 속죄 사역이 그 뜻한 바를 이룬다. 그러나 그리스도의 대속의 희생에 우리가 참여한다고 말하는 것은 전혀 다른 문제다. 또 성경이 그리스도의 "대속적 희생vicarious sacrifice"이라는 말에 부여한 고유하고 독특한 성격을 무시한 채, 희석된 의미로 "대속적"이라는 말과 "희생"이라는 말을 사용하는 것은 바람직하지도 않고 변명의 여지도 없다. 그리스도께서 우리가 그 자취를 따를 수 있도록 모범을 제시하신 것은 사실이다. 하지만 우리가 그분을 본받는다는 것은 결코 그분이 이미 성취하신 구속과 속죄와 화목과 같은 역사를 우리 편에서 일구어 가는 것을 말하는 것이 아니다. 우리는 그리스도만이 홀로 속죄를 이루셨다는 성경의 말씀을 따라 속죄를 정의해야 한다.

그뿐만이 아니다. 그리스도가 이루신 대속의 희생을 구성하고 그것을 통해 나타난 바가, 죄와 악을 맞닥뜨린 모든 거룩한 사랑에도 적용된다고 하는 근거가 무엇인가? 어떤 식으로든 이런 추론이 가능한 것은 범주를 심각하게 혼동하고 있기 때문이다. 성경은, 성부나 성령도 아니고 인간이나 천사들도 아닌 오직 성육신한 하나님의 아들만이 자기 피로 우리를 구속하여 하나님께 드리기 위해 스스로를 내어주셨다고 말한다. 어떤 견지에서 보든, 그의 희생은 그의 인격과 이 세상에 오신 뜻과 그의 직분만큼이나 독특하고 고유하다. 하나님이자 동시에 인간인 존재가 그분 말고 또 누가 있는가? 이 위대한 대제사장 말고 누가 이런 제사를 드릴 수 있는가? 그분 말고 대속의 피를 흘릴 수 있는 존재가 어디 있는가? 영원한 구속을 이루어 단번에 하늘의 지성소로 들어갈 수 있는 존재가 그분 말고 또 누가 있단 말인가? "대속적 희생은 존재의 법칙이다"라는 로버트슨F. W. Robertson의 단언을 훌륭하게 논박하는 휴 마틴Hue Martin의 글에서 따온 한 대목을 인용하지 않을 수 없다. "얼마나 현란한 말인가! 두말할 필요도 없이 우리는 이 말을 받아들일 수 없다. 대속적 희생은 존재의 법칙이 아님은 물론, 법도 아니다. 이는 어디에서도 유례를 찾아볼 수 없는 단 하나뿐인 하나님의 방식이다. 되풀이될 수도, 필적될 수도, 흉내 낼 수도 없다. 대속의 희생은 누구도 예상하지 못한 하나님의 지혜에서 비롯된 탁월한 방편으로, 이를 통해 계시된 하나님을 아는 지식에 천사들조차 압도되었다. 하나님의 기쁘신 뜻의 경륜을 따라 그렇게 된 것이다. 은혜와 사랑으로 하나님이 주권적으로 정하신 것이다. 대속적 희생이 "존재들의 법칙"이라는 개념은 우리에게서 하나님의 주권적인 사랑을 앗아가 버린다."[5]

4. **고유한 효력.** 그리스도의 구속이 가진 이런 특징 곧 그 고유한 효력은, 역사신학 논쟁에서 그리스도가 하나님의 정의를 온전히 만족시키는 대신 하나님이 은혜로 받으실 어떤 것을 행하였을 뿐이라고 주장하는 항의파Remonstrant 교리를 논박하는 데 사용되었다. 웨스트민스터 신앙고백서는 항의파의 이런 입장에 반하여 작성되었다. "주 예수님께서는 하나님께 완전히 순종하셨고, 또한 영원하신 성령으로 말미암아 자기를 하나님께 희생제물로 단번에 바치셨다. 그분은 이렇게 하심으로 성부의 공의를 충분히 만족시키셨으며, 하나님과 그 백성 사이에 화목을 이루셨을 뿐 아니라, 그분에게 주신 모든 백성을 위하여 천국의 영원한 기업도 얻으셨다"(8장 5조).

하나님의 은혜와 그리스도의 구속 역사 사이의 관계를 우리는 제대로 이해하고 바로잡아야 한다. 하나님께서는 은혜로 그리스도를 우리에게 주셨다. 그리스도께서 하신 일 때문에 하나님께서 마음에도 없는 사랑과 은혜를 베풀게 되었다고 생각하는 것은 전혀 잘못된 것이다. "긍휼이 풍성하신 하나님이 우리를 사랑하신 그 큰 사랑을 인하여 허물로 죽은 우리를 그리스도와 함께 살리셨고"(엡 2:4-5, 참조. 요일 4:9). 구속은 하나님의 사랑과 은혜에서 비롯된 것이다. 그리스도의 사역은 그 자체로 우리의 죄에서 비롯된 모든 대가뿐 아니라 하나님의 정의와 거룩이 우리의 죄에 대해 주장하는 모든 요구를 채우고도 남을 만큼 본질적으로 충분하다는 사실을 기억해야 한다. 그리스도께서 우리가 지은 죄의 빚을 청산하셨다. 우리 죄를 담당하시고 없이하신 것이다. 그분이 치른 값은 잔금을 꼭 치르겠다는 약조로 지불하는 내입금 같은 것이 아니다. 빚이 말소된 것이 아니라 깨끗이 정리된 것이다. 그리스도께서 이루신 구속으로 그렇게 된 것이다. 죄를 향한 하나님의 정죄와 심판을 한 방울도 남김없이 다 받아 마심으로 모든 요구를 충족시키셨다. 완전한 칭의의 합당한 근거가 되고 영생을 누릴 자격이 되는 의를 이루셨다. 우리 주 예수 그리스도 덕분에 얻게 된 의로 말미암아 영원토록 은혜의 지배를 받는다(참조. 롬 5:19, 21). 죄책을 없이하시고, "거룩하게 된 자들을 한 번의 제사로 영원히 온전하게" 하셨다(히 10:14). "온전하게 되셨은즉 자기에게 순종하는 모든 자에게 영원한 구원의 근원이 되시고"(히 5:9). 한마디로, 예수님이 우리 죄 때문에 비롯된 모든 요구를 만족시키시고 하나님의 자녀들을 영광의 자유와 그 정점에 이르게 하는 모든 복을 획득하셨다.

4장
속죄의 범위

속죄의 범위에 대한 문제는 다음과 같이 단순하다. 그리스도의 속죄는 누구를 위한 것인가? 더 단순하게 말하면, 누구를 위해 그리스도가 죽으셨는가? 얼핏 보면 그리스도께서 모든 사람을 위해 죽으셨다고 성경이 말하는 것처럼 보인다. "우리는 다 양 같아서 그릇 행하며 각기 제 길로 갔거늘 여호와께서는 우리 모두의 죄악을 그에게 담당시키셨도다"고 성경이 말하기 때문이다(사 53:6). 마지막 절의 "우리 모두"라는 말이 그릇 행하고 각기 제 길로 간 모든 사람을 지칭한다고 주장하기 쉽다. 그렇다면, 하나님께서 자기 아들에게 모든 사람의 죄를 짊어지게 했고, 그 아들은 모든 사람의 죄를 위해 자신을 희생제물로 드렸다는 말이 된다. 성경은 또 이렇게 말한다. "예수를 보니 이를 행하심은 하나님의 은혜로 말미암아 모든 사람을 위하여 죽음을 맛보려 하심이라"(히 2:9). 사도 요한의 이 말은 이 문제에 대한 모든 논란을 잠재우는 것처럼 보인다. "그는 우리 죄를 위한 화목제물이니 우리만 위할 뿐 아니요 온 세상의 죄를 위하심이라"(요일 2:2).

하지만 앞에서 인용한 구절에 몇 개의 구절을 덧붙여 인용한다고 해서 이 문제가 일단락될 것이라고 생각해서는 안된다. 그리스도가 이루신 구속의 범위에 대해 성경은 처음부터 끝까지 보편적인 형태의 표현을 쓰지만, 그렇다고 이런 표현을 말 그대로 모든 사람을 포함하는 포괄적인 의미로 해석할 수는 없다. 성경에 나오는 "세상"과 "모든"이라는 표현, 그리고 "모든 사람"과 같은 표현들이 항상 모든 인류를 지칭하는 것은 아니기 때문이다. 예를 들어, 바울이 이스라엘의 불신앙을 언급하면서 "그들의 넘어짐이 세상의 풍성함이 되며 그들의 실패가 이방인의 풍성함이 되거든 하물며 그들의 충만함이리요"(롬 11:12)라고 말한 것을 가지고, 이스라엘의 넘어짐이 가져온 풍성함이 당시 세상에 살던 모든 사람들과 앞으로 세상에 살게 될 모든 사람을 가리킨다고 할 수 있겠는가? 이런 해석은 말이 안된다. 그렇게 되면 여기에 나오는 "세상"이라는 말에는 세상과 대비되는 이스라엘의 구성원들도 포함될 수밖에 없기 때문이다. 그러므로 모든 인류가 이스라엘이 넘어짐으로 풍성함을 얻는 것은 아니다. 여기서 바울이 의미하는 "세상"이란, 이스라엘과 대비되는 이방인들을 가리킨다. 문맥이 분명히 그렇게 말한다. 이처럼 "세상"이라는 말이 세상 모든 사람을 가리키는 것이 아닌 제한적인 의미로 사용되기도 한다. 또 바울이 "한 범죄로 많은 사람이 정죄에 이른 것같이 한 의로운 행위로 말미암아 많은 사람이 의롭다 하심을 받아 생명에 이르렀느니라"(롬 5:18)고 말한 것을 가지고 칭의가 모든 인류에게 포괄적으로 주어진 것이라 여길 수 있는가? 바울은 그렇게 말하지 않는다. 바울은 지금 그리스도 안에 있는 영생에 이르는 실제적인 칭의를 말하고 있다(참조. 롬 5:1, 16-17, 21). 궁극적으로 모든 사람이 구원받을 것이라고 믿지 않는 한, 이런 실제적인 칭의가 모든 인류에게 주어진다고 믿기는 어렵다. 이는 바울의 다른 말들과도 상치되고 성경이 일반적으로 말하는 것과도 다르다. 그렇기 때문에, 비록 이 절의 초두에서 바울이 모든 인류를 가리키는 보편적인 의미에서 "많은 사람"이라는 말을 썼지만, 후반부에서는 더욱 더 제한적인 의미로, 다시 말해 실제로 칭의를 얻은 사람을 염두하고 이 같은 표현을 쓴 것이 분명하다. 다른 예로, 바울이 자기에게는 "모든 것이 가하나"라고 했을 때(고전 6:12, 10:23), 말 그대로 모든 것이 가하다는 말이 아니다. 하나님의 계명을 거스르는 것까지 가하다 할 수 없다. 그가 말하는 "모든 것"이란 문맥을 통해 제한되고 그 의미가 분명히 밝혀진다. 형식적으로는 보편적인 의미를 가진 말이라 할지라도 모든 인류를 가리키지 않고 제한적으로 사용되는 이런 표현들에 관한 예는 성경에 얼마든지 있다.

그러므로 그리스도의 죽음과 관련해 "세상"과 "모든"과 같은 단어들이 나오는 몇몇 구절을 가지고 성경이 마치 보편 속죄를 말하는 것처럼 결론 내려서는 안된다.

히브리서 2:9과 같은 말씀을 예로 들어, 이런 식으로 결론 내리는 것이 오류임을 보일 수 있다. 이 구절에서 "모든 사람"이 누구를 뜻하는지 어떻게 알 수 있는가? 물론 그것은 문맥을 통해서다. 문맥에서 저자는 누구를 가리켜 이 말을 하는가? 영광에 이를 많은 자녀들이다(히 2:10). 거룩하게 하시는 자와 함께 있는 거룩하게 된 모든 자들이다(히 2:11). 그리스도의 형제들이라 일컫는 자들이다(히 2:12). 하나님께서 그분에게 주신 자녀들이다(히 2:13). 이런 말씀들이 그리스도께서 위하여 죽으신 "모든 사람"이라는 말이 가리키는 범위가 어디까지인지를 말해 준다. 그리스도께서는 영광에 이를 모든 하나님의 자녀들, 하나님께서 그분에게 주신 모든 자녀들을 위해 죽으셨다. 하지만 문맥을 통해 볼 때, 그리스도의 대속의 죽음이 적용되는 범위를 이보다 더 확장시킬 이유는 전혀 없다. 보편속죄 교리를 주장하기 위해 이런 단어만 그럴싸하게 따서 말할 수는 있겠지만, 이런 본문들은 그렇게 하는 것이 얼마나 근거 없는 것인지를 오히려 잘 보여준다.

이 교리를 계속 살펴보기 위해서는 먼저 논점이 아닌 것을 분명히 해야 한다. 그리스도의 죽음으로부터 사람들이 얻는 칭의와 구원에 못 미치는 은택은 논외다. 이 세상에 사는 불신자들과 악인들도 그리스도께서 죽으시고 부활하신 사실에서 비롯된 수많은 은택을 누린다. 중보하시는 그리스도의 통치는 온 우주에 미친다. 그리스도께서는 만물의 머리다. 하늘과 땅의 모든 권세가 그분의 것이다. 모든 세상 사람들이 누리는 모든 은택은 그리스도의 이런 통치를 따라 주어지는 것이다. 하지만 그리스도의 이런 중보적인 통치는 친히 이루신 구속 사역을 토대로 그것에 대한 상급으로 이루어진다. "사람의 모양으로 나타나사 자기를 낮추시고 죽기까지 복종하셨으니 곧 십자가에 죽으심이라. 이러므로 하나님이 그를 지극히 높여 모든 이름 위에 뛰어난 이름을 주사"(빌 2:8-9). 결과적으로, 모든 은택과 복락이 그리스도의 통치 영역에서 주어지고, 그리스도의 이런 통치는 그분이 이루신 구속에 기반하기 때문에, 세상 모든 사람이 차별 없이 누리는 무수한 은택은 그리스도의 죽음과 관련이 있고, 어떤 식으로든 그리스도의 죽음에서 비롯된 것이라고 말할 수 있다. 그리스도의 죽음으로부터 이런 은택이 흘러나온다면, 그렇게 의도된 것이 맞고, 그렇다면, 불신자들이 이런 은택을 누리는 것 역시 그리스도의 죽음과 더불어 하나님께서 정하신 것이다. 그러므로, 선택받지 못한 자들과 악인들 역시 그리스도의 죽음을 통해 하나님께서 정하신 특정한 은택을 누린다고 말하는 것이 맞다. 보편 속죄를 부정한다고 해서 그것이 곧 그리스도의 죽음과 완성된 사역을 통해 모든 사람이 누리는 은택까지 부정하는 것은 아니다. 중요한 질문은 정작 따로 있다.

그리스도는 누구를 위해 자신을 희생제물로 드리셨는가? 누구를 위해 하나님의 진노를 누그러뜨릴 제사를 드리셨는가? 그리스도의 죽음과 더불어 하나님과 화목하게 된 사람들은 누구인가? 그리스도로 말미암아 율법의 저주와, 죄책과 죄의 권세와, 마귀에게 종노릇하는 데서 구속받은 사람들은 누구인가? 그리스도께서는 누구를 위해, 누구를 대신해서 죽기까지, 심지어 십자가에서 죽기까지 순종하셨는가? 구속의 범위가 어디까지인지를 분명히 하기 위해서는 이런 물음이 반드시 필요하고 또 정직하게 답할 수 있어야 한다. 종국에 멸망당할 사람들이 이 땅에 사는 동안 참여하게 될 많은 복들이 그리스도의 죽음과 어떤 관계가 있는지 묻는 것은 그 자체로는 의미가 있고 합당한 물음이기는 하지만, 여기서의 문제는 그것이 아니다. 문제는 그리스도의 죽음을 대속의 죽음, 다시 말해 대속의 순종, 대속의 희생과 속죄, 효력 있는 속죄와 화목과 구속이라고 할 때, 그런 그분의 죽음이 뜻하는 것이 정확히 무엇이냐 하는 것이다. 한마디로, "위하여 죽으사"라는 말이 가리키는 엄밀하고 정확한 뜻을 잘 기억해야 한다는 것이다. "우리를 위하여 죽으사"(살전 5:10) 혹은 "그리스도께서 우리 죄를 위하여 죽으시고"(고전 15:3)라고 하면서 바울은, 그리스도의 죽음을 통해 자신이 얻을 어떤 복을 생각한 것이 아니라, 때가 되면 우리에게서 사라질 어떤 것, 그리스도의 죽음으로 말미암아 우리에게서 없어질 것들을 생각하고 있었다. 그리스도가 자기의 목숨을 내어주기까지 자신을 사랑하셨고(갈 2:20), 그리스도께서 자기가 죽어야 할 자리에서 대신 죽으셨고, 그렇게 흘린 그분의 피로 말미암아 우리가 구속을 얻었다는 엄청난 진리를 생각하고 있었던 것이다.

그리스도의 구속에 골몰해 보면, 구속을 보편적으로 적용하는 것이 불가능하다는 것을 알게 된다. 구속이 무엇인가? 그것은 구속의 가능성을 뜻하는 것이 아니다. 우리가 구속받을 수 있게 되었다는 말이 아니다. 그리스도께서 구속을 이루시고 획득하셨다는 말이다. 신약성경은 구속을 노래할 때마다 승리의 어조로 노래한다. 그리스도께서는 자기 피로 우리를 구속하여 하나님께 드리셨다(계 5:9). 영원한 구속을 이루신 것이다(히 9:12). "그가 우리를 대신하여 자신을 주심은 모든 불법에서 우리를 속량하시고 우리를 깨끗하게 하사 선한 일을 열심히 하는 자기 백성이 되게 하려 하심이라"

(딛 2:14). 구속을 그 대상이 되는 사람들의 구원을 유효적으로 성취하는 것으로 해석하지 않는 것은, 곧 그리스도의 능력과 희생을 통해 이룬 구속의 개념을 약화시키는 것이다. 그리스도께서는 사람들을 구속받을 수 있는 자리에 두려고 오신 것이 아니라, 자기 백성을 구속하러 오셨다. 속죄와 화목도 마찬가지다. 그리스도는 우리 죄가 속죄될 수 있는 가능성을 열기 위해 오신 것이 아니다. 우리 죄를 속죄하러 오셨다. "죄를 정결하게 하는 일을 하시고 높은 곳에 계신 지극히 크신 이의 우편에 앉으셨느니라"(히 1:3). 그분은 하나님과 우리의 화목을 이룰 가능성을 열어 놓기만 하려고 오신 것이 아니라, 자기 피로 하나님과 우리를 화목하게 하려고 오셨다.

그리스도는 모든 사람들이 구원받을 수 있도록, 구원을 가로막는 장애물을 없애는 일들을 통해 단지 사람들의 구원을 준비하려고 오신 것인가? 아니면 자기 백성을 구원하려고 오셨는가? 모든 사람이 구원받을 수 있는 상태에 이르도록 하기 위해 오셨는가? 아니면 영생으로 예비된 모든 사람들을 구원하기 위해 오셨는가? 사람들에게 구속의 가능성을 마련해 주기 위해 오셨는가? 아니면 실제로 구속하기 위해 오셨는가? 이것은 그리스도께서 오신 사명과 오셔서 친히 이루신 것의 정확한 본질을 가늠하게 해주는 물음이다. 영생을 위해 예비된 후사들뿐 아니라 결국에는 멸망당할 사람들에게까지 적용되는 것이 구속이라면, 구속 교리는 전혀 다르게 수정되어야 한다. 결국 성경이 정의하는 구속의 위대한 범주들을 희석시킬 수밖에 없고, 그렇게 되면 구속은 그것이 가진 가장 소중한 의미와 영광을 잃어버리게 된다. 하지만 결코 그럴 수 없다. 속죄와 화목과 구속의 개념에서 그것을 제거하기에는, 구원하는 효력이 그 속에 깊이 자리하고 있기 때문이다. 우리 주님이 친히 하신 말씀을 깊이 새겨 볼 필요가 있다. "내가 하늘에서 내려온 것은 내 뜻을 행하려 함이 아니요 나를 보내신 이의 뜻을 행하려 함이니라. 나를 보내신 이의 뜻은 내게 주신 자 중에 내가 하나도 잃어버리지 아니하고 마지막 날에 다시 살리는 이것이니라"(요 6:38-39). 그리스도께서 이루신 구속에는 본질적으로 안전이 자리한다. 다시 말해, 구속에 포함된 사람들, 구속의 계획과 성취, 그리고 그것의 궁극적 실현 사이에 아무런 차이나 변화 없이 모두 같은 범위를 갖는다는 것이다.

이 교리를 제한적 속죄limited atonement라고 부른다. 바른 명칭일 수도, 그렇지 않을 수도 있겠다. 하지만 중요한 것은 명칭이 아니라 그것이 담고 있는 의미다. 어떤 교리에 모욕적이고 오해 살 만한 이름을 붙여서 사람들이 불필요한 편견이나 오해를 가질 수는 있다. "제한적 속죄"라는 말을 좋아하든 싫어하든 상관없이, 종국에는 모든 사람이 회복될 것이라고 믿지 않는 한 무제한적 구속은 있을 수 없다는 사실을 기억해야 한다. 구속의 범위를 모든 사람의 구속에 대한 가능성으로 보편화시키는 것은 구속의 효력을 제한하는 것이다. 구속과 속죄를 받을 수 있는 사람이 멸망당한다면, 구속은 그 자체로 효력이 없는 것이 된다. 보편 속죄를 주장하는 사람들은 이런 변수에 답을 해야 할 것이다. 사실 이들이 말하는 것 역시 "제한적" 속죄다. 다만 여기서 제한적이란 말은 속죄의 범주가 아닌 본질적인 효력에 적용된다는 점에서 다르다. 그러나 우리는 속죄의 효력과 본질을 제한하지 않는다. 우리가 주장하는 "제한적 속죄"는 영생을 이을 후사를 택함을 입은 사람들로 제한할 뿐이다. 이런 제한은 속죄의 효력을 보증하고 효과적이고 능력 있는 구속의 본질을 보존한다.

복음 안에서 그리스도가 온전히 그리고 값없이 주어진 것과 이 교리가 서로 맞지 않는다고 하면서 반론을 제기하는 경우가 많다. 하지만 이런 생각은 엄청난 오해와 착오에서 비롯된 것이다. 오히려 이런 교리에서만 우리는, 타락한 자들에게 온전히 그리고 값없이 주어지는 그리스도를 누릴 수 있다. 복음을 통해 사람들에게 주어지는 것은 무엇인가? 단지 구원받을 가능성이나 기회가 아닌 **구원 그 자체**다. 더 구체적으로 말하면, 자기를 드리신 그리스도가 그분의 인격이 가진 모든 영광과 친히 이루신 완성된 사역의 모든 완전함과 더불어 주어진다. 속죄를 이루고 구속을 성취하신 분으로 주어진다. 하지만 그분이 구속과 구원을 이루지 못했다면 이런 구속은 권세와 능력과 더불어 우리에게 주어질 수 없다. 그저 모든 사람들이 구원받도록 준비하고 구원의 가능성을 열어 놓기만 했다면, 우리는 더 이상 충만한 구원을 값없이 주는 구원자로 그리스도를 받을 수 없을 것이다. 모든 풍성한 능력과 더불어 복음을 값없이 누릴 수 있는 것은, 그리스도가 구속을 이루시고 획득하셨기 때문이다. 이 교리만이 그분의 인격과 그분이 이루신 영광에 걸맞는 그리스도를 나타낸다. 그리스도가 죄인을 구원하기에 부족함이 없는 합당한 구원자인 것도 그분이 구속을 성취하고 획득하셨기 때문이다. 바로 이런 그리스도를 우리가 받는다. 이런 그리스도를 받는 사람에게 요구되는 믿음은, 완전한 순종과 구속을 통해 영원한 구원의 효력이 되신 그분께 자신을 맡기는 믿음이다.

하지만 진리를 추구하는 사람이라면, 구속의 범주를 제한하고 한정하는 직접적인 증거가 성경에 있지 않은지 물을 수밖에 없다. 실로 많은 성경적인 근거들이 있는데, 그중에 두 가지만 살펴보기로 하겠다. 그렇게 말하는 구절이 성경에 이 두 군데뿐이어서가 아니라, 이 교리의 필요를 단언하는 성경의 여러 구절 가운데 이 두 구절이 가장 대표적이기 때문이다.

1. 첫 번째는 로마서 8:31-39이다. 이 본문의 다음 두 대목이 그리스도의 죽음을 명시적으로 가리키고 있다는 데에는 이론의 여지가 없다. "자기 아들을 아끼지 아니하시고 우리 모든 사람을 위하여 내주신"(32절)이라는 구절과, "죽으실 뿐 아니라 다시 살아나신 이는 그리스도 예수시니"(34절)라는 구절이 그것이다. 그렇기 때문에 구속의 범주와 관련해 이 본문이 말하는 바가 있다면 지금 우리가 살피는 문제를 해결하는 데 도움이 될 것이다.

31절에서 바울은 이렇게 묻는다. "그런즉 이 일에 대하여 우리가 무슨 말 하리요. 만일 하나님이 우리를 위하시면 누가 우리를 대적하리요." 우리는 이렇게 묻지 않을 수 없다. 여기서 바울이 말하는 사람들은 누구인가? 다시 말해, "우리를 위하시면", "우리를 대적하리요"라고 할 때, 우리가 누구인가? 여기에 대한 대답은 앞의 문맥, 다시 말해 28-30절에서 찾아볼 수 있다. 성경의 내용에 따라 충실하게 생각하는 사람이라면, 31절의 의미를 보편적인 뜻으로 받아들이지는 않을 것이다. 본문에 드러난 바울의 사고의 연속성을 무시하고 31절이 뜻하는 바를 앞의 30절에 드러난 사람들의 범주를 넘어서까지 확장해 적용하는 것은 석의적으로 볼 때 터무니없다. 그렇다면 30절을 놓고 볼 때, 31절에 나오는 "우리를 위하시면"과 "우리를 대적하리요"라는 말은 제한적이고 한정된 사람들을 가리킨다.

32절에서는 같은 표현에 "모든"이라는 말을 덧붙여 "우리 모든 사람을 위하여"라고 표현한다. "자기 아들을 아끼지 아니하시고 우리 모든 사람을 위하여 내주신 이가 어찌 그 아들과 함께 모든 것을 우리에게 주시지 아니하겠느냐." 여기서 바울은 성부가 위하여 아들을 내어주신 사람들을 직접적으로 가리키고 있다. 그렇다면 문제는 "우리 모두를 위하여"가 가리키는 범주는 어디까지인가 하는 것이다. 여기에 덧붙여진 "모든"이라는 말 때문에 이 말의 제한적인 의미가 사라지고 보편적으로 적용할 수 있게 되었다고 말하는 것은 어불성설이다. 여기에 나온 "모든"이라는 말은 결코 "우리"라는 말이 가리키는 범주를 넘어서지 않는다. 여기서 언급된 성부의 행위는 "우리 모두를 위한" 것이라고 바울은 지금 말하고 있다. 그렇다면 문제는 "우리"의 범주가 어디까지인가 하는 것이다. 여기에 대한 유일하고 합당한 대답은, 32절에 나온 "우리"가 31절에 나온 "우리"를 가리킨다는 것이다. 32절에서 바울이 31절에서 단언한 사람들을 포함해 자신이 지칭하는 사람들의 범주를 확장하고 있다고 생각한다면, 그것은 해석의 가장 초보적인 원리조차 무시하는 것이다. 바울은 계속해서 하나님이 우리를 위하실 뿐 아니라 우리에게 모든 것을 값없이 주신다고 단언한다. 성부께서 우리를 위해 아들도 아끼지 않고 주신 것을 보면 이 사실을 알 수 있다. 32절에 나오는 "우리 모두를 위하여"라는 말이 갖는 제한적인 의미를 추호도 의심하지 않으려면, 아들을 내어주신 것과 모든 좋은 것을 은사로 주신다는 사실이 서로 연결되어 있다는 것을 기억해야 한다. 하나님께서 위하여 아들을 내어주신 사람들의 범주는 하나님으로부터 모든 좋은 것을 은사로 받는 사람들의 범주와 일치한다. 하나님께서 위하여 아들을 내어주신 모든 사람들은 모든 은혜를 선물로 받는다. 요컨대, 그리스도의 희생에 포함된 사람들은 또한 구원하는 다른 은혜의 선물에도 참여한다. "어찌 그 아들과 함께 모든 것을 우리에게 주시지 아니하겠느냐."

33절로 나아가면 아들과 더불어 모든 좋은 것을 선물로 받는 사람들이 누구인지가 확연해진다. 바울이 "누가 능히 하나님께서 택하신 자들을 고발하리요. 의롭다 하신 이는 하나님이시니 누가 정죄하리요"라고 말하기 때문이다. 바울의 생각은 정확히 선택과 칭의를 통해 정의된 사람들의 범주를 따라 움직인다. 그리고 선택과 칭의에 대한 언급은 예정과 칭의가 본질적으로 서로 같은 것으로 드러나는 28-30절로 다시 돌아가 연결된다.

34절에서 바울은 다시 그리스도의 죽음을 이야기한다. 여기서 바울의 말은 지금 우리가 다루는 관심사와 관련해 두 가지 면에서 중요한 의미가 있다. 바울이 그리스도의 죽음에 호소하는 것과 의롭게 하는 분이 하나님이라는 사실은 서로 대구를 이룬다. 바울이 이렇게 하는 것은 여러 비난에 맞닥뜨릴 하나님의 택정함을 입은 자들을 격려하고, "누가 능히 하나님께서 택하신 자들을 고발하리요"라고 한 자신의 주장을 확증하기 위한 것이다. 바울이 그리스도의 죽음에 호소하면서 마음에 염두하고 있는 사람들은 택정함을 받은 자들과 의롭게 된 자들이다. 그리스도의 대속의 죽음이 적용되는 범위를 알아내기 위해 칭의와 선택을 통해 제시된 명시적 범주를 넘어설 이유는 없다. 그리스도의 죽음에 대한 그의 언급이 중요한 의미를 갖는 두 번째 측면은, 그가 그리스도의 죽음 후에 일어난 부활을 배경으로, 다시 말하면 그리스도께서 하나님 보좌 우편에서 우리를 위해 일하시는 중보를 배경으로 그리스도의 죽음에 호소한다는 사실이다. "우리를 위하여"라는 표현을 사용하는 바울은 지금 중보와 관련하여 그렇게 하고 있다. "그는 하나님 우편에 계신 자요 우리를 위하여 간구하시는 자시니라." 이 두 가지 사실은 우리가 던진 질문과 직접적인 연관이 있다. 첫째, 이 경우 "우리를 위하시면"이라는 표현은 우리가 31절에서 이미 살펴본 대로 제한적인 의미를 갖는다. 전체 문맥에서 제한적인 범주를 말하기 때문만이 아니라, 유용하고 유효한 중보의 성격 때문에라도 이 표현을 보편적으로 해석하는 것은 불가능하다. 둘째, 이 본문에서 그리스도의 죽음과 부활과 중보가 조화를 이루는 방식 때문에라도, 그분이 하시는 중보에 부여된 의미보다 더 포괄적인 의미를 그분의 죽음에 부여하는 것은 납득하기가 어렵다. 32절에서 그가 아버지께서 "자기 아들을 아끼지 아니하시고 우리 모든 사람을 위하여" 내어주셨다고 말하는 것처럼, 바울이 여기서 "죽으실 뿐 아니라"라고 할 때는 물론 "그리스도께서 우리를 위해 죽으셨다"는 것을 의미한다. "죽으실 뿐 아니라"가 암시하는 "우리 모든 사람을 위하여"라는 말이 "우리를 위하여 간구하시는 자시니라"에 포함된 "우리를 위하여"라는 말보다 더 많은 사람들을 가리킨다고 볼 수는 없다. 지금까지 우리는 이런 본문들이 내포하는 제한적인 의미를 보편적으로 적용하려고 할 때, 도무지 성립할 수 없는 가설로 귀결된다는 사실을 확인했다.

마지막으로, 무엇보다도 가장 설득력 있는 대목이다. "누가 우리를 그리스도의 사랑에서 끊으리요. 환난이나 곤고나 박해나 기근이나 적신이나 위험이나 칼이랴.…… 내가 확신하노니 사망이나 생명이나 천사들이나 권세자들이나 현재 일이나 장래 일이나 능력이나 높음이나 깊음이나 다른 어떤 피조물이라도 우리를 우리 주 그리스도 예수 안에 있는 하나님의 사랑에서 끊을 수 없으리라"(롬 8:35-39). 여기서 바울은 자신의 서신들 가운데 가장 단호하고 웅변적인 어조로 이제까지 말한 것들이 분명함을 결론짓는다. 이런 안전을 자신할 수 있는 것은 다름 아닌 그리스도 안에 있는 하나님의 사랑 때문이다. 물론 여기서 말하는 하나님의 사랑이란, 그 사랑 안에 포함된 자들을 위한 것이다. 이제 우리는 그 안에 있는 자들이 받아 누리는 복을 보장하는 도무지 끊어질 수 없는 이 사랑은, 앞에서 바울이 "자기 아들을 아끼지 아니하시고 우리 모든 사람을 위하여 내주신 이가 어찌 그 아들과 함께 모든 것을 우리에게 주시지 아니하겠느냐"고 말한 바로 그 본문이 가리키는 사랑이라고 결론 내릴 수 있다(32절). 이 사랑은 아들을 내어주신 아버지께 있는 사랑이요, 39절이 말하는 "그리스도 예수 안에 있는 하나님의 사랑"과 같은 것이다. 35-39절에 따르면 32절이 말하는 사랑, 곧 아들을 내어주신 사랑은 그 사랑을 받는 자들이 누릴 영원한 안전을 보증하는 사랑보다 더 확대해서 적용할 수 없다. 모든 사람이 이 안전을 누리는 것이 아니라면, 이 안전의 원천이요 그것의 소유를 확증하는 이 사랑이 이런 안전을 전혀 누리지 못하는 사람들까지 포함한다고 말할 수 없다. 그렇기 때문에 바울이 여기서 말하는 안전은 갈보리에 세워진 저주받은 나무에서 나타난 사랑을 받는 사람들에게로 한정되고, 따라서 갈보리에서 드러난 사랑은 누구에게나 해당되는 무차별적인 사랑이 아닌 구별된 사랑임을 알 수 있다. 사랑의 대상이 되는 사람들에게 영원한 안전을 보증하는 것이 바로 이 사랑이고, 영생에 이르는 방편이 되는 칭의를 통한 의로움을 이들에게 보장하는 것은 갈보리다. 이 말은 곧 갈보리에서 성취된 구속은 결코 보편적으로 적용될 수 있는 것이 아니라는 뜻이다.

    2. 제한적 속죄를 말하는 성경적 주장으로 두 번째 들 수 있는 것은, 그리스도께서 위하여 죽으신 사람들 역시 그리스도 안에서 죽은 사람들이라는 사실이다. 신약성경에서 신자와 그리스도의 죽음의 관계를 말할 때, 일반적으로 그리스도께서 그들을 위해 죽으셨다고 말한다. 하지만 이뿐만 아니라 그들 역시 그리스도 안에서 죽었다고 말한다(참조. 롬 6:3-11, 고후 5:14-15, 엡 2:4-5, 골 3:3). 그리스도께서 위하여 죽은 사람들은 모두 그리스도 안에서 죽은 자들인 것이 분명하다. 바울은 분명히 말한다. "한 사람이 모든 사람을 대신하여 죽었은즉 모든 사람이 죽은 것이라"(고후 5:14). 여기에는 분명한 등식이 성립한다.

    지금 우리가 살피고 있는 주제와 관련해서 사도의 이런 가르침에 담긴 중요한 요소는, 그리스도 안에서 죽은 모든 자들이 그리스도와 함께 다시 살아났다는 것이다. 바울 역시 분명히 그렇게 말한다. "만일 우리가 그리스도와 함께 죽었으면 또한 그와 함께 살 줄을 믿노니 이는 그리스도께서 죽은 자 가운데서 살아나셨으매 다시 죽지 아니하시고 사망이 다시 그를 주장하지 못할 줄을 앎이로라"(롬 6:8-9). 그리스도가 죽었다가 다시 살아나신 것처럼, 그분 안에서 죽은 모든 자들 역시 그와 함께 다시 살아난다. 그리스도 안에서 다시 살아난다는 것이 무슨 말인지 우리가 묻는다면, 사도 바울은 새 생명 가운데 행하는 것이라고 주저 없이 말할 것이다. "그러므로 우리가 그의 죽으심과 합하여 세례를 받음으로 그와 함께 장사되었나니 이는 아버지의 영광으로 말미암아 그리스도를 죽은 자 가운데서 살리심과 같이 우리로 또한 새 생명 가운데서 행하게 하려 함이라. 만일 우리가 그의 죽으심과 같은 모양으로 연합한 자가 되었으면 또한 그의 부활과 같은 모양으로 연합한 자도 되리라"(롬 6:4-5). "그리스도의 사랑이 우리를 강권하시는도다. 우리가 생각하건대 한 사람이 모든 사람을 대신하여 죽었은즉 모든 사람이 죽은 것이라. 그가 모든 사람을 대신하여 죽으심은 살아 있는 자들로 하여금 다시는 그들 자신을 위하여 살지 않고 오직 그들을 대신하여 죽었다가 다시 살아나신 이를 위하여 살게 하려 함이라"(고후 5:14-15). "이는 너희가 죽었고 너희 생명이 그리스도와 함께 하나님 안에 감추어졌음이라"(골 3:3).

그러므로 사도 바울의 분명한 언급을 통해 우리는 다음과 같은 것들을 신앙으로 고백할 수 있다. 그리스도께서 위하여 죽은 자들 역시 그리스도 안에서 죽었다. 그리스도와 더불어 죽은 자들은 모두 그리스도와 더불어 살아났다. 이렇게 그리스도와 함께 다시 살아나는 것은 그리스도의 부활을 본받아 순종의 새로운 삶을 사는 것이다. 그러므로 그리스도와 함께 죽는 것은 죄에 대해 죽은 것이자 그분과 더불어 순종의 새로운 삶으로 살아나는 것이고, 자신을 위해 살지 않고 우리를 위해 죽었다가 다시 살아나신 분을 위해 사는 것이다. 모든 사람이 죄에 대해 죽고 새 생명으로 다시 사는 것이 아닌 것은 분명하다. 그렇기 때문에 모두가 예외 없이 그리스도와 함께 죽었다고 말할 수 없다. 그리스도께서 모든 사람을 위해 죽었다고도 할 수도 없다. 왜냐하면 그리스도께서 위하여 죽으신 모든 자들만 그리스도 안에서 죽었기 때문이다. 그리스도가 모든 사람을 위해 죽었다고 말할 수 없다면, 속죄 역시 보편적이라고 할 수 없다. 구속이 가능한 것은 특정한 사람들을 위한 그리스도의 죽음이 있었기 때문이다. 결론은 분명하다. 속죄라는 구체적인 성격을 가진 그리스도의 죽음은, 때가 되면 그리스도의 부활을 통해 보증되고 예표된 새 생명에 참여할 사람들을 위한, 오직 그들만을 위한 것이었다. 이런 사실을 통해 그리스도의 죽음과 부활은 서로 분리될 수 없다는 것을 알 수 있다. 그리스도께서 위하여 죽으신 사람들이 바로 그리스도께서 위하여 다시 사신 사람들이고, 하늘 보좌 우편에서 행하시는 구원 역사의 범위 역시 그가 이 땅에서 구속을 통해 단번에 이루신 것과 동일하다.

 속죄의 범위에 대한 논의를 마무리하면서 이른바 보편적 속죄를 말하는 것으로 자주 인용하는 구절 한두 개만 살펴보겠다. 우선 고린도후서 5:14-15이 그 가운데 하나다. 본문에서 바울은 두 번씩이나 그리스도께서 "모든 사람을 대신하여" 죽었다고 말한다. 하지만 바울의 가르침에 비추어 이 본문을 해석해 보면 바울은 지금 보편적 구속을 말하는 것이 아니라는 것을 알게 된다. 우리는 이미 바울의 가르침을 통해서 그리스도께서 위하여 죽으신 모든 사람은 그리스도와 더불어 죽었다는 것을 알았다. "한 사람이 모든 사람을 대신하여 죽었은즉 모든 사람이 죽은 것이라"는 대목에서 이 진리가 분명히 드러난다. 여기뿐 아니라 다른 곳에서도 그리스도 안에서 죽은 자들은 그분과 더불어 다시 산다고 확언한다(롬 6:8). 비록 후자의 진리에 대해서 이 본문이 그리 많이 말하는 것은 아니지만, "그가 모든 사람을 대신하여 죽으심은 살아 있는 자들로 하여금 다시는 그들 자신을 위하여 살지 않고 오직 그들을 대신하여 죽었다가 다시 살아나신 이를 위하여 살게 하려 함이라"고 말하는 대목을 통해서 분명히 알 수 있다. "살아 있는 자들로"라는 말은 제한적인 범위를 가리키는 말로 이해하면서 그리스도께서 위하여 죽으신 "모든 사람"이라는 말은 보편적인 의미로 해석한다면, 이는 그리스도의 죽으심과 같은 모양으로 연합한 자들은 그리스도의 부활과 같은 모양으로 연합한 자도 될 것이요 그리스도와 더불어 죽은 자들은 그분과 더불어 살 것이라고 로마서 6:5, 8에서 확언하는 바울의 가르침과도 맞지 않는다. 바울이 로마서 6:4-8의 유비를 통해 가르치는 것은 고린도후서 5:14-15에도 적용되어야 한다. 그렇다면 "살아 있는 자들"이란, 다름 아닌 바로 앞 구절에 나온 "그가 모든 사람을 대신하여 죽으심은"이라는 말이 가리키는 사람들이다. "살아 있는 자들"이라는 말이 모든 인류를 포함하지 않기 때문에 "그가 모든 사람을 대신하여 죽으심은"이라는 대목에서 언급된 "모든"이라는 말 역시 전체 인류를 가리키는 것이 아니다. 15절 후반부가 이 사실을 확증한다. "오직 그들을 대신하여 죽었다가 다시 살아나신 이를 위하여." 여기서 다시 그리스도의 죽음과 부활이 함께 언급되고 있다. 비슷한 문맥에서 바울이 가르치고 있는 유비는, 그리스도의 죽음에 참여함으로 자신의 죄에 대해 죽는 은택을 입은 자들은 또한 그분의 부활의 은택에도 참여함으로 부활 생명을 얻을 것이라는 말이다. 여기서 바울이 "그들을 대신하여 죽었다가 다시 살아나신"이라고 하는 말은, 그리스도가 위하여 죽은 자들이 바로 그분이 살아남으로 다시 산 자들이요, 그리스도 안에서 살아난 자들은 새 생명 가운데 행하는 자들이라는 뜻이다. 바울의 이런 가르침과 특히 이 본문이 뜻하는 것을 볼 때, 고린도후서 5:14-15의 "모든 사람을 대신하여"라는 말은 문자적으로 모든 사람을 가리키는 것으로 해석할 수 없다. 그렇기 때문에 이 본문의 의미와 정면으로 배치되는 보편 속죄 교리를 인정할 근거가 전혀 없는 것이다.

성경 본문 가운데 요한일서 2:2만큼 보편 속죄 교리를 주장하기 위해 자주 인용되는 구절도 없을 것이다. "그는 우리 죄를 위한 화목제물이니 우리만 위할 뿐 아니요 온 세상의 죄를 위하심이라." 속죄의 범위를 "온 세상"으로 확대하는 것 같은 본문을 보면, 그리스도의 속죄가 정말 온 세상의 죄를 포함한다는 주장에는 이론의 여지가 없는 것 같다. 성경 다른 곳에서도 보편 속죄를 말하고 있다면, 여기서 요한이 사용하는 용어는 보편 속죄를 뜻하는 것이 분명하다. 이 표현만을 놓고 보면 제한 속죄 교리를 주장할 근거는 전혀 없다. 하지만 문제는 정말 이 본문이 그리스도의 속죄를 보편적인 것으로 말하느냐 하는 것이다. 다시 말해, 이 본문을 제한 속죄 교리와 부합하게 해석한다면, 해석의 원리를 벗어나는 것인가 하는 것이다. 제한적인 속죄 교리를 주장할 만한 성경적 근거가 너무 많기 때문에 이런 질문을 하지 않을 수 없는 것이다. 더구나 이런 질문에 답하기 위해 힘쓰다 보면, 요한이 "온 세상의 죄를 위해"라는 말을 사용할 때 보편 속죄와는 전혀 상관없이 그렇게 했다고 볼 수 있는 타당한 이유를 발견하게 된다.

첫째, 요한은 예수님의 속죄가 적용되는 범위를 분명히 할 필요가 있었다. 예수님의 속죄의 효력과 가치가 예수님이 이 땅에 계실 때 그분을 실제로 대면하고 그분과 함께 거하던 제자들이나(참조. 요일 1:1-3), 제자들로부터 직접 가르침을 받은 신자들로만 한정되지 않기 때문이다(참조. 요일 1:3-4). 구속의 가치, 효력, 의미는 사도들의 증거를 통해 성부와 성자와 교제에 참여하게 된 모든 나라들과 족속들에게 미친다(참조. 요일 1:5-7). 이런 의미에서 모든 나라와 방언과 민족과 족속이 이 구속의 범주에 포함된다. 예수님 자신이나 다른 사도들과 마찬가지로, 요한도 복음과 복음의 중심 메시지인 그리스도의 구속이 모든 민족을 포함한다는 사실을 강조해야 했다. 복음의 은혜가 가진 이런 보편성을 선포하기 위해 사도 요한은 "우리만 위할 뿐 아니요 온 세상의 죄를 위하심이라"고 한 것이다.

둘째, 예수님의 구속이 갖는 **배타성**을 강조해야 했다. 예수님의 구속만이 유일하게 죄를 속하는 효력이 있다. 문맥에서 요한은 죄가 얼마나 심각한 것인지와, 죄를 대수롭지 않게 보고 자기 만족에 빠져 지내도록 하는 올무에 빠져서는 안된다는 것을 강조하고 있다. 죄의 중차대함과 그리스도의 구속과의 이런 관계 때문에라도 요한은, 신자들에게 예수님의 구속 외에 죄를 씻는 다른 놋대야는 없다는 사실을 상기시켜야 했다. 죄인인 인간의 필요를 모두 채울 다른 구속은 없다. 하나님의 끝없는 은혜는 오직 이 구속을 통해서만 가능하다. 이것이 곧 "온 세상을 위한 것"이라는 말의 뜻이다.

셋째, 자신의 편지를 받아 보는 수신자들에게 요한은 예수님이 이루신 구속의 **영속성**을 상기시켜야 했다. 모든 세대를 아우르며 여전히 유효한 것이 곧 구속이다. 그 효력이 줄어들거나 가치를 잃어버리는 법이 없다. 더구나 이 구속은 그 효력이 영원할 뿐 아니라, 신자들의 계속되는 죄에 대해서도 종신토록 구속의 효력을 갖는다. 계속되는 죄에서 비롯되는 죄책 때문에 그리스도 말고 또 다른 중보자를 구할 필요가 없는 것과 마찬가지로, 계속되는 죄에 대해서도 신자들은 그리스도의 구속 외에 다른 구속을 구하지 않는다. 그리스도의 구속이 갖는 이런 범위와 포괄성과 영속성 때문에라도 요한은 "우리만 위할 뿐 아니요 온 세상의 죄를 위하심이라"고 말할 필요가 있었다. 그렇기 때문에 요한의 이 말을 보편 속죄 교리라고 생각할 필요는 없을 것이다. 요한일서 2:2에서 말하는 것이 보편 속죄 교리가 아니라면 이 본문 역시 마찬가지다. 그리고 이 본문이 의도하는 것과 그 의미는 다른 성경 본문들을 통해 일관되게 증거된 바로 그 교리에 부합한다.

이 본문에서 요한이 그리스도를 화목제물이라 일컫는 것에 주목하자. "그는 우리 죄를 위한 화목제물이니"라는 말은 앞에 나온 "곧 의로우신 예수 그리스도시라"는 말을 가리킨다. 그분은 이제 십자가에서 단번에 자기를 화목제물로 드리신 분으로서만이 아니라, 단번에 이루신 구속에서 비롯된 영속적인 가치의 영원한 현현으로서, 또한 자기를 의지하는 자들을 위한 영원한 화목제물로 계신다는 말이다. 무엇보다도 하나님의 백성들이 남아 있는 죄로 인한 죄책과 그로 인한 하나님의 슬픔을 생각할 때, 그리스도의 구속이 갖는 이런 세 가지 측면을 바라보고 큰 위로를 얻을 수 있다. 영원한 화목제물이신 그리스도께서 드리신 속죄는 영원한 가치와 효력이 있다. 그리스도의 이런 속죄와 영원한 화목제물로 계신 그리스도 때문에 자신이 항상 하나님의 진노에서 구원을 받는다는 것을 아는 신자들은 확신을 가지고 하나님께 나아간다. 신자들이 성경 본문에 대해 이런 복합적인 이해를 가지고 있기 때문에, 이 본문 역시 보편 속죄의 틀에 넣을 수가 없다. 다른 많은 경우와 마찬가지로, 여기서도 그리스도의 속죄와 그 속죄에서 비롯된 효력은 분명하게 연결되어 있다. 앞선 구절을 통해 예수 그리스도가 성부와 우리 사이의 중보자라는 것을 살펴보았지만, 지금 예수께서 우리를 변호하시는 것과 우리를 위한 화목제물로 계시는 것을 서로 상보적인 것으로 보는 것이 필요하다. 속죄를 단번에 이루신 우리의 중보자이신 예수께서는 영원한 화목제물로서 성부와 함께 계신다. 만일 우리가 그분이 중보하시는 것 이상으로 속죄의 범위를 넓혀 버린다면, 속죄와 중보가 서로 상보적인 것이 될 수 없도록 다른 것을 더하는 것이 된다.

그러므로 우리는, 속죄와 관련된 포괄적인 의미를 가진 용어들이 때로 사용되기는 하지만, 그렇다고 이것이 곧 보편 속죄 교리를 위한 근거는 될 수 없다는 것을 알 수 있다. 관련된 문맥을 통해서 볼 때에라야 보편 구원론이 철저하게 배제된 것을 알 수 있는 본문도 있다는 것도 알았다. 또한 보편적인 의미를 전혀 내포하고 있지는 않음에도 불구하고 포괄적인 용어를 쓸 수밖에 없는 경우도 있다. 그렇기 때문에 보편적 표현을 썼다는 이유만으로 보편 속죄를 뒷받침하는 구절이라고 할 수는 없는 것이다. 반드시 다른 증거들이 뒷받침되어야 어떤 식으로든 그에 따른 결정을 내릴 수 있다. 지금까지 그런 증거를 제시하려고 했다. 성경의 몇몇 구절을 예로 들면서 보편 속죄를 주장하기는 쉽다. 하지만 성경을 진지하게 연구하는 사람이라면 그렇게 하지는 않을 것이다. 속죄 혹은 구속이 의미하는 것이 무엇인지 먼저 알아야 한다. 성경을 잘 보면 그리스도의 십자가의 영광이 그것을 통해 이루신 속죄의 효력과 맞물려 있음을 알 수 있다. 그리스도께서 자기 피로 우리를 하나님께 구속하셨고, 자신을 속죄 제물로 드리심으로 모든 악에서 우리를 구하셨다. 그리스도가 이루신 속죄는 효력 있는 대속이다.

5장
결론

그리스도의 구속 사역을 바르게 그려 낼 수 있는 원천은 단 한 군데 뿐이다. 이 구속에 대한 우리의 서술과 이해가 바른지를 점검해 볼 수 있는 유일한 표준은 성경이다. 유일한 이 표준에 충실하지 못하도록 하려는 미혹들이 우리 주변에 상존한다. 인간 경험으로 속죄를 해석하고 자신의 경험을 준거로 삼으려는 경향만큼 교묘하고 그럴 듯한 유혹도 없다. 이런 유혹은 항상 본색을 그대로 드러내지 않는다. 하지만 그리스도의 사역을 인간의 경험이나 성취와 같은 것으로 전락시키는 해석과, 그리스도께서 죽기까지 이루신 순종과 고난을 자신의 경험에 빗대어 해석하고 적용하려는 모든 시도의 이면에는 바로 이런 경향성이 자리한다. 이런 경향성은 우리 자신의 경험이나 행위가 갖는 의미를 우리 주님의 그것에까지 고양시키거나, 혹은 그리스도께서 친히 겪으시고 행하신 것들의 의미를 우리의 그것으로까지 끌어 내리는 두 가지 방식으로 작용한다. 하지만 그 이면에 자리한 경향성과 그것이 초래하는 결과는 동일하다. 그리스도의 구속 사역의 의미를 끌어 내리고 그 고유함과 영광을 앗아가 버린다. 이런 악한 경향성은 인간의 뼛속 깊이 자리한다. 어떤 인간 경험이, 영광의 주요 성육하신 하나님의 아들만이 경험할 수 있고 이룰 수 있는 것을 되풀이할 수 있단 말인가?

인간이 이 땅에서부터 자기의 죄에 대한 심판을 받고 괴로움도 당하는 것은 사실이다. 하나님의 진노 아래 있고, 해결되지 못한 죄책의 짓누름으로 인해 하나님의 진노에 따른 끔찍한 괴로움을 맛보게 되기도 한다. 우리 죄가 하나님과 우리 사이를 가르고, 이로 인해 우리는 세상에서 하나님도 없고 소망도 없이 살아가는 것이 얼마나 공허하고 참담한지도 알 수 있다. 심지어 죄와 사망이 얼마나 쓰라린 것인지도 알 수 있다. 그리스도와 상관없이 죽는 자들은, 자신들의 죄에서 초래된 끊임없고 가감 없이 이어지는 심판 아래 영원히 있게 될 것이다. 하나님의 의가 요구하는 것에 조금도 모자람이 없는 고통을 영원히 당하게 된다. 하지만 죄에 대한 하나님의 모든 진노를 스스로 짊어지고 그것을 종식시킨 이는 단 한분이며, 그렇게 할 또 다른 이가 존재할 필요도 없다. 물론 그리스도와 상관없이 죽는 자들은 스스로 하나님의 의를 만족시킬 때까지 영원토록 고통 아래 있게 된다. 그러나 그런 영원한 고통으로도 결코 하나님의 정의를 만족시킬 수 없다. 그리스도께서는 하나님의 정의를 **만족시키셨다**. "여호와께서는 우리 모두의 죄악을 그에게 담당시키셨도다"(사 53:6). 그분은 우리 죄악을 짊어지심으로 스스로 우리의 죄와 저주가 되셨다. 정죄와 멸망의 고통을 조금도 가감 없이 짊어지셨다. 죄를 끝장내신 것이다. 이것이 바로 겟세마네와 골고다에서 우리가 마주 대하는 장관이다. "내 아버지여, 만일 할 만하시거든 이 잔을 내게서 지나가게 하옵소서"라는 외침은, 피와 땀으로 뒤범벅이 된 채 부르짖었던 겟세마네에서의 고통이 말하는 것이 무엇인지를 잘 보여준다(마 26:39). 또한 이사야의 말은 "나의 하나님, 나의 하나님, 어찌하여 나를 버리셨나이까?"라고 하신, 땅으로부터 하늘을 향해 올려진 가장 신비로운 그 말씀이 무엇을 의미하는지 잘 보여준다. "세상에서 행해지는 모든 사랑의 행위에는 겟세마네가 감추어져 있다"는 생각을 집어치우라! 어림짐작으로 겟세마네와 갈보리를 입에 담지 말라! 비견되거나 반복되지 않고, 반복될 수도 없는 역사상 가장 중대하고 장엄하고 고유한 일을 하찮은 일로 만들지 말라. 이렇게 중차대한 사건을 인간의 경험에 비추어 해석하고 재단하려는 것은 기독교 신앙의 초보도 모르는 자신의 마음 상태를 드러내는 것이다. 우리가 목도하는 겟세마네와 갈보리는, 영원으로도 다함이 없는 영광과 찬양에 합당한 경이로움 그 자체다. 영존하시는 아버지께서 주신 이루 말로 형언할 수 없는 고통과 곤고의 잔을 받아 마시는 그분은, 영광의 주요 참 하나님이자 참 사람이신 성육하신 하나님의 아들이시다. 이렇게 말하기가 너무나 주저되고 조심스럽지만, 이렇게 말할 수밖에 없는 것이, 그분은 우리의 본성을 입은 하나님, 하나님께 버림을 받은 하나님이시기 때문이다. 저주받은 나무에 달려 외치는 울부짖음은 죄의 삯으로 버림받은 것을 증거한다. 우리를 대신해 버림받은 것이다. 자기 몸으로 친히 우리의 죄를 담당하고 나무 위에 달리신 것이다. 여기에 비견될 것은 세상 어디에도 없다. 그가 친히 우리의 죄를 담당하셨다. 인생들 중에는 그와 같은 이가 전혀 있을 수 없다. 아무리 위대한 성도나 심지어 천사장이라도 여기에 비견될 수 없을뿐더러, 흉내조차 낼 수 없다. 아무리 거룩한 성도나 강력한 천사라도 그리스도가 이루신 속죄의 가장 희미한 것조차 견디지 못하고 산산이 부서지고 말 것이다.

죄에 대한 하나님의 가감 없고 중단 없는 심판을 대속하는 것이 주권적인 영원한 사랑의 본질을 훼손한다고 누가 말할 수 있겠는가? 이루 다 말로 표현할 수 없는 크신 사랑을 우리에게 열어 보인 것이 바로 이런 의미로 해석된 겟세마네와 갈보리에서의 장관이다. 성부께서는 독생자도 아끼지 않으셨다. 하나님의 의가 가차 없이 요구하는 것들을 하나도 남김없이 그에게서 이루셨다. "아버지여, 만일 아버지의 뜻이거든 이 잔을 내게서 옮기시옵소서. 그러나 내 원대로 마시옵고 아버지의 원대로 되기를 원하나이다"라고 하신 아들의 순종의 이면에 흐르는 것이 바로 이것이다(눅 22:42). 왜 그렇게까지 해야만 하셨을까? 그것은 그리스도의 능력과 희생으로 얻은 구속을 통해, 그 무엇도 가로막을 수 없는 하나님의 영원한 사랑이 가진 열망과 뜻을 온전히 이루도록 하기 위함이다. 갈보리 십자가는 영원한 정의를 토대로 영원한 사랑을 이룬 사건이다. 하나님의 백성들을 영원한 안전으로 감싸 안은 겟세마네의 고통과 갈보리의 저주받은 나무 위에서 일어난 신비는 같은 사랑을 증거한다. "자기 아들을 아끼지 아니하시고 우리 모든 사람을 위하여 내주신 이가 어찌 그 아들과 함께 모든 것을 우리에게 주시지 아니하겠느냐"(롬

8:32). "누가 우리를 그리스도의 사랑에서 끊으리요. 환난이나 곤고나 박해나 기근이나 적신이나 위험이나 칼이랴"(롬 8:35). "내가 확신하노니 사망이나 생명이나 천사들이나 권세자들이나 현재 일이나 장래 일이나 능력이나 높음이나 깊음이나 다른 어떤 피조물이라도 우리를 우리 주 그리스도 예수 안에 있는 하나님의 사랑에서 끊을 수 없으리라"(롬 8:38-39). 이는 완전한 구속이 이룬 안전이요, 이 안전을 보증하는 것은 그리스도께서 이루신 구속의 완전함이다.

2부

구속의 적용

6장
적용의 순서

하나님께서 인간과 짐승들을 섭리로 보존하시는 가운데 베푸시는 것들에는 부족함이 없을뿐더러, 인색함으로 그렇게 하지도 않으신다. 그들의 필요를 채우고 각기 가진 다양한 취향과 본능을 만족시킬 만한 좋은 것들로 이 땅을 채우셨다. 시편 104편은 이것에 감동하여 하나님을 앙모하고 찬양하는 시다. "이것들이 다 주께서 때를 따라 먹을 것을 주시기를 바라나이다. 주께서 주신즉 그들이 받으며 주께서 손을 펴신즉 그들이 좋은 것으로 만족하다가"(27-28절). "사람의 마음을 기쁘게 하는 포도주와 사람의 얼굴을 윤택하게 하는 기름과 사람의 마음을 힘 있게 하는 양식을 주셨도다"(15절). 시편 기자는 또 이렇게 외친다. "여호와여 주께서 하신 일이 어찌 그리 많은지요. 주께서 지혜로 그들을 다 지으셨으니 주께서 지으신 것들이 땅에 가득하니이다"(24절).

그런데 이보다 훨씬 더 다양한 것은 하나님께서 인간의 구원을 위해 베푸신 것이다. 이런 사실을 통해 우리는 인간의 필요가 얼마나 큰지, 하나님의 선하심과 지혜와 은혜와 사랑이 얼마나 풍성한지 알 수 있다. 구원을 위한 하나님의 영원한 경륜을 보면 이런 풍성함을 잘 알 수 있다. 그리스도가 인간 역사에서 단번에 이루신 구속에서, 그리고 영화롭게 된 하나님의 자녀들이 온전한 자유를 누리는 구속의 정점에 이르기까지 이 구속이 점진적으로 적용되는 것을 보면, 이런 풍성함이 더 잘 드러난다.

구속을 적용한다고 했을 때, 그것을 단순하고 개인적인 한 번의 역사로 생각해서는 안된다. 그리스도가 이룬 구속을 적용하는 일련의 역사가 계속되는 것이다. 그중 몇 가지만 말하면, 신자는 하나님의 부르심을 입고calling, 거듭나고regeneration, 의롭다 함을 받고justification, 양자되고adoption, 성화되고sanctification, 영화롭게 된다glorification. 이 모든 일들은 각각 고유한 역사다. 어느 것 하나도 다른 것을 통해서 정의될 수 없다. 하나님의 은혜의 역사 가운데서 각각 고유한 의미와 기능과 목적을 가진다.

하나님은 혼란의 주인이 아니라 질서의 주인이시다. 이미 몇 가지 언급했지만, 구속을 적용하는 다양한 역사들이 일어나는 순서가 있다고 하는 데는 타당하고 분명한 이유가 있다. 그리고 이런 순서는 물론 하나님이 지혜와 은혜를 따라 정하신 것이다. 구속을 적용하는 이런 역사가 영화에서부터 시작될 수 없다는 것은 분명하다. 영화롭게 되는 일은 구속이 적용되는 전체 과정이 완성되는 마지막에 자리하기 때문이다. 성화의 과정 이전에 거듭남이 자리해야 하는 것도 어렵지 않게 알 수 있다. 지속적으로 거룩해져 가는 일이 시작되기 전에 반드시 먼저 거듭남이 있어야 한다. 거듭남은 거룩한 일이 시작되는 것이고 성화는 그렇게 시작된 일이 계속되는 것이다. 그렇기 때문에 우리가 이런 순서를 임의로 바꾸거나 혼합할 수 없다는 사실은 이런 용어들에 대한 기본적인 이해만 있어도 쉽게 알 수 있다. 하지만, 구속이 적용되는 여러 단계마다 순서가 있음을 분명히 보여주는 성경 구절들을 살펴보려고 한다.

먼저, 우리에게 익숙한 요한복음 3:3, 5에서, 우리 주님은 니고데모에게 사람이 위로부터 나지 않으면 하나님 나라를 볼 수 없고, 물과 성령으로 거듭나지 않으면 하나님 나라에 들어갈 수 없다고 말씀하신다. 하나님 나라를 보고 그 나라에 들어가는 것은 그리스도가 이루신 구속의 적용에 해당하는 것이 분명하다. 우리 주님도 새로운 출생인 거듭남이 없이는 하나님 나라를 볼 수도, 그 나라에 들어갈 수도 없다고 하신다. 이 말은 거듭남이 먼저지, 순서를 바꿔서 먼저 하나님 나라를 보거나 들어가야 거듭난다고 할 수 없다는 뜻이다. 그렇다. 거듭난 사람이라야 하나님 나라에 들어간다. 예수님은 다시 이렇게 말씀하신다. "육으로 난 것은 육이요 영으로 난 것은 영이니"(요 3:6).

이 말씀과 깊이 연관된 요한일서 3:9을 보자. "하나님께로부터 난 자마다 죄를 짓지 아니하나니 이는 하나님의 씨가 그의 속에 거함이요 그도 범죄하지 못하는 것은 하나님께로부터 났음이라." 여기서 요한이 말하는 것은 죄의 권세로부터의 구원이다. 이런 구원은 그리스도의 구속이 적용된 결과다. 사람이 죄의 권세에서 벗어나는 것은 그가 하나님으로부터 났기 때문이고, 그런 그가 계속해서 죄의 지배와 권세에서 자유로운 것은 하나님의 씨가 그 속에 있기 때문이라고 본문은 말한다. 여기서 우리는 분명한 인과관계와 그 의미를 본다. 죄의 지배의 종식을 가져온 새로운 출생은 또한 죄의 권세로부터 자유롭게 살아갈 수 있는 이유다. 거듭난 사람은 사망에 이르는 죄를 짓지 않는다(요일 5:16). 그가 하나님으로부터 났고, 하나님의 씨가 그 속에 있어 이런 끔찍하고 회복 불가능한 죄를 범하지 못하도록 하기 때문이다.

한 걸음 더 나아가, 요한복음 1:12에서 말하는 그리스도를 영접하는 것과 하나님의 자녀가 되는 권세를 받는 것에 대해 살펴보자. 이것을 다른 말로 믿음과 양자됨이라고 할 수 있다. 본문은 이렇게 말한다. "영접하는 자 곧 그 이름을 믿는 자들에게는 하나님의 자녀가 되는 권세를 주셨으니." 지금 우리가 논의의 편의를 위해 믿음과 자녀의 권세를 받는 것을 같이 놓고 다루지만, 사실 이 권세를 받는 것은 그리스도를 영접하는 것, 다시 말하면 그의 이름을 믿는다는 것을 전제한다. 양자됨이 믿음을 전제하고 있기 때문에 믿는 것이 양자됨보다 선행한다고 할 수 있다. 그러므로 우리는 믿음과 양자됨이라는 이 순서를 따라야 한다.

마지막으로, 바울 서신의 한 구절을 보도록 하겠다. "그 안에서 너희도 진리의 말씀 곧 너희의 구원의 복음을 듣고 그 안에서 또한 믿어 약속의 성령으로 인치심을 받았으니"(엡 1:3). 진리를 듣고 믿은 후에야 성령의 인치심이 있다. 그러므로 순서상 듣고 믿는 것이 먼저다. 성령의 인치심이 이보다 먼저 올 수는 없다.

구속이 적용되는 이런 역사에는 순서가 있으며, 본문이 말하는 분명한 의미를 왜곡하지 않는 한 이 순서를 뒤집을 수 없다는 것을 보여주기 위해 이 본문들을 언급했다. 이 본문들은, 구속이 적용되는 데 순서가 있으며 이런 순서를 분명히 하는 것이 공허한 논리가 아니라는 사실을 말해 준다. 여기에는 신성한 논리가 있다. 성경은 하나님이 이런 순서를 정하셨다고 말한다.

그러나 구속이 적용되는 많은 역사와 관련해서, 이 구절들이 적용의 순서를 완전히 확정 지어 주는 것은 아니다. 몇 가지 사실만을 분명히 할 뿐이다. 구속을 적용하는 몇 가지 단계들—부르심, 거듭남, 회심, 믿음, 회개, 칭의, 양자됨, 성화, 견인, 영화—을 죽 나열해 보면 해결되지 않은 몇 가지 의문이 남는다. 부르심이 먼저인가? 아니면 칭의가 먼저인가? 믿음이 칭의보다 앞서는가? 아니면 그 반대인가? 거듭남이 부르심보다 선행하는가?

로마서 8:30이 이 질문에 답하는 데 많은 도움을 준다. "미리 정하신 그들을 또한 부르시고 부르신 그들을 또한 의롭다 하시고 의롭다 하신 그들을 또한 영화롭게 하셨느니라." 부르심, 칭의, 영화, 이렇게 구속의 적용과 관련된 세 가지 역사를 볼 수 있는데, 본문에도 같은 순서로 나와 있다. 그렇다면 이렇게 물을 수 있다. 실제 이런 순서대로 구속의 적용이 일어나기 때문에 이렇게 적은 것인가? 아니면 그것과 상관없이 편의에 따라 바울이 적은 것인가?

서론 격으로 이렇게 말할 수 있다. 순서가 바뀌어 칭의가 먼저 오고 부르심이 나중에 온다고 할지라도 이 본문이 말하고자 하는 것은 전혀 달라지지 않는다. 변함없는 하나님의 이런 역사가 연이어 일어나고 하나님의 영원한 뜻과의 불가분의 관계 속에서 그렇게 된다는 말이다. 하나님의 미리 아심에서 시작해 영화로 끝나는 사슬이 중단 없이 계속되는 것을 볼 수 있다.

그러나 30절에서 바울이 따라가는 순서—부르심, 칭의, 영화—는 실제로 하나님이 정하신 순서라고 생각할 만한 충분한 이유가 있고, 어렵지 않게 찾아볼 수 있다. 바울이 본문에서 전반적으로 제시하는 이 순서가 시사하는 바가 큰 것으로 봐서, 이 논리적 배열 순서는 전적으로 의도적인 것이라고 결론 내릴 수 있다.

1. 28절에 나오는 "그의 뜻대로"라는 표현에서 이 순서가 무턱대고 된 것이 아님을 알 수 있다. 하나님의 뜻한 바에 따라 패턴이나 계획이 주어지고 이 패턴을 따라 부르심이 일어났다는 말이다. 그렇다면 하나님이 정하신 뜻이 부르심에 앞선다. 영원 속에서 그렇다는 말이다. 그 뜻이란 29절이 말하는 대로 미리 아심과 예정으로 이루어진다. 그렇다면 28절에 나오는 순서가 뜻하는 바가 분명해진다.

2. 29절도 마찬가지다. 지금 우리의 관심은 "미리 아신 바"가 뜻하는 것을 밝혀내는 것도 아니고, "미리 정하신" 것과 관계된 것은 무엇인지 말하는 것도 아니다. 우리가 지금 주목해야 할 것은 미리 아심에서 미리 정하신 것으로의 진행이다. 여기서 다시 한 번 이런 순서가 의미가 있다는 것을 알 수 있다. 그렇다면 이 순서를 뒤집어서는 안 된다.

3. 29절과 30절에서는 하나님의 미리 아심에서 시작해서 영화로 마무리되는 일련의 사건들을 볼 수 있다. 우리는 두 사건의 순서를 뒤바꿀 수 없다. 단순히 선후의 문제라서가 아니다. 궁극적인 원

천으로서의 미리 아심과 최종적인 끝으로서 영화는 서로 간에 그런 순서가 있을 수밖에 없기 때문이다.

4. 30절에 언급된 세 가지 역사와 관련하여 미리 아심fore-knowledge과 예정predestination에도 같은 원칙이 적용된다. 미리 아심과 예정은 부르심이나 칭의나 영화보다 선행한다. 더구나 미리 아심이나 예정은 영원 속에서 이루어진다.

5. 30절에서 언급된 역사들, 다시 말해 29절에 언급된 하나님의 영원한 경륜에 속한 것과 구별되는 이 세상에서 구속이 적용되는 역사들에서조차 우선적인 순서가 드러난다. 영화가 부르심이나 칭의보다 먼저 일어날 수는 없다. 부르심과 칭의 중 어느 것이 먼저 오는지 상관없이, 영화는 이 둘보다 나중에 일어난다. 그렇다면 이제 남은 문제는 부르심이 칭의보다 앞서느냐 하는 것이다.

이렇게 결론 내릴 수밖에 없는 것이, 본문이 구속이 적용되는 역사들을 의도적으로 이런 순서로 언급하고 있는 것처럼 보이기 때문이다. 그렇다면 우리 역시 부르심과 칭의에 대해 바울이 따르는 이 순서를 필연적인 과정과 배열로써 따라가야 한다. 그러지 않으면 관련된 모든 이해가 달라질 수밖에 없다. 요컨대, 로마서 8:30에는 구속이 적용되는 순서—부르심, 칭의, 영화—에 따른 큰 개요가 드러나 있다. 이제는 구속이 적용되는 순서에 있어서 부르심이 칭의보다 앞선다고 말할 수 있다. 우리의 논리적 추론만으로는 이렇게 결론 내리지 못했을 것이다.

다음으로 살펴볼 것은 믿음과 칭의의 관계다. 정통 신학자들 사이에서도 이 부분에 대해서는 의견이 분분하다. 칭의가 믿음보다 앞선다고도 하고, 그렇지 않다고도 한다. 기억해야 할 것은 지금 다루는 것이 죄인을 의롭다 하는 하나님의 영원한 작정eternal decree 이 아니라는 사실이다. 하나님의 영원한 작정으로서의 칭의가 믿음보다 앞서는 것은 당연하다. 하나님의 뜻이 항상 구속이 적용되는 모든 단계보다 앞서는 것과 마찬가지다. 더구나 칭의라는 말을 화목과 같은 의미로 사용한다면(로마서 5:9처럼) 이 역시 믿음보다 앞선다. 구속의 성취가 구속의 적용보다 항상 먼저 있는 것과 마찬가지다. 하지만 지금 다루는 것은 영원한 작정으로서의 칭의도, 그리스도를 통해 단번에 이루어진 객관적인 역사로서의 칭의도 아닌, 그리스도의 구속이 개인에게 적용되는 과정으로서의 실제적인 actual 칭의다. 이런 칭의에 대해 성경은 우리가 믿음으로, 믿음 때문에, 믿음으로 말미암아, 믿음을 따라 의롭게 되었다고 분명히 말한다(롬 1:17; 3:22, 26, 28, 30; 5:1, 갈 2:16; 3:24, 빌 3:9). 칭의는 믿음이라고 하는 사건 혹은 믿음이라는 도구를 통해 이루어진다고 결론 내릴 수밖에 없다. 하나님께서는 예수를 믿는 죄인들, 다시 말해 신자들을 의롭다 하신다. 이는 곧 칭의에는 믿음이 전제되어 있다는 말이다. 믿음이 칭의의 필요조건이라는 말이다. 사람이 의롭게 되는 것은 그가 가진 믿음 때문에 그것을 근거로 해서가 아니다. 하나님이 은혜를 베풀기 위해 정하신 도구가 믿음이기 때문이다.

믿음이 칭의에 선행한다고 할 또 다른 이유가 있다. 부르심이 칭의에 선행한다는 것은 주지의 사실이다. 믿음은 부르심과 관계가 있다. 믿음을 보시고 하나님이 부르시는 것은 물론 아니다. 하나님의 부르심에 대해 우리가 마음과 지성과 의지로 반응하는 것이 믿음이다. 부르심과 그 부르심에 대한 반응은 동시에 일어난다. 그렇다면 믿음이 칭의에 선행한다고 할 수 있다. 부르심이 칭의에 선행하기 때문이다. 이런 추론은 믿음으로 의롭게 된다는 분명한 진술을 통해 확인된다.

한 걸음 더 나아가 구속이 적용되는 순서의 개요—부르심, 믿음, 칭의, 영화—를 말할 수 있게 되었다.

성경이 말하는 바에 따르면 이 사이에 어렵지 않게 집어넣을 수 있는 또 다른 단계가 있다. 거듭남regeneration의 단계다. 거듭남은 믿음에 선행한다. 여기에 관한 많은 논란이 있지만, 여기서 그것을 다 살펴볼 필요는 없다. 거듭남이 믿음보다 먼저 일어난다는 사실을 말하는 모든 증거를 여기서 다 살필 수는 없는 노릇이다. 나중에 이에 대한 많은 증거들을 제시하도록 하겠다. 지금은 우리가 죄와 허물로 죽은 죄인이라는 사실을 기억하는 것으로 충분하다. 온 마음이 담긴 애정 어린 신뢰와 헌신의 행위가 믿음이다. 성령으로 새롭게 된 후에야 그렇게 할 수 있다. 이는 성부가 허락하지 않고 성부께서 이끌지 않으시면 아무도 자기에게 올 수 없다는 주님의 말씀에서 증명된다(요 6:44, 65). 또한 요한복음 3:3을 기억해야 한다. "사람이 거듭나지 아니하면 하나님의 나라를 볼 수 없느니라." 하나님 나라를 보는 것은 믿음의 행위가 맞다. 거듭남이 없이는 그런 믿음을 가질 수 없다. 따라서 믿음을 갖기 이전에 거듭남이 있어야 한다. 이런 사실을 토대로 거듭남, 믿음, 칭의로 순서를 잡아 볼 수 있다.

그렇다고 해서 부르심과 거듭남의 순서까지 해결된 것은 아니다. 거듭남은 유효한 부르심에 선행하는가? 아니면 그 반대인가? 거듭남이 먼저라고 주장하는 사람들이 있다. 이들의 주장대로 거듭남, 부르심, 믿음, 칭의, 영화의 순서를 받아들인다고 해서 크게 문제될 것은 없다. 그러나 한 가지 심각하게 고려해야 할 것(나중에 더 살펴보겠다)이, 성경은 부르심을 죄인들을 흑암에서 빛의 나라로 불러 그리스도와의 교제를 갖도록 하는 하나님의 행위로 강조한다는 사실이다. 신약성경이 말하는 부르심의 이런 특징은, 실제적인 구원은 하나님의 부르심에서 시작하고 부르심에는 그것을 효력 있게 만드는 능력이 다 담겨 있다는 분명한 인상을 준다. 거듭남이 아니라 부르심에 이런 특징이 있다. 그러므로 부르심의 우선성을 보다 분명히 말할 수 있게 된다.

그렇다면 구속이 적용되는 큰 틀을 부르심, 거듭남, 믿음, 칭의, 영화와 같은 순서로 말해 볼 수 있다. 이제 다른 여러 단계들도 가진 의미에 걸맞게 이 큰 틀 사이사이에 집어넣을 수 있게 되었다. 회개는 믿음과 짝을 이룬다. 회개가 있는 것은 믿음이 있기 때문이다. 믿음이 있는 곳에 회개가 있을 수밖에 없다. 이 두 가지를 통틀어 회심 conversion이라는 말로 아우를 수 있다. 양자됨은 칭의 이후에 온다. 하나님의 용납하심을 받지 못한 사람은 하나님의 자녀가 될 수 없고, 하나님의 양자됨을 받지 못한 사람은 영생을 기업으로 얻을 수 없다. 칭의를 토대로 거듭남과 더불어 시작되는 과정인 성화는 유효한 부르심으로 참여하게 된 그리스도와의 연합에서 동력을 얻는다. 부르심, 거듭남, 칭의, 양자됨과 같은 단회적인 사건과 달리 일생의 과정으로서의 성화는 구속이 적용되는 여정에서 양자됨 다음에 자리하는 것이 맞다. 성화의 과정과 더불어 계속되고 그것과 동시에 마쳐지는 견인perseverance은 성화 앞이나 뒤 아무 데나 와도 된다.

모든 것을 종합해 볼 때, 그리스도의 구속이 적용되는 여정을 부르심, 거듭남, 믿음과 회개, 칭의, 양자됨, 성화, 견인, 영화라고 잡아 볼 수 있다. 이런 여정을 주의 깊게 살펴보면, 구원의 지배적인 원리가 모든 측면에서 역사하고 있음을 알 수 있다. 그것은 바로 주권적이고 유효하게 역사하시는 하나님의 은혜다. 구원의 시작과 성취는 물론 적용 역시 우리 주님으로 말미암는다.

7장
유효한 부르심

앞에서 우리는 그리스도의 구속이 왜 죄와 허물로 죽은 죄인들을 부르시는 하나님의 유효한 부르심으로 적용되기 시작하는지 살펴보았다. 거듭남이 먼저 와야 한다는 주장들도 일리가 있고, 또 그렇게 한다고 크게 달라지는 것은 없다는 것도 보았다. 하지만 유효한 부르심에 대해 성경이 말하는 것을 보면 하나님의 부르심이 먼저 와야 할 이유가 더 분명해질 것이다.

부르심 자체만을 가지고 유효한 부르심이라 할 수 없다. 자주 복음의 보편적인 부르심의 뜻으로 쓰이기 때문이다. 실제로 복음의 은혜는 모든 사람에게 차별 없이 주어진다. 복음을 통해 하나님의 은혜가 차별 없이 주어지는 것이 사실이지만, 이 교리를 말할 때는 항상 하나님의 은혜와 관련해서 그것이 내포하는 바와 인간의 책임과 관련해서 그것이 내포하는 바를 함께 살펴야 한다. 복음을 통해 하나님의 은혜가 모든 사람에게 제시되는 것을 말할 때는 보편적인 부르심이라고 하는 것이 맞다. 마태복음 22:14이 말하는 것이 바로 이런 보편적인 부르심이다. "청함을 받은 자는 많되 택함을 입은 자는 적으니라." 구약의 몇몇 구절들도 이런 결론을 뒷받침한다.

하지만 신약성경에서 특별히 구원과 관련해 부르심이라는 말을 사용할 때는 거의 일관되게 복음을 통한 보편적인 부르심이 아닌, 사람을 구원으로 인도하는 유효한 부르심을 가리킨다. 그리스도의 복음을 통해 은혜가 차별 없이 제시되는 것을 가리키기 위해 이 말을 쓰는 경우는 거의 찾아볼 수 없다. 우리가 잘 아는 로마서 8:30, 고린도전서 1:9, 베드로후서 1:10과 같은 말씀들을 보더라도, 그 의미가 한결같이 고정되어 있다. "또 미리 정하신 그들을 또한 부르시고", "너희를 불러 그의 아들 예수 그리스도 우리 주와 더불어 교제하게 하시는 하나님", "형제들아, 더욱 힘써 너희 부르심과 택하심을 굳게 하라"(참조. 롬 1:6-7, 고전 1:26). 이러한 이유 때문에 일반적으로 부르심을 말할 때는 유효적인 것을 가리킨다. 거의 예외 없이 신약성경이 "부르심," "부름받은," "부르시는"이라고 할 때는 구원에 이르게 하는 유효한 부르심을 뜻한다.

1. **부르심의 주인.** 부르심의 주체와 관련하여 특별히 언급할 두 가지가 있다.

첫째, 부르심의 주인은 하나님이시다. "너희를 불러 그의 아들 예수 그리스도 우리 주와 더불어 교제하게 하시는 하나님은 미쁘시도다"(고전 1:9). "오직 하나님의 능력을 따라 복음과 함께 고난을 받으라. 하나님이 우리를 구원하사 거룩하신 소명으로 부르심은……"(딤후 1:8-9). 이런 면에서 부르심 역시 거듭남, 칭의, 양자됨과 마찬가지로 하나님의 은혜와 능력의 역사다. 우리가 스스로 자기 자신을 거듭나게 하거나 의롭다 하거나 양자 삼을 수 없는 것처럼, 자의로 스스로를 구별하거나 불러낼 수 없다. 부르심은 오직 하나님만의 행위다. 이런 사실을 통해 우리는, 구속을 적용하는 데 있어서 우리가 얼마나 전적으로 하나님의 주권적인 은혜에 의존해 있는지 절감하게 된다. 우리가 구원에 실제적으로 참여하는 첫걸음이 부르심이라면, 하나님이 구원의 주인이라는 사실을 통해, 구원을 계획하고 객관적으로 성취하는 것 이상으로 그것을 개개인의 삶에 적용하는 것 역시 주권적인 하나님의 구원 역사라는 사실을 떠올리지 않을 수 없다. 이 교리가 달갑지 않을지도 모르겠다. 하지만 그것은 하나님의 은혜를 싫어하기 때문이며, 하나님께 속한 고유한 특권을 자기 자신에게로 돌리고자 하기 때문이다. 더구나 이런 성향이 어디에서 비롯된 것인지 우리는 잘 안다.

둘째, 유효한 부르심의 주체는 하나님 아버지시다. 성경이 가르치고 있음에도 불구하고 간과하기 쉬운 부분이다. 삼위 가운데 구원을 계획하고 선택하시는 분이 성부라고 생각은 하지만(물론 이런 생각이 잘못된 것은 아니다) 성경이 강조하는 다른 부분들은 놓치기가 십상이다. 성부를 단순히 구원과 구속을 계획하시는 분으로만 생각하는 것은 오산일 뿐 아니라 그분에 대한 모독이다. 영원한 경륜을 통해 친히 계획하시고 독생자의 죽음을 통해 성취된 것을 효력 있게 적용하는 일에 성부가 배제될 수 없다. 구속이 처음 적용되는 단계에서부터 특별하고 고유하게 역사하심으로 자기 백성들과 가장 친밀한 관계로 들어오시는 분이 바로 성부 하나님이시다.

많은 성경 구절들이 이를 뒷받침한다. "미리 정하신 그들을 또한 부르시고"라고 하는 바울의 말에서(롬 8:30) 예정의 주체가 또한 부르심의 주체라는 사실이 분명히 드러난다. 바로 앞 구절을 보면 예정의 주체와 "그 아들"이라 불리는 존재를 분명히 구분하고 있다. "하나님이 미리 아신 자들을 또한 그 아들의 형상을 본받게 하기 위하여 미리 정하셨으니." 아들의 형상을 본받도록 정하신 분은 오직 성부뿐이다. 아들이 아들로 불릴 수 있는 것은 오직 성부와 관련해서만 그렇기 때문이다. "너희를 불러 그의 아들 예수 그리스도 우리 주와 더불어 교제하게 하시는 하나님은 미쁘시도다"라는 고린도전서 1:9의 바울의 말에서도 같은 말을 할 수 있는 것이, 부르신 주체와 부름받은 이들이 교제에 참여하는 대상이 아버지와 아들로 분명히 구분되고 있기 때문이다. 이는 신약성경에서 "하나님"이라는 이름으로 자주 일컬어지는 삼위 중의 제 일격을 가리킨다. 다른 본문들도 동일하게 이 사실을 가리킨다(갈 1:15, 엡 1:17-18, 딤후 1:9). 요한일서 3:1을 생각해 볼 수 있다. "아버지께서 어떠한 사랑을 우리에게 베푸사 하나님의 자녀라 일컬음을 받게 하셨는가." 여기서 "일컬음을 받다"라는 말은 단순히 "명명"이라는 의미 이상으로, 우리가 하나님의 자녀로 "불리도록 하는" 성부 하나님의 유효한 역사를 가리킨다. 은혜에 따라 탁월하고 효력 있게 부르시는 일은 성부 하나님이 하시는 일이다.

2. **부르심의 본질**. 성경이 사용하는 말들에 담긴 풍성한 의미를 제대로 이해하지 못할 때가 많은 것은 그 의미가 우리 일상에서 많이 퇴색되어 버렸기 때문이다. "부르심call"이라는 말도 예외는 아니다. "소환하다summon"는 말이 원래의 말에 더 가깝다. 하나님께서 자기 백성을 불러 구속에 참여하게 하는 역사는 그렇게 할 수밖에 없도록 소환하는 행위다. 하나님에 의한 소환이기 때문에 이는 유효한 소환이다.

하지만 우리네 일상에서 소환은 그렇게 효력이 있는 말이 아니다. 법원에서 소환장을 발부했다는 사실 자체가 피소환자를 법원으로 불러들이는 것은 아니다. 영장을 발부해서 소환 명령을 내리지만, 그렇다고 피소환자가 항상 법원에 출두하는 것은 아니다. 소환을 받은 사람의 능력과 의지에 따라 다르다. 어쩔 수 없이 소환에 응해야 한다 하더라도, 이 또한 소환장을 발부한 주체의 강제력에 따라 달라진다. 하지만 하나님이 부르시는 것은 전혀 다르다. 하나님으로부터의 소환은 효력이 있어서, 그렇게 부르심을 받은 사람은 즉시로 그리스도와의 교제 안으로 들어간다. 하나님의 부르심은 결정적이다. 하나님의 주권적인 능력과 은혜로 반드시 이루어지는 부르심이다. 하나님은 없는 것을 있는 것으로 부르시는 분이다(참조. 롬 4:17).

하나님의 부르심에 있는 이런 효력과 짝을 이루는 것이 바로 부르심의 불변성이다. "하나님의 은사와 부르심에는 후회하심이 없느니라"(롬 11:29). 로마서 8:28-30만큼 하나님의 부르심의 특징을 분명히 담고 있는 말씀도 드물다. 하나님이 뜻하신 대로 이루어지는 이 부르심은 하나님의 미리 아심에서 시작해 영화로 성취되기까지 중단 없이 계속되는 연쇄적 사건들의 중심에 자리한다. 유효한 부르심이 성도의 견인을 보증하다는 말이다. 이 부르심이 하나님의 안전한 뜻과 은혜에 뿌리 박고 있기 때문이다.

하나님의 부르심은 존귀하고 거룩한 위로부터의 부르심이다(빌 3:14, 딤후 1:9, 히 3:1). 부르심의 시작과 목적이 그렇다. 긴박한 부르심이다. 타락한 이 세상을 사랑하지 말고, 분리되고 구별되게 살라는 부르심이다. 불경건과 정욕과 이 세상의 더러운 것들에 빠져 살고 계속해서 그것들에 이끌린다면, 아직 은혜로 말미암은 하나님의 유효한 부르심을 받지 못한 것이다. 부르심을 받은 자들은, "그리스도의 것으로 부르심을 받은 자"(롬 1:6)며 그분의 기업과 특별한 소유로 부름받은 자다. 그러므로 그들은 "성도로 부르심을 받은" 것이다(롬 1:7). 부름받은 자들은 삶과 행위를 통해 자기가 가진 부르심의 어떠함을 나타내야 한다. 허탄한 어둠의 일들을 그쳐야 한다. 하나님의 부르심에 필연적인 의무들이 있다. 하나님의 부르심은 주권적이고 효력 있는 것이라는 사실이 인간의 책임을 완화시키거나 없이하지 않는다. 오히려 더 분명히 한다. 형언할 수 없는 은혜의 크기로 책임은 더욱 커진다. 바울이 "그러므로 주 안에서 갇힌 내가 너희를 권하노니 너희가 부르심을 받은 일에 합당하게 행하여"라고 말하는 것도 바로 이 때문이다(엡 4:1).

3. **부르시는 방식.** 지각과 지혜를 가지고 어떤 일을 할 때, 보통 계획과 의도를 가지고 그렇게 한다. 집을 지을 때는 건축업자의 설계도

를 따라 짓고, 옷은 어떠한 기준에 따라서 짓는다. 하나님은 더더욱 그러하시다. 집행자로서 하나님은 그분이 작정하신 계획을 완벽하게 이루신다. 작정이란 영원 전에 그리스도 예수와 나누신 하나님의 은혜와 뜻을 말한다(딤후 1:9, 참조. 롬 8:28). 하나님의 부르심의 방식에 있는 다음과 같은 특징을 주목해야 한다.

첫째, 분명한 목적이 있는 부르심이다. 하나님이 사람을 부르실 때는 아무렇게나 별안간 하시는 것이 아니다. 영원 전부터 하나님은 이 부르심에 전념하셨다. 그렇기 때문에 부르심의 역사가 일어나는 시간과 환경은 하나님의 뜻과 경륜에 따라 정해진다.

둘째, 영원한 부르심이다. 시간상에서 실제로 주어지는 은혜와 관련된 하나님의 생각과 목적과 관심이 영원 전부터 있어 왔다는 이 놀라운 사실을 충분히 누리고 있는가? 영원에 대한 이해가 없는 우리로서는 영원을 제대로 그려 볼 수 없다. 홀로 영원하신 하나님만이 영원을 제대로 아신다. 영원에 대해 생각해 보려고 할 때마다 자신의 이해의 한계를 절감하고 영원은 우리가 도무지 헤아릴 수 없는 것이라는 사실을 새삼 깨닫는 것도 이 때문이다. 그렇다고 하더라도 계속해서 생각해야 할 것이 영원이다. 이해의 한계를 절감할수록 하나님의 영원하신 뜻과 은혜에 더욱 탄복할 수 있기 때문이다.

셋째, 부르시는 방식은 그리스도 안에서 정해졌다. "하나님이 우리를 구원하사 거룩한 소명으로 부르심은 우리의 행위대로 하심이 아니요 오직 자기의 뜻과 영원 전부터 그리스도 예수 안에서 우리에게 주신 은혜대로 하심이라"(딤후 1:9). 이 구절의 전반부는 성도를 부르시는 탁월하고 효력 있는 부르심의 주체가 하나님이라는 사실을 강조한다. 구속을 하나님의 백성에게 적용하면서 성부 하나님을 배제해서는 안된다. 이 부르심을 있게 한 주체는 하나님이시기 때문이다. 하지만 그리스도 없는 부르심 또한 생각할 수 없다는 사실도 잊지 말아야 한다. 이 사실은 영원 전에 부르심을 계획하고 있게 한 성부의 경륜이 결코 그리스도와 상관없이 있을 수 없다는 사실에서 가장 잘 알 수 있다. 하나님께서 은혜로운 목적을 따라 자기 백성을 위해 정하신 것 역시 그리스도를 떠나서는 생각할 수 없다(참조. 롬 8:29, 엡 1:4). 구원의 경륜에 포함된 이런 역사를 통해 삼위 하나님이 어떻게 서로 연락하고 완벽한 조화를 이루시는지를 알게 하는 대목이다. 구원의 원천에는 바로 이런 삼위 간의 조화와 협력이 자리한다.

4. **부르심의 우선성.** 전술한 바와 같이, 거듭남이 부르심보다 논리적으로 앞선다고 해도 신학적으로나 석의적으로 크게 달라질 것은 없다. 하지만 구속이 적용되는 순서에서 부르심이 가장 우선한다고 여길 만한 이유가 있다.

첫째, **실제적으로** 신자가 그리스도와 연합하도록 하는 하나님의 역사를 성경은 부르심이라고 한다(참조. 고전 1:9). 물론 그리스도와의 연합을 통해서 구원하는 하나님의 은혜가 우리 안에 역사하게 된다. 거듭남은 이 구원하는 은혜가 우리 안에서 역사하는 출발점이다.

둘째, 부르심은 하나님만의 주권적인 행위이기 때문에, 부름받은 사람의 마음과 생각과 의지의 반응에 따라 부르심을 정의해서는 안된다. 그렇다면 우리가 하나님의 부르심에 합당하고 필요한 반응을 보일 수 있도록, 우리 내면에서 이루어진 하나님의 은혜의 역사를 거듭남으로 이해하는 것이 더 타당하다. 결과적으로 새로운 출생은 부르심 이후, 우리의 반응 이전에 일어나는 역사라고 할 수 있다. 거듭남은 하나님의 부르심과 부르심을 받은 사람의 반응을 이어 주는 고리다.

셋째, 로마서 8:28-30에서 바울이 구속의 적용을 말할 때, 순서상 하나님의 가장 처음 행위에서부터 시작하지 않았다고 보기는 어렵다. 구속이 적용되는 순서를 나열할 때 맨 나중에 가장 마지막 행위가 오는 것처럼, 가장 처음 행위를 가정 먼저 언급했다고 보는 것이 자연스럽다는 말이다. 그가 하나님의 선택이라는 구원의 가장 궁극적인 원천에까지 거슬러 올라간다는 사실이 이런 주장에 힘을 보탠다. "미리 정하신 그들을 또한 부르시고"라고 하면서 구속이 적용되는 시작점까지 거슬러 가기 때문이다. 그렇다면 부르심이 구속이 적용되는 처음 행위일 것이다.

넷째, 구속이 적용되는 각각의 국면들은 하나님이 은혜로 뜻하신 모든 목적을 통해 이해할 수 있다. 이런 국면들 하나하나가 하나님의 영원하신 뜻에 부합하기 때문이다. 하지만 신약성경은 부르심이 이런 하나님의 영원한 목적에 부합한다는 사실을 유독 강조하고 있다(참조. 롬 8:28-30, 딤후 1:9). 구속이 적용되는 가장 최초의 행위가 은혜로 말미암은 영원하신 뜻에 부합하게 시작되었다면, 구속이 적용되는 전 과정이 전적으로 하나님의 영원하신 뜻에 따라 되는 것은 자명하다.

이러한 이유들 때문에, 하나님의 백성을 구속자요 구원자요 하나님이신 그분 안에 있는 모든 은혜와 덕에 참여한 자가 되도록 그리스도와의 연합과 교제로 불러들이는 하나님의 주권적이고 효력 있는 부르심과 함께 구속의 적용이 시작된다고 볼 수 있다.

8장
거듭남

우리는 그리스도의 구속의 적용이 성부 하나님이 사람들을 성자와의 교제로 불러들이는 유효한 부르심과 함께 시작한다는 사실을 살펴보았다. 하지만 유효한 부르심은 부르심을 받은 자들의 합당한 응답을 수반한다. 부르시는 분은 하나님이지만 그 부르심에 응답하는 것은 부르심을 듣는 자들이다. 부르심을 듣는 자들의 이런 응답은 항상 마음과 지성과 의지의 전인적인 역사다. 짚고 넘어가야 할 것이 있다. 하나님을 미워하고 하나님을 기쁘시게 하지 못하는 죄와 허물로 죽은 자가 어떻게 그리스도와의 교제로의 부르심에 응답할 수 있단 말인가? 교제는 일방적인 것일 수 없다. 항상 상호 간에 일어난다. 그렇기 때문에 그리스도와의 교제는 항상 믿음과 사랑으로 그리스도를 영접하는 것을 포함할 수밖에 없다. 부패한 마음으로 하나님을 미워하는 사람이 어떻게 하나님의 영광의 가장 탁월한 현현이신 그리스도를 영접할 수 있단 말인가? 그렇다. 죄와 허물로 죽은 사람은 하나님의 부르심에 믿음과 사랑으로 응답할 수 없다. "육신에 있는 자들은 하나님을 기쁘시게 할 수 없느니라"(롬 8:8). 구주 역시 그렇게 말씀하신다. "나를 보내신 아버지께서 이끌지 아니하시면 아무도 내게 올 수 없으니", "전에 너희에게 말하기를 내 아버지께서 오게 하여 주지 아니하시면 누구든지 내게 올 수 없다 하였노라"(요 6:44, 65). 죄인들이 부름받은 영광과 덕은 그렇게 부름받은 이의 영적이고 도덕적인 상태와 전혀 다르다. 이런 불일치가 어떻게 서로 조화를 이루어 가능한 일이 되겠는가?

바로 이 불일치를 위해 마련된 것이, 하나님의 은혜로 말미암은 영광의 복음이다. 하나님의 부르심은 유효한 부르심이기 때문에 역사하는 은혜가 있다. 이렇게 부름받은 사람은 응답할 수 있고, 값없이 복음을 통해 주어진 예수 그리스도를 영접한다. 하나님의 은혜는 죄인 된 우리 필요의 깊은 곳까지 미치며, 우리의 부패와 무능력에 자리한 본유적인 도덕적 영적 무능력이 초래한 모든 필요를 충족시킨다. 이 은혜가 바로 거듭남의 은혜다. 하나님의 재창조의 능력과 은혜로, 하나님의 부르심과 부르심을 받은 자들이 처한 죄악된 상황 간의 모순과 불일치가 해소된다. "새 영을 너희 속에 두고 새 마음을 너희에게 주되 너희 육신에서 굳은 마음을 제거하고 부드러운 마음을 줄 것이며"(겔 36:26). 하나님은 이런 능력과 은혜로 급진적이고 전인적인 변화를 불러일으키신다. 인간이 자기에게 있는 모든 것으로 아무리 노력하고 짜 맞춰도 도무지 설명할 수 없는 변화다. 없는 것을 있는 것같이 부르시고, 말씀하신 것을 그대로 이루시고, 명하신 것을 즉시로 이루시는 분을 통한 새 창조의 변화다. 거듭 나는 것이다.

니고데모에게 친히 하신 말씀만큼 여기에 합당한 말도 없다. 익숙하고 잘 아는 말씀임에도 불구하고, 극명한 이 말씀의 의미가 얼마나 자주 무시되고 왜곡되는지 모른다. 사람이 거듭나는 방식은 신비 그 자체다. "바람이 임의로 불매 네가 그 소리는 들어도 어디서 와서 어디로 가는지 알지 못하나니 성령으로 난 사람도 다 그러하니라"는 예수님의 말씀이 바로 이런 신비를 가리킨다(요 3:8). 하지만 예수님의 이런 말씀에는 새로운 출생의 필요와 성격에 관한 교훈이 분명히 드러난다.

초자연적인 출생 없이는 하나님 나라를 보거나 그 나라에 들어갈 수 없다고 하실 때, "본다"는 말은 바울이 고린도전서 2:14에서 말하는 영적인 분별을 가리킨다. "들어간다"는 말은 하나님 나라의 실제적인 지체가 되는 것, 곧 하나님 나라의 지체가 된 자들이 누리는 복에 참여하는 것을 가리키는 것이 분명하다. 5절을 주목하자. "사람이 물과 성령으로 나지 아니하면 하나님의 나라에 들어갈 수 없느니라."

본문 말씀에서 "물"이 가리키는 것은 무엇인가? 이 질문을 둘러싼 많은 견해 차이가 있다. 거듭나게 하는 그리스도인의 세례를 가리키는 것으로 보는 사람들도 있다. 세례를 통한 거듭남을 주장하는 사람들은 이 본문을 들어 그렇게 가르친다.

결론부터 말하자면, 여기서 예수님이 말씀하신 것은 세례가 아니라 물이다. 본문에서 "물"이라는 말이 물세례를 뜻한다고 할 분명한 이유가 없다면, 예수님의 이 말이 물세례를 가리킨다고 해서는 안된다. 본문의 "물"이라는 말이 세례의식을 가리킨다고 여길 필요가 없다. 오히려 다른 의미를 갖는다고 여길 만한 많은 이유들이 있다. 지금 예수님이 이 말씀을 하시는 상황을 그려 보아야 한다. 예수님은 지금 니고데모와 아주 종교적인 주제를 가지고 말씀을 나누신다. 이렇게 볼 때, 예수님은 이 대화를 통해 지금 논의되는 주제와 직접적인 관련이 있는 신앙적으로 중요한 개념을 그에게 전달하려고 하셨을 것이 분명하다. 그렇게 생각하는 것이 자연스럽다. 그렇다면 예수님께서는 "물"이라는 말을 통해 어떤 신앙적인 개념을 니고데모에게 전달하려 하셨을까? 물론 물이라는 개념은 당시 니고데모의 삶과 신앙고백의 배경이 되는 종교적 전통과 의식에 포함된 **제의적인** 사용과 관계가 있었다. 그리고 이는 틀림없이 구약성경과 유대교 제의와 당시 물과 관련된 의식에서 물이 갖는 종교적인 의미를 말했을 것이다. 그렇다면 답은 하나다. 종교적으로 물을 사용할 때 내포된 의미, 다시 말해 물이 종교적으로 갖는 상징적 의미인 정결purification 이다. 이런 배경을 잘 아는 니고데모는 물이라는 말을 통해 전달된 메시지를 어렵지 않게 알아챘을 것이고 하나님 나라에 들어가기 위해서 불가피하게 요구되는 정결에 초점을 맞추었을 것이다.

    예수님은 항상 상대에게 있는 고질적인 죄와 그에 따른 필요를 지적하셨다. 바리새인들의 고질적인 죄는 자긍심과 자기의였고, 그런 그들은 자신의 부패와 근본적인 정결의 필요를 절감해야 했다. 이 교훈은 "물로 거듭난다"는 표현을 통해 니고데모에게 가장 효과적으로 전달되었을 것이다. 죄에서 비롯된 부패에서 깨끗하게 된 사람이라야 하나님 나라에 들어갈 수 있다. 정결하게 하는 물이야말로, 하나님 나라에 들어가 그 나라의 일원이 되도록 하는 새 생명을 잉태하는 자궁과 같다. 이것이 바로 거듭남에 포함된 정결케 하는 측면이다. 거듭남은 장래를 새롭게 일구는 일은 물론 죄로 얼룩진 과거를 무효로 할 수 있어야 한다. 의로움으로 새롭게 창조될 뿐 아니라 죄로부터 깨끗하게 되지 않으면 안된다.

"성령으로 난다"는 말은 당연히 성령을 통한 출생을 가리킨다(참조. 요 1:13, 요 3:8, 요일 2:29; 3:9; 4:7; 5:1, 4, 18). 하나님으로부터 주어지는 초자연적인 출생이다. 이 새로운 출생의 동인이요 원천은 성령이기 때문이다.

우리 귀에 익숙한 "성령으로 난다"는 말이 뜻하는 바를 주목할 필요가 있다. "난다born"는 말이 가리키는 정확한 의미가, 아비가 자식을 보는 것begetting인지 아니면 어미가 자식을 낳은 것bear인지는 분명하지 않다. 신약성경의 용례를 보면 이 두 가지 의미가 모두 적용될 수 있지만, 더 정확히 뜻하는 것이 무엇인지는 분명하지 않다. 어찌 되었든, 이 말을 통해 표현된 진리는 달라지지 않는다. 성령으로 난 것이든 성령이 낳은 것이든 한 가지 분명한 사실은, 사람이 하나님 나라에 들어가는 것은 철저히 성령의 역사에 달려 있다는 사실이다. 이는 자녀가 세상에 태어나는 것이 온전히 부모에게 달려 있는 것과 마찬가지다. 자연적 출생이 전적으로 부모에게 달린 것처럼, 거듭남 역시 철저히 성령께 의존되어 있다. 우리가 결정해서 아비가 우리를 낳는 것도 아니고, 우리가 태어나고 싶어서 어미가 우리를 잉태한 것도 아니다. 부모의 뜻에 따라 잉태되고 태어난 것이다. 너무도 단순한 이 진리가 얼마나 자주 간과되는지 모른다. 우리가 마음먹고 그렇게 결정했기 때문에 하나님 나라를 보고 그 나라에 들어가는 것이 아니다. 이미 이런 특권을 누리고 있는 사람이라면, 그것은 성령께서 그것을 바라셨기 때문이다. 모든 것이 전적으로 성령의 결정이고 역사다. 그가 기뻐하시는 때에 그가 기뻐하시는 자리에서 우리를 낳으신 것이다. 요한복음 3:8이 그것을 말하고 있지 않는가? 예수님은 성령의 역사를 바람의 움직임에 비유하신다. 바람이 분다는 것은 성령이 하시는 역사의 사실성과 확실성과 효력을 대변한다. 바람이 임의로 분다는 사실은 곧 성령의 주권을 강조한다. 바람은 누가 시켜서 부는 것도 아니고, 누가 원한다고 불지도 않는다. 거듭나게 하시는 성령의 역사도 마찬가지다. "바람이 임의로 불매 네가 그 소리는 들어도 어디서 와서 어디로 가는지 알지 못하나니." 성령의 역사는 신비롭다. 하나같이 성령의 거듭나게 하는 역사에 담긴 주권과 효력과 신비함을 가리킨다.

이런 변화를 일으키는 분은 성령이시다. 성령이 그렇게 하시는 이유는 자신이 바로 이런 변화의 원천이기 때문이다. 사람을 거듭나게 해서서 이런 놀라운 변화를 일으키신다. 거듭나게 하는 유일한 주체와 주인은 성령이시다.

거듭남의 역사에서 인간은 피동적이라고 종종 말한다. 맞는 말이다. 이 대화에서 우리 주님이 가르치신 것과 다름없다. 이 말이 마음에 들지 않을 수도 있고, 달갑지 않게 느껴질 수도 있겠다. 우리의 사고방식에도 맞지 않고 복음주의에서 오랫동안 사용된 표현법과도 다를지 모른다. 그러나 이 진리에 반발하는 사람은 곧 그리스도의 가르침에 그렇게 하는 것이다. 그리스도가 주신 복음을 변개하고 그분의 진리를 거부한다면 그분 앞에 설 때 무슨 말을 하겠는가? 하지만 우리는 그리스도의 복음이 주권적이고 효력 있고 저항할 수 없는 거듭남의 복음이라는 사실 때문에 하나님을 찬양한다. 거듭남에 있어서 우리가 피동적인 것이 아니며 하나님만이 이 행위의 주체가 아니라면 복음이 복음일 수 없다. 하나님께서 주권적으로 역사하시는 은혜가 우리에게 있는 미움을 사랑으로 불신앙을 믿음으로 바꾸지 않으면, 믿음과 사랑으로 하나님을 대하는 일은 있을 수 없다.

요한복음 3:5은 새로운 출생이 담고 있는 두 가지 요소를 제시한다. 이 두 가지 요소를 통해 마음의 부패가 사라지고 생명이 새롭게 된다. 이 두 가지 요소―"물로 거듭남"과 "성령으로 거듭남"―는 구약성경에 나온 이것과 대구를 이루는 두 가지 요소와도 일치한다. "맑은 물을 너희에게 뿌려서 너희로 정결하게 하되 곧 너희 모든 더러운 것에서와 모든 우상 숭배에서 너희를 정결하게 할 것이며 또 새 영을 너희 속에 두고 새 마음을 너희에게 주되 너희 육신에서 굳은 마음을 제거하고 부드러운 마음을 줄 것이며"(겔 36:25-26). 이 본문과 요한복음 3:5이 짝을 이룬다고 보아도 무방하다. 요한복음에 나오는 "물로 거듭남"을 에스겔 36:25에 나오는 것과 다르게 해석해야 할 이유는 없다. "맑은 물로 너희에게 뿌려서 너희로 정결케 하되." 정결하게 하는purificatory 것과 새롭게 하는renovatory 것을 각각 별개의 다른 사건으로 여겨서는 안된다. 총체적인 변화를 이루는 두 가지 요소일 뿐이다. 이런 변화를 통해 하나님의 부르심을 받은 자들은 사망에서 생명으로, 사탄의 왕국에서 하나님의 나라로 옮겨진다. 우리의 과거에서 비롯된 절박한 필요와 그리스도 안에서 참여한 새 생명의 요구를 채우는 변화요, 하나님과 척을 지게 하는 원수 된 죄를 없애고 하나님 아들과의 교제에 합당하게 만드는 변화다.

니고데모와 우리 주님 간의 대화를 기록한 이는 다름 아닌 사도 요한이다. 요한은 이 교훈을 잘 배운 사람이다. 특별히 거듭남은 하나님의 행위요 하나님만의 행위이며, "혈통으로나 육정으로나 사람의 뜻으로 나지 아니하고 오직 하나님께로부터" 거듭난다는 사실을 잘 알고 있었다(요 1:13). 과연 요한은 거듭남에 대한 교훈을 자신의 처음 서신에도 기록했다. 서신 여러 곳에서 거듭남을 직접 언급한다(요일 2:29, 3:9, 4:7, 5:1, 4, 18). 이런 본문들은 하나같이 거듭남과 다른 은혜의 열매들이 항상 병행한다는 사실을 강조한다. 요한일서 2:29에서는 하나님으로부터 난 것과 의를 행하는 것이, 3:9에서는 하나님으로부터 난 것과 죄를 짓지 못하고 죄를 짓지 않는 것이, 4:7에서는 하나님으로부터 난 것과 사랑이, 5:1에서는 하나님으로부터 난 것과 예수를 그리스도로 믿는 것이, 5:4에서는 하나님으로부터 난 것과 세상을 이기는 것이, 5:18에서는 하나님으로부터 난 것과 죄를 짓지 않고 악한 자들이 만지지도 못하는 것이 함께 언급된다. 나중에 보겠지만, 이는 아주 중요한 부분으로, 거듭남을 구속을 적용하는 다른 요소들로부터 배제하려는 어떤 시도도 용인하지 말아야 할 것을 경고하고 있다.

거듭남은 예외 없이 다른 은택들을 수반한다는 진리는 다른 본문들도 하나같이 명시하고 있다. 하지만 요한일서 3:9은 뭔가 또 다른 내용을 말해 준다. 거듭남이 떠받치는 또 다른 특별한 은혜들을 이 본문은 말한다. "하나님께로부터 난 자마다 죄를 짓지 아니하나니 이는 하나님의 씨가 그의 속에 거함이요 그도 범죄하지 못하는 것은 하나님께로부터 났음이라." 거듭난 사람은 죄를 짓지 않는다는 사실뿐 아니라, 그럴 수밖에 없는 이유도 함께 제시된다. 하나님의 씨가 그 속에 거하기 때문이다. 거듭난 사람에게 있는 이 씨가 거듭남의 역사로 참여하게 된 하나님의 성품을 말하는 것이 분명하다. 거듭난 신자가 죄를 짓지 않는 것은 하나님으로부터 났기 때문이다. 그러므로 거듭남은 논리상으로나 인과적으로 죄를 짓지 않는 것보다 앞선다. 또한 "그도 범죄하지 못하는 것은 하나님께로부터 났음이라"는 요한의 말은, 거듭남이 바로 거듭난 사람이 죄를 짓지 않는 이유라는 것을 분명히 말해 준다. 그러므로 사람이 죄를 짓지 않는 것은 그가 거듭났기 때문이다. 이 순서는 절대 뒤집힐 수 없다. 모든 거듭난 사람들에게 공통적으로 드러나는 특징인 죄와의 단절이 어디로부터 오며 왜 그런지를 본문은 잘 말해 준다.

요한일서 3:9에는 이 서신의 다른 본문들에 적용해야 할 원리가 나온다. 물론 이 다른 본문들이 이 원리를 명시적으로 언급하는 것은 아니지만 말이다. 이런 추론은 요한일서 3:9과 5:18을 비교해 보면 분명해진다. 후자는 이렇게 말한다. "하나님께로부터 난 자는 다 범죄하지 아니하는 줄을 우리가 아노라. 하나님께로부터 나신 자가 그를 지키시매 악한 자가 그를 만지지도 못하느니라." 이런 생각은 3:9에서 말하는 것과 너무나 흡사하다. 사실 거의 같고 용어만 조금 다를 뿐이다. 3:9에서 진리로 발견한 것을 3:9에 적용한다면, 당연히 5:18의 가르침에도 적용해야 한다. 사람이 죄를 짓지 않는 것은 그가 하나님으로부터 났기 때문이고, 악한 자가 그를 만지지 못하는 이유 역시 그가 하나님으로부터 난 자이기 때문이다. 사람이 죄를 짓지 않고 악한 자가 건드리지 못하는 자유를 누리는 논리적이고 인과적인 이유는, 바로 그가 거듭난 사람이기 때문이다.

거듭난 사람이 누리는 이런 자유가 무엇인지 규명하고, 죄를 짓지 못하는 것과 악한 자가 건드리지도 못한다는 말의 뜻을 설명하는 것이 지금 여기서 할 일은 아니다. 지금 우리의 관심사는 거듭남이 떠받치고 있는 거듭난 사람에게서 드러나는 이런 성격과 거듭남과의 관계를 분명히 하는 것이다.

요한일서 3:9과 5:18을 근거로, 이 두 본문 사이에 드러난 관계가 위의 모든 다른 본문들에도 적용된다는 결론에 이르렀다. 2:29에서 사람이 의를 행하는 이유는 그가 의로운 하나님으로부터 났기 때문이라고 결론 내릴 수 있다. 다른 본문들도 마찬가지다. 4:7에서 신자가 서로를 사랑하는 것은 그들이 거듭났기 때문이다. 5:1에서 예수가 그리스도이신 것을 신자가 믿는 이유와 5:4에서 세상을 이기는 이유는 동일하다. 이렇게 거듭남을 통한 총체적인 덕의 목록이 드러난다. 예수를 그리스도라 믿는 믿음, 세상을 이김, 죄를 짓지 않음, 절제, 죄를 짓지 못함, 악한 자로부터의 자유, 의를 행함, 하나님과 이웃을 사랑함. 이 모두가 거듭남을 통한 열매다. 이 목록이 얼마나 총체적이고 상징적인지 주목하자. 그리스도 예수 안에 있는 하나님의 존귀한 부르심이 요구하는 덕을 광범위하게 포괄한다. 이

목록들이 나열된 순서로부터 벵겔Johann Bengel은 그 속에 담긴 또 다른 연결고리를 말한다. 믿음이 앞서고 사랑이 그 뒤를 따른다는 것이다.

예수가 그리스도라고 믿는 믿음마저도 거듭남의 결과라는 사실을 특별히 주목해야 한다. 요한복음 3:3-8이 분명히 말하고 있는 내용이기도 하지만, 사도 요한은 자신의 서신을 통해 이 사실을 더 분명히 한다. 거듭남은 **우리 안에 있는 모든 구원하는 은혜**의 시작이요, 우리 안에 역사하는 모든 구원하는 은혜는 거듭남을 원천으로 자라 간다. 사람이 거듭나는 것은 믿음이나 회개나 회심 때문이 아니다. 오히려 거듭났기 때문에 회개하고 믿는다. 성령으로 거듭나지 않으면 누구도 진실로 예수를 그리스도로 말할 수 없다. 성령이 그리스도를 영화롭게 하시는 방식 가운데 하나가 바로 이것이다. 믿음으로 그리스도를 영접하는 것은 거듭남의 처음 증거요, 오직 이것을 통해서만 우리가 거듭난 것을 알 수 있다.

거듭남의 우선성을 말하면, 사람이 거듭나도 아직 회심하지 않았을 수 있다는 인상을 받는다. 하지만 요한일서의 이 본문들은 이런 오해를 불식시킨다. 이 본문들은 거듭남은 물론, 그것과 항상 병행하는 다른 은혜들 역시 강조하고 있음을 잊지 말아야 한다. "하나님께로부터 난 자마다 죄를 짓지 아니하나니 이는 하나님의 씨가 그의 속에 거함이요 그도 범죄하지 못하는 것은 하나님께로부터 났음이라"(요일 3:9). "무릇 하나님께로부터 난 자마다 세상을 이기느니라. 세상을 이기는 승리는 이것이니 우리의 믿음이니라"(요일 5:4). "하나님께로부터 난 자는 다 범죄하지 아니하는 줄을 우리가 아노

라. 하나님께로부터 나신 자가 그를 지키시매 악한 자가 그를 만지지도 못하느니라"(요일 5:18). 종합해 볼 때, 이 본문들은 모든 거듭난 사람은 자신이 죄의 권세에서 구원을 받았고, 그리스도를 믿는 믿음으로 세상을 이기며, 자신이 더 이상 죄의 종노릇하는 악한 자의 종이 아님을 보여주는 절제를 행사한다는 것을 분명히 말하고 있다. 간단히 말해서 거듭난 사람은 반드시 돌이켜 믿음과 회개를 이룬다는 것이다. 거듭남에서 비롯되는 구원하는 역사들을 거듭남과 분리해서 생각해서는 안된다. 그러므로 우리는 다른 본문들(요일 2:29, 4:7, 5:1)에서 언급되는 열매들—의를 행함, 하나님을 알고 사랑하는 것, 예수가 그리스도이심을 믿는 것—역시, 요일 3:9, 5:4, 18에서 언급된 열매들과 마찬가지로 필연적으로 거듭남과 병행하는 것이라고 결론 내리지 않을 수 없다. 이 본문들이 언급하는 모든 은혜들은 결국 거듭남의 결과라는 말이다. 언제일지는 몰라도 거듭남의 역사가 있은 후에 결국 일어날 수밖에 없는 결과가 아닌, 거듭남과 분리될 수 없는 열매로서 말이다. 그러므로 거듭남이 하나님의 역사요 하나님만이 하시는 일인 것은 분명하지만, 우리가 주체가 되어 행하는, 우리 안에 있는 하나님의 은혜에 합당한 결과로서 마땅히 있어야 하는 구원하는 은혜의 행위들과 분리해서 이해할 수는 없다. 사도 요한은 자기의 주가 가르친 것이 무엇인지 알았다. 다시 말해 그가 서신서를 통해 가르치고 있는 것은 정확히 예수님이 니고데모와의 대화를 통해 가르치신 것이다. 거듭남이 없이는 누구도 하나님 나라에 들어갈 수 없는 것이 맞다면(요 3:3, 5), 거듭난 사람은 모두 하나님 나라에 들어간 것 또한 맞다. 거듭남이 천국에 들어가는

유일한 길이라면, 거듭난 사람은 천국에 들어간 것이 맞고, 천국에 들어간 사람은 하나님 나라를 누리며 사는 하나님 나라의 지체다. 이것이 바로 예수님이 요한복음 3:6에서 주시는 교훈이다. "육으로 난 것은 육이요 영으로 난 것은 영이니." 성령으로 난 자는 성령의 인도를 받아 산다는 말이다. 거듭난 사람은 죄 가운데 살 수 없고, 돌이키지 않은 채 남아 있을 수 없다. 더 이상 이도 저도 아닌 사람처럼 살 수 없다. 거듭난 즉시 하나님 나라의 지체다. 이런 그의 마음과 행위는 새로운 시민권에 부합해야 한다. 사도 바울의 말을 빌자면 이렇다. "누구든지 그리스도 안에 있으면 새로운 피조물이라. 이전 것은 지나갔으니 보라 새 것이 되었도다"(고후 5:17). 이런 구절들 외에도, 거듭난 사람의 의식적인 행위가 곧바로 믿음과 회개와 새로운 순종의 역사로 나타날 정도로 거듭남이 급진적이고 전인적이고 효력 있는 변화라는 위대한 진리를 확증할 성경 구절은 너무도 많다. 회심에서 비롯되는 중대한 변화를 제대로 설명하지 못할 정도로 회심에 대한 이해가 피상적이고 빈약할 때가 많다. 복음이 가르치고 있는 것과 거의 혹은 선혀 상관이 없을 정도로, 구속의 적용에 담긴 전체 개념이 심각하게 빈약해져 버린 것이다. 거듭남은 마음과 삶에서 일어나는 모든 변화의 기초다. 거듭남은 엄청난 변화다. 하나님의 재창조의 역사이기 때문이다. 천박하고 값싼 전도는, 복음을 전한다고는 하지만 오히려 복음에서 하나님의 주권적인 은혜가 가진 영광인 불가항력적인 능력을 박탈해 버리기 십상이다. 교회는 마땅히, 복음을 구원에 이르는 **하나님의 능력**이라는 의미로 인식하며 살아야 할 것이다.

9장
믿음과 회개

거듭남과 이를 통해 나타나는 효력은 분리될 수 없으며, 그런 효력 가운데 하나가 바로 믿음이다. 거듭나지 않은 사람이 그리스도를 믿는 것은 도덕적으로나 영적으로 불가능하다. 거듭난 사람이 그리스도를 믿지 않는 것 역시 마찬가지다. 예수님은 말씀하신다. "아버지께서 내게 주시는 자는 다 내게로 올 것이요 내게 오는 자는 내가 결코 내쫓지 아니하리라"(요 6:37). 문맥에서 보는 바와 같이 예수님은 지금 성부께서 사람들을 효력 있게 그리스도께로 이끄시는 것을 말씀하신다(요 6:44-45). 거듭남은 마음과 지각이 새로워지는 것이고, 이렇게 새로워진 마음과 지각은 새로워진 본성에 따라 움직인다.

믿음

거듭남은 하나님의 행위이자 하나님만의 역사다. 하지만 믿음은 그렇지 않다. 구원받기 위해 그리스도를 믿는 것은 하나님이 아닌 죄인이다. 물론 사람이 그리스도를 믿는 것은 하나님의 은혜지만, 믿음은 인간 편에서의 행위다. 오직 인간만의 행위다. 사람은 믿음으로 그리스도를 받고, 그리스도만을 믿음으로 구원을 얻는다.

뭔가 이상한 조합처럼 들린다고 할 수도 있겠지만, 하나님이 거듭나게 하시고 우리는 믿는다. 믿되, 구원을 위해 그리스도만을 믿는다. 의아해 하고 거부하기보다는 이 조합에 내포된 모든 것을 제대로 이해하려고 해야 한다. 이것이 바로 하나님이 죄인을 구원하고 자신의 탁월한 지혜와 은혜를 나타내는 방식이기 때문이다. 죄인을 구원함에 있어서 하나님은 우리를 기계로 다루지 않는다. 인격으로 대하신다. 그렇기 때문에 구원은 그것이 미치는 범위 안에서 우리의 행위를 총체적으로 불러일으킨다. 우리는 은혜로 말미암아 믿음으로 구원을 받는다(참조. 엡 2:8). 믿음이 무엇인지 보다 자세히 알려면, 그것이 주는 **보증**이나 그 **본질**과 관련하여 믿음을 잘 살펴야 한다.

1. **믿음의 보증.** 앞으로 살펴보겠지만, 믿음은 죄로부터 구원받고, 이 구원으로부터 오는 모든 것을 얻기 위해 자신을 그리스도께 의탁하는 온 영혼의 행위다. 그렇다면 이렇게 물어볼 수 있다. 타락하고 부패한 죄인이 그리스도께 자신을 드릴 까닭이 무엇인가? 그렇게

자신을 드린다 해도 그것이 받아들여질 것이란 보장이 어디 있는 가? 그리스도께서 자기를 구원하실 수 있다는 사실을 어떻게 아는 가? 자기가 가진 그런 확신이 잘못된 것이 아니라는 것을 어떻게 아는가? 그리스도께서 자신을 기꺼이 구원하실 것을 어떻게 아는가? 모두 절박한 물음이다. 상실한 자신의 상태가 얼마나 엄중한지, 지금 다루는 문제가 어떤 것인지 제대로 이해하지 못하는 사람에게는 이런 질문들이 대수롭지 않을 수 있지만, 죄를 절감하고 그런 죄로 인해 자기에게 드리운 하나님의 진노를 깨달아 마음이 불타는 사람에게는 너무나 절박하고 적실한 물음이다. 우리가 그리스도를 믿어야 할 이유로 다음과 같은 사실을 들 수 있다.

1) **복음이 누구에게나 제시됨.** 이렇게 제시되는 복음을 초청이나 요구나 약속 혹은 제안으로 볼 수 있다. 하지만 어떻게 보든 복음은 누구에게나 값없이 주어지는 온전한 것이다. 이런 복음이 제시되는 것은 전적으로 하나님께만 속한 일이고, 인간이 가진 모든 필요와 맞닿아 있다. 하나님은 강청하시고 초청하시고 명령하시고 부르시고 긍휼과 은혜를 나타내시되 차별이 없이 그렇게 하신다.

구약성경에서도 역시 복음이 보편적으로 제시되고 강조되는 것을 알면 많이 놀랄 것이다. 구약성경에서 구원하는 하나님의 은혜는 택한 백성과 하나님의 계시에 헌신한 사람들에게만 주어졌다. 그래서 시편 기자는 이렇게 노래한다. "하나님은 유다에 알려지셨으며 그의 이름은 이스라엘에 알려지셨도다. 그의 장막은 살렘에 있음이여 그의 처소는 시온에 있도다"(시 76:1-2). 예수님이 "구원이 유대인에게서 남이라"고 하신 것도 이런 이유 때문이었을 것이다(요 4:22). 당시에는 유대인과 이방인을 가르는 장벽이 있었다. 구약성경에서는 다음과 같은 호소도 볼 수 있다. "너희는 알리며 진술하고 또 함께 의논하여 보라. 이 일을 옛부터 듣게 한 자가 누구냐. 이전부터 그것을 알게 한 자가 누구냐. 나 여호와가 아니냐. 나 외에 다른 신이 없나니 나는 공의를 행하며 구원을 베푸는 하나님이라. 나 외에 다른 이가 없느니라. 땅의 모든 끝이여, 내게로 돌이켜 구원을 받으라. 나는 하나님이라. 다른 이가 없느니라"(사 45:21-22). 이런 말씀도 있다. "주 여호와의 말씀이니라. 나의 삶을 두고 맹세하노니 나는 악인의 죽는 것을 기뻐하지 아니하고 악인이 그 길에서 돌이켜 떠나 사는 것을 기뻐하노라. 이스라엘 족속아, 돌이키고 돌이키라. 너희 악한 길에서 떠나라. 어찌 죽고자 하느냐 하셨다 하라"(겔 33:11, 참조. 18:23, 32). 여기에는 강한 부정—"나는 악인의 죽는 것을 기뻐하지 아니하고"—과 강한 긍정—"악인이 그 길에서 돌이켜 떠나서 사는 것을 기뻐하노라"—과 호소—"돌이키고 돌이키라 너희 악한 길에서 떠나라"—와 반문—"어찌 죽고자 하느냐?"—이 동시에 나타난다.

하나님의 언약의 은혜가 이스라엘에게만 집중되었던 때조차 보편적인 호소와 간청이 있었다면, 유대인과 헬라인을 가른 장벽이 무너지고 복음이 "너희는 가서 모든 민족을 제자로 삼으라"(마 28:19)는 예수님의 명령을 따라 온 땅에 전파되는 이때야말로 누구에게나 복음이 전파되는 것이 분명하다. "수고하고 무거운 짐 진 자들아, 다 내게로 오라. 내가 너희를 쉬게 하리라", "아버지께서 내게 주시는 자는 다 내게로 올 것이요 내게 오는 자는 내가 결코 내쫓지 아니하리라"는 예수님의 말씀에서 이런 차별 없는 부르심을 느낄 수 있다(마 11:28, 요 6:37). 사도들의 말에서도 차별 없는 복음의 부르심은 명확하게 드러난다. "알지 못하던 시대에는 하나님이 간과하셨거니와 이제는 어디든지 사람에게 다 명하사 회개하라 하셨으니 이는 정하신 사람으로 하여금 천하를 공의로 심판할 날을 작정하시고 이에 그를 죽은 자 가운데서 다시 살리신 것으로 모든 사람에게 믿을 만한 증거를 주셨음이니라"(행 17:30-31). 하나님은 모든 사람들에게 돌이키고 회개하라고 호소만 하시는 것이 아니다. 명령하신다. 천하 만물의 주인인 하나님의 주권과 위엄과 권세가 깃든 명령이다. 하나님께서 주권적인 요구로 은혜를 제시하는 것이다. 논란의 여지가 없다. 만인을 향한 명령에서 배제될 사람은 아무도 없다.

2) **충분하고 합당한 구원자로 오심**. 그리스도께서 "수고하고 무거운 짐 진 자들아 다 내게로 오라. 내가 너희를 쉬게 하리라"고 하시고(마 11:28), "아버지께서 내게 주시는 자는 다 내게로 올 것이요 내게 오는 자는 내가 결코 내쫓지 아니하리라"고 하셨을 때(요 6:37), 그분은 능히 구원할 수 있는 자신의 인격과 구세주의 영광으로 그렇게 하신 것이다. 히브리서의 "그러므로 자기를 힘입어 하나님께 나아가는 자들을 온전히 구원하실 수 있으니 이는 그가 항상 살아 계셔서 그들을 위하여 간구하심이라"는 말씀에 담긴 진리가 바로 그것이다(히 7:25). 죄인을 능히 구원하시는 구세주의 충분성은, 그가 십자가에서 죽으셨다가 승리의 능력으로 다시 살아나심으로 단번에 이루신 역사에 기반하고, 하늘 보좌 우편에서 항상 행하

시는 완전한 행위와 효력으로 이루어진다. 그리스도께서 그분께 나아오는 자들을 구원하고 영생을 주시는 것은, 우리의 대제사장으로 영원토록 변함없이 계시기 때문이다. 잃어버린 사람들에게 그리스도는 단번에 이루신 구원의 현현으로, 영원토록 계실 구원자로 복음 선포를 통해 제시되는 것이다. 잃어버린 사람들에게 제시되는 그리스도는 구원의 가능성으로서가 아니라 스스로가 완전한 구원자로 제시되는 것이기 때문에, 그분이 주시는 구원은 온전하고 완전한 구원이다. 그리스도께서 주시는 구원이란 불완전한 것이 아니다. 어떤 제한이나 한계도 없이 값없이 주시는 완전한 구원이다. 이것이 바로 믿음이 보증하는 것이다.

지금 말하는 믿음은, 자신이 구원받았다는 것을 믿는 믿음이 아니다. 구원받기 위해 그리스도를 의지하는 믿음이다. 구원을 위해 자신을 그리스도께 의탁할 수 있도록 그리스도가 모든 사람에게 차별 없이 주어졌다는 사실을 아는 것이야말로 가장 중요한 관심사다. 선택받은 사람들이나 그리스도께서 위하여 죽은 사람들에게만 복음이 전해지는 것이 아니다. 엄밀히 말해 믿음의 확실성은, 선택받은 사람이거나 그리스도께서 위하여 죽은 사람이라는 우리의 확신에 있지 않고, 완전하고 제한이 없고 값없이 주시는 복음을 통해 그리스도가 그 인격의 영광과 이루신 사역의 완전함과 왕과 구원자로 존귀하게 되신 효력으로 주어졌다는 데 있다. 그리스도를 의탁하는 것은, 자신의 선택을 확신하거나 자신이 특별한 하나님의 사랑을 받고 있다고 확신하는 사람으로서가 아닌, 잃어버린 죄인으로서 그렇게 하는 것이다. 그리스도께 자신을 의탁하는 것은 우리가 구원받았다고 믿기 때문이 아니다. 타락한 죄인으로서 구원받기 위해서 그렇게 하는 것이다. 우리가 아직 죄인 되었을 때에 믿음의 보증이 주어졌고, 이 보증은 어떤 식으로든 제한도 없고 한계 지워지지도 않는다. 믿음에 있는 이런 확실함 속에서 하나님의 풍성한 긍휼이 잃어버린 죄인들에게 베풀어졌다. 하나님은 미쁘심과 진실함으로 은혜의 약속을 분명히 하셨다. 죄인임에도 불구하고 구원받을 것이라는 확신으로 그리스도를 의탁할 수 있는 것은 바로 이 때문이다. 복음을 듣는 죄인 가운데, 이런 놀라운 확신을 가져다주는 하나님의 보증에서 배제될 사람은 아무도 없다.

2. **믿음의 본질.** 믿음의 본질에 관하여 우리가 살펴볼 세 가지가 있다. 믿음은 본질적으로 지식knowledge과 설복conviction과 신뢰trust로 이루어진다.

  1) **지식.** 믿음을 지식이라고 하면 혼란스러워할 사람들도 있을 것이다. 믿는 것과 아는 것은 별개가 아닌가? 부분적으로는 맞는 말이다. 믿음과 지식을 구분하고 서로 상반되는 자리에 놓아야 할 때가 있는 것도 사실이다. 하지만 믿음에 없어서는 안될 것이 지식이다. 일상적인 관계에서도 생면부지의 사람을 믿지는 않는다. 아주 중대한 일과 관련하여 누구를 믿어야 할 때에는 그 사람의 신분이나 성품에 대해서도 더 많이 알아야 한다. 그리스도를 믿는 믿음에 있어서는 더더욱 그렇다. 모든 생과 사, 시간과 영원이 이 믿음에 달려 있기 때문이다. 그리스도가 누구신지, 그분이 하신 일이 무엇인지, 그분이 하실 수 있는 일은 무엇인지 알아야 한다. 그러지 않으면 믿

음이란 것도 기껏해야 맹목적인 어림짐작일 뿐이고, 최악의 경우에는 어리석은 조롱거리밖에 되지 않는다. 믿기 위해서는 그리스도에 관한 진리를 알아야 한다.

신자라 할지라도 진리에 대한 이해가 아주 미미할 수 있다. 이제 막 믿기 시작하는 사람의 지식은 아주 초보적일 수도 있다. 하지만 어떤 경우든 지식이 없는 믿음이란 있을 수 없다. "그러므로 믿음은 들음에서 나며 들음은 그리스도의 말씀으로 말미암았느니라"는 바울의 말이 이 사실을 잘 대변한다(롬 10:17).

2) 설복. 믿음은 받아들이는 것이다. 그리스도에 대한 진리를 알아야 할 뿐 아니라, 그것이 진리라는 사실을 믿어야 한다. 진리에 관한 특정한 명제가 뜻하는 바를 잘 알면서도 그것을 믿지 않을 수 있다. 모든 불신앙에는 이런 성격이 있다. 관련된 진리가 뜻하는 바를 지적으로 잘 알수록 불신앙의 정도도 더해 간다. 동정녀 탄생의 교리를 거부하는 사람들은 대부분 이 교리를 너무 잘 알기 때문에 그렇게 하는 것이다. 어쨌든 지금 우리는 불신앙이나 회의가 아닌 믿음을 다루고 있다. 분명한 사실은, 믿음이란 진리를 알 뿐 아니라 그 진리를 진리로 받아들이는 것이다.

설복은 그리스도에 관한 진리를 받아들이고 인정하는 데서 그치지 않고 그렇게 받아들인 그리스도에 관한 진리가 타락한 죄인으로서의 우리의 삶에 정확하다는 사실을 자각하는 것이다. 구원자이신 그리스도에 관한 진리가 죄인으로서 자신의 궁극적이고 깊은 필요에 꼭 들어맞는다는 사실을 절감하는 것이다. 구원자로서의 그리스도의 충분성이 우리 죄와 비참함으로 말미암은 절박한 필요와 절망을 능히 채우고도 남는다는 사실을 확인하는 것이다. 그리스도에 관한 진리가 우리의 거대한 필요를 다루고 자기에게 내려진 평결을 달리한다는 자각이다. 그리스도야말로 죄와 비참함 가운데 있는 나의 전 존재와 하나님의 은혜로 내게 자리하게 된 모든 열망을 정확하게 채울 분이라는 자각이다. 죄와 비참함과 모든 부패 가운데 있는 총체적인 우리 상황에 완벽하게 부합하는 분이 그리스도다.

3) **신뢰**. 믿음은 설복된 지식이며, 이는 곧 신뢰로 이어진다. 믿음이 그리스도께 온전히 헌신하지 못한 상태에서 멈추는 법은 없다. 구원을 위해, 자신과 모든 인간 능력을 의지하는 것에서 벗어나 오직 그리스도만을 의지하는 것으로 나아간다. 그리스도를 영접하고 그분께만 모든 것을 맡긴다. 믿음의 행위에서 찾아볼 수 있는 대표적인 특징이다. 인격과 인격의 연대요, 타락하고 상실한 죄인이 능히 그리고 기꺼이 구원할 수 있는 구원자에게 이끌리는 것이다. 명제적인 진리에 대한 신념이 믿음의 핵심적인 요소이기는 해도, 결국 믿음은 구원자와 관련된 명제적 진리를 믿는 신념에서 머물지 않는다. 믿음은 인격에 대한 신뢰다. 하나님의 아들이며 상실한 죄인들의 구주 되시는 그리스도를 의지하는 것이다. 자신을 그분께 맡기는 것이다. 맹목적인 시인이 아닌, 그분을 향한 신뢰요 의탁이다.

종교개혁자들은 믿음에 있는 이런 요소를 특별히 강조했다. 인정하고 받아들이는 것을 믿음이라고 했던 로마 가톨릭의 견해를 반대했다. 믿음을 그렇게 정의하는 것은 로마 가톨릭 신앙에 잘 부합한다. 영혼과 구원자 사이에 여러 매개들—교회, 동정녀, 성례—을 개입시키는 것이 바로 로마 가톨릭 신앙의 구원관이 갖는 특징이다. 이에 반해, 하나님과 인간 사이에 오직 한 중보자요 인자이신 예수 그리스도만이 자리하는 것이 바로 하나님의 은혜의 복음이 가진 영광이다. 이런 복음의 순전함을 재발견한 것이 바로 개신교 종교개혁이 가진 영광이다. 구원하는 믿음의 본질은 죄과 허물로 죽은 잃어버린 죄인을 구주와의 직접적이고 인격적인 교제로 이끄는 것이라고 종교개혁자들은 말했다. 이는 곧 복음을 통해 값없이 그리고 온전히 주어지는 완전한 공로와 인격의 모든 영광 가운데 계시는 분께 자신을 의탁하는 것이다.

믿음의 효력이 믿음 자체에 있다고 생각해서는 안된다. 믿음이 하나님의 호의를 벌어들이는 것이 아니다. 구원에 이르는 모든 효력은 구주께 있다. 누군가가 잘 말한 것처럼, 믿음이 구원하는 것이 아니라, 예수 그리스도를 믿는 믿음으로 구원을 받는다. 엄밀히 말하면, 그리스도를 믿는 믿음이 우리를 구원하는 것이 아니라, 그리스도께서 믿음을 통해 우리를 구원하신다. 믿음을 통해 우리는 그리스도를 향한 영속적인 애착과 신뢰로 그분과 연합하고, 바로 이 연합을 통해 그분께 있는 구원의 능력과 은혜와 덕이 신자 안에 역사한다. 특이하게도 믿음은 믿음 그 자체가 아닌 그리스도만을 주목히고 바라보게 한다. 그리스도야말로 믿음의 근원적인 대전제인 것이다.

믿음을 발휘함으로 우리의 마음과 생각과 의지가 생동하는 것과 마찬가지로, 그리스도를 믿는 순간, 힘써 행해야 할 책임이 우리에게 주어진다. 스스로를 거듭나게 하는 것은 우리가 할 일이 아니다. 거듭남은 하나님이 행하시는 하나님만의 행위지만, 거듭남을 통해 하나님이 뜻하신 일들에 힘쓰는 것은 우리가 할 일이다. 거룩해지는 것은 우리의 책임이지만, 거듭남의 행위는 우리가 할 수 있는 일이 아니다. 믿는 것은 우리가 해야 할 일이다. 우리는 항상 영혼을 구원하시는 그리스도를 믿을 책임이 있다. 거듭나야 믿을 수 있다는 사실 때문에 믿어야 할 책임이 없어지는 것은 아니다. 또한 이런 사실이, 복음을 통해 온전하고 값없이 주어지는 그리스도와 그분이 약속하신 소중한 특권들을 없이하는 것도 아니다. 우리의 무능력이 불신앙의 핑계가 될 수 없을 뿐 아니라, 믿지 않아도 되는 이유는 더더구나 될 수 없다. 복음을 통해 그리스도가 제시될 때 그것을 불신앙으로 거부해도 되는 이유는 하나도 없다. 오히려 믿음으로 그리스도께 자신을 의탁함이 마땅하다.

회개

믿음과 회개 중 어느 것이 선행하는지는 이미 살펴보았다. 이는 사실 불필요한 물음이다. 믿음과 회개에 우선성 같은 것은 없다. 구원에 이르는 믿음은 돌이키는 믿음이요, 생명에 이르는 회개는 믿음으로 하는 회개다. 웨스트민스터 소요리문답이 회개를 훌륭하게 정의한다. "생명에 이르는 회개는 곧 구원의 은혜인데, 이로 말미암아 죄인이 자기 죄를 바로 알고 그리스도 안에서 하나님의 긍휼을 깨달아, 자기 죄에 대하여 슬퍼하고 미워하며 그 죄에서 떠나 하나님께로 돌이켜 굳은 결심과 노력으로써 새롭게 순종하는 것이다." 죄로부터 구원을 얻기 위해 그리스도를 믿는 것이 믿음이라는 것을 기억할 때, 믿음과 회개가 상호 의존적으로 역사한다는 것을 분명히 알 수 있다. 그러나 죄로부터 구원받기를 바라는 믿음은 죄를 미워하고 죄로부터 자유롭게 되기를 갈망한다. 죄를 향한 이런 증오는 죄로부터 하나님께로 돌이키는 회개를 포함한다. 다시 말하지만, 죄로부터 하나님께로 돌이키는 것이 회개라는 사실을 기억한다면, 하나님께로 돌이키는 데에는 당연히 그리스도 안에서 계시된 하나님의 긍휼을 믿는 믿음이 함축되어 있음을 알 수 있다. 믿음과 회개는 따로 분리할 수 없다. 구원에 이르는 믿음은 회개로 아로새겨져 있고 회개는 믿음으로 수놓아진다. 믿음과 회개를 행사함으로 거듭남이 우리 안에서 소리를 발하는 것이다.

회개의 핵심은 마음과 생각과 의지의 변화다. 마음과 생각과 의지의 변화는 주로 다음 네 가지와 관련된 변화, 곧 하나님과 자기 자신과 죄와 의righteousness에 대한 변화다. 거듭나지 않는 한, 하나님과 자기 자신과 죄와 의로움에 대한 우리의 생각은 심각하게 뒤틀려 있다. 거듭남은 마음과 생각을 바꾼다. 전혀 새롭게 하는 것이다. 이를 통해 생각과 감정에 급격한 변화가 온다. 이전 것이 지나가고 모든 것이 새롭게 된다. 구원에 이르게 하는 믿음은 다름 아닌 생각과 태도의 변화를 수반하는 믿음이라는 사실을 아는 것이 얼마나 중요한지 모른다. 복음주의 진영, 특히 대중 전도에서는 믿음이 있음을 드러내는 "변화의 중요성"이 자주 간과된다. 여기에는 두 가지 오류가 있다. 하나는 의미 있는 믿음인지를 알 수 있도록 하는 배경이나 상황은 쏙 빼버리고 믿음만을 따로 놓고 생각하는 것이고, 다른 하나는 믿음을 단순히 결심 정도로 여기는 것이다. 이 두 가지 오류는 서로 영향을 미친다. 영혼을 파괴하는 믿음에 대한 이런 빈약한 이해를 바로잡기 위해서는, 회개와 더불어 마음 깊은 곳으로부터의 생각과 감정의 변화가 강조되어야 한다. 복음을 영접함으로 요구되는 중대한 문제인 죄와 결별하고, 복음을 믿는 믿음이 가져다주는 전혀 새로운 가치를 강조할 수 있도록 하는 것이 회개의 본질이다.

회개를 두루뭉술하게 단지 생각을 바꾸는 것 정도로 여겨서는 안된다. 회개는 아주 구체적이고 개별적이다. 죄에 대한 생각의 변화로서의 회개는 구체적이고 특정한 죄에 대한 생각의 변화요, 우리 안에 있는 죄악들 하나하나에 대한 구체적이고 개인적인 변화다. 죄를 토로하고 말로만 죄를 미워하며 다른 사람들이 지은 특정한 죄에 대해서 비난하는 태도를 취하기는 쉽지만, 정작 자신이 빠져 있는 구체적인 죄악들에 대해서는 돌이키지 않고 사는 경우가 허다하다. 스스로 돌이켰다고 하는 회개가 참되고 진정한 것인지 알 수 있는 시금석은, 고질적으로 사로잡혀 있던 죄에 대한 변화가 진정하고 결연한 것인지를 보면 된다. 데살로니가 교인들의 회개는, 자신들이 섬기던 우상으로부터 살아 계신 하나님께로 돌이킨 것으로 증거되었다. 그들이 하나님과 단절되어 있었다는 분명한 증거는 그들이 힘썼던 우상숭배였고, 반면 그들의 믿음과 소망의 진정성을 증거한 것은 그런 우상숭배로부터의 돌이킴이었다(살전 1:9-10).

우리가 은혜로 말미암아 믿음으로 구원을 얻는 것만이 복음이 아니다. 회개도 복음이다. 부활하신 그리스도께서 제자들의 지각을 열어 성경을 깨닫게 하신 후에 이렇게 말씀하셨다. "이같이 그리스도가 고난을 받고 제삼일에 죽은 자 가운데서 살아날 것과 또 그의 이름으로 죄 사함을 받게 하는 회개가 예루살렘에서 시작하여 모든 족속에게 전파될 것이 기록되었으니"(눅 24:46-47). 오순절에 베드로의 설교를 들은 많은 사람들은 "형제들아 우리가 어찌할꼬"하고 묻지 않을 수 없었고, 베드로는 "너희가 회개하여 각각 예수 그리스도의 이름으로 세례를 받고 죄 사함을 받으라"고 대답했다(행 2:37-38). 나중에도 베드로는 "이스라엘에게 회개함과 죄 사함을 주시려고 그를 오른손으로 높이사 임금과 구주로" 삼으신 것이라고 예수님의 높아지심을 같은 방식으로 이해했다(행 5:31). 구원자로서 예수님이 하늘에서 하시는 일 가운데 하나가 죄 용서의 회개를 허락하시는 일이라는 사실만큼, 복음이 다름 아닌 회개의 복음이라는 사실을 잘 보여주는 것도 없다. 바울이 에베소 장로들에게 자신의 사역에 대해 진술하면서 "유대인과 헬라인들에게 하나님께 대한 회개와 우리 주 예수 그리스도께 대한 믿음을 증언한 것이라"고 증거한 것도 바로 이 때문이다(행 20:21). 히브리서 저자도 "죽은 행실을 회개함"이야말로 그리스도께서 맨 처음 가르치신 원리 가운데 하나였다고 말한다(히 6:1). 이와 다르게 이 본문을 해석하는 것은 불가능하다. 그리스도 예수 안에 있는 새 생명을 얻는 것은, 우리를 죄의 지배 아래 묶어 놓은 결박이 끊어지는 것을 말한다. 신자는 그리스도의 몸과 함께 죄에 대해 죽었다. 옛 사람이 십자가에 못 박히고 죄가 멸해졌기 때문에 신자는 더 이상 죄를 섬기지 않는다(롬 6:2, 6). 죄 아래 살던 과거와의 이런 결별을 깨달은 신자는, 죄로부터 하나님께로 돌이켜 "굳은 결심과 노력으로써 새롭게 순종"한다.

그렇기 때문에 성경이 구원의 조건으로서의 믿음을 강조하는 것을 가지고, 마치 믿음만이 유일한 조건인 양 이해해서는 안된다. 우리 영혼이 보이는 다양한 반응과 행위에는 각각의 독특한 역할이 있다. 회개는 죄로부터 하나님께로 돌이키는 반응으로 설명된다. 구원을 얻기 위해 그리스도를 영접하고 그리스도만을 의지하는 것이 믿음이 가진 특별한 성격이고, 이런 성격은 회개를 통해 드러난다. 믿음이 있다고 하면서 악한 세상 방식을 따라 살고 육신의 정욕과 안목의 정욕과 이생의 자랑과 어둠의 일에 참여한다면, 우리가 가졌다는 믿음은 그저 거짓 믿음이요 속임수일 뿐이다. 참된 믿음은 인내를 이룬다. 일시적이지 않고 한결같이 구주를 의지하고 신뢰하는 태도가 믿음인 것처럼, 회개도 계속적인 뉘우침으로 나타난다. 상한 영과 통회하는 마음은 믿는 영혼에게 있는 영원한 표지다. 남아 있는 죄가 있는 한 신자는 계속해서 죄를 자각하고, 그렇게 자신의 죄악됨을 분명히 확신하는 신자는, 자신을 미워하고 죄를 고백하며 자기 죄를 용서하고 깨끗하게 해주실 것을 끊임없이 간구할 것이다. 그리스도의 보혈은 죄를 씻는 놋대야일 뿐 아니라, 끊임없이 가서 고침을 받아야 할 치료의 샘이다. 회개가 처음 시작되는 자리도 그리스도의 십자가요, 그렇게 시작된 회개를 통해 죄를 고백하고 참회하는 눈물이 끊임없이 흘러내리는 자리도 십자가다. 성화는 과거에 지은 죄와 지금 짓고 있는 죄를 회개하고 돌이키는 것이다. 주님이 우리 죄를 용서하시고 그분의 얼굴빛으로 용서가 우리 안에 인쳐졌지만, 정작 우리는 스스로를 용서하지 않으려 든다.

10장
칭의

신앙의 가장 근본적인 문제는 하나님과의 관계다. 어떻게 인간이 하나님과 바른 관계가 될 수 있는가? 어떻게 인간이 거룩한 하나님을 기쁘시게 할 수 있는가? 하지만 우리가 처한 상황을 보면 훨씬 더 심각한 질문을 던질 수밖에 없는데, 그것은 인간이 어떻게 하나님과 바른 관계가 될 수 있는지가 아니라, 죄인이 어떻게 하나님과 바른 관계가 될 수 있는가 하는 것이다. 이미 살펴본 대로 죄는 항상 하나님을 거스른다. 이것이 바로 죄의 본질이다. 하나님을 대적하는 자는 하나님과 의로운 관계가 될 수 없다. 우리가 하나님을 대적하는 한 하나님도 우리를 대적하신다. 하지만 하나님이 우리를 대적하기 때문에 우리가 하나님을 대적하는 것은 아니다. 하나님은 자신을 거스르고 대적하는 것에 개의치 않거나 무관심하실 수 없다. 완전하신 하나님은 죄에 대하여 의로운 진노를 발하셔야 한다. 이것이 바로 하나님의 진노다. "하나님의 진노가 불의로 진리를 막는 사람들의 모든 경건하지 않음과 불의에 대하여 하늘로부터 나타나나니"(롬 1:18). 이것이 바로 우리가 처한 상황이자 하나님과의 관계다. 이런 우리가 어떻게 하나님과 바른 관계가 될 수 있단 말인가?

물론 대답은 우리가 결코 하나님과 바른 관계가 될 수 없다는 것이다. 우리는 모두 하나님께 합당하지 않다. 죄를 지어 하나님의 영광에 이르지 못하기 때문이다. 이 사실이 얼마나 엄중한지 제대로 체감하지 못하는 때가 너무나 많은 우리로서는, 자신이 지은 죄의 실체와 그런 자기에게 드리운 하나님의 진노의 실체를 제대로 파악하지 못한다. 칭의라고 하는 위대한 신앙고백이 우리 영혼의 가장 깊은 곳을 건드리지 못하는 것도 이 때문이다. 칭의를 선포하는 복음이 세상과 이 시대 교회에 덤덤하게 다가가는 것도 마찬가지다. 하나님의 실제와 그분의 위엄과 거룩을 제대로 인식하지 못한다. 죄를 인식한다고 하지만 기껏해야 불행이나 부적응 정도로 치부한다.

자기에게 드리운 죄책의 무게와 하나님의 정죄와 진노가 얼마나 실제적인지 자각함으로 생각이 전혀 새로워지지 않고서는, 복음의 중심이 무엇인지 알 수도 없고 가슴이 터질 것 같은 감격으로 희년 나팔 소리를 듣는 일은 요원하다. 자신의 죄책과 하나님의 정죄와 진노에 대한 이해가 달라져야만 불의한 자를 의롭다 하시는 하나님의 은혜를 절감할 정도로 마음과 생각이 회복될 수 있다. 문제는 어떻게 인간이 하나님 앞에서 의롭게 될 수 있는지가 아니라, 어떻게 죄인이 하나님 앞에서 **의롭게 되는가** 하는 것이다. 이 물음은 하나님과 우리의 관계가 완전히 바뀌어져야 한다는 것을 말해 준다. 이는 오직 하나님이 값없이 주시는 은혜의 행위인 칭의를 통해서만 가능하다. "누가 능히 하나님께서 택하신 자들을 정죄하리요. 의롭다 하신 이는 하나님이시니"(롬 8:33).

하나님이 의롭다 하신다는 이 진리를 분명히 강조할 수 있어야 한다. 우리가 스스로를 의롭게 할 수 있는 것이 아니다. 칭의란 스스로를 변명하거나 사과한다고 얻어지는 것이 아니다. 심지어 죄를 고백하는 것도 아니고 죄 고백을 통해 좋은 마음이 되는 것을 가리키는 말도 아니다. 아무리 고상하고 선한 것이든, 우리가 행하는 종교적인 행위와 칭의는 아무 상관이 없다. 칭의를 제대로 이해하고 이 은혜를 누리기 위해서는 불의한 자를 의롭다 하시는 하나님의 행위로 우리 생각이 옮아가야 한다. 의롭게 하시는 하나님의 행위만큼 값없이 주시는 하나님의 은혜를 잘 나타내는 것도 없다. "그리스도 예수 안에 있는 속량으로 말미암아 하나님의 은혜로 값없이 의롭다 하심을 얻은 자 되었느니라"(롬 3:24).

성경의 다른 교리와 마찬가지로 사람들이 많이 곡해하고 오용하는 것이 칭의다. 사람들이 칭의를 오용하는 많은 이유 가운데 하나는 그 뜻을 제대로 알지 못하기 때문이다. 칭의는 누군가를 의롭게 만들거나 거룩하게 하거나 올바르게 바꾸는 것이 아니다. 하나님께서 사람들에게 그리스도의 구속을 적용함으로 그들을 거룩하고 바르게 하시는 것은 틀림없는 사실이다. 하나님께서는 자기 백성들을 자기의 형상을 따라 새롭게 하신다. 거듭나게 하심으로 이 일을 시작하시고, 성화의 역사를 통해 이어 가시고, 영화롭게 하심으로 완성하신다. 그러나 이렇게 새롭게 하시고 거룩하게 하시는 하나님의 은혜가 칭의는 아니다. 사람의 영혼에 은혜가 주입되는 것을 칭의로 여긴다든지, 실제로 사람을 거룩하게 하고 새롭게 하는 성화를 칭의로 혼동하는 것은 로마 가톨릭의 주된 오류 가운데 하나다. 이런 오류는 칭의와 새롭게 되는 것을 혼동하는 것일 뿐 아니라, 하나님이 은혜로 하시는 두 가지 역사를 뒤섞어 버리고, 복음 메시지에서 하나님의 은혜로 값없이 온전하고 의롭게 된다는 위대한 진리를 제거해 버리는 것이다. 이것이 바로 루터Martin Luther가 로마 가톨릭의 오류 아래 있으면서 그토록 격심하게 고통스러워했던 이유고, 로마 가톨릭의 족쇄에서 풀려난 루터가 놀라운 기쁨과 확신으로 그토록 즐거워했던 이유다. 칭의가 로마 가톨릭에서 가르쳤던 것과는 전혀 다르다는 사실을 발견했던 것이다.

칭의가 사람을 실제로 거룩하게 하거나 의롭게 하지 않는다는 사실은 일상을 통해서도 알 수 있다. 무죄가 선고된다고 그 사람이 선하게 되거나 바른 사람이 되는 것은 아니다. 판사가 피고의 무죄를 선언한다고 그 사람이 의로운 사람이 되는 것은 아니다. 단지 기소된 죄와 관련해서 무고하다는 말이다. 한마디로, 칭의는 그 사람이 지켜야 할 법에 관한 판사의 선언이다. 물론 우리가 일상에서 쓰는 말의 용례가 성령의 용례와 다를 수 있다. 성경은 성경으로 해석해야 한다. 문제는 성경에서 사용하는 말과 우리가 일상에서 사용하는 말의 용례가 일치하느냐 하는 것인데, 이 문제에 답하는 것은 그리 어렵지 않다. 성경이 칭의라는 말을 사용하는 방식이 우리 일상에서의 쓰임새와 같기 때문이다. 다음 몇 가지 사실을 통해 이런 결론을 내릴 수 있다.

첫째, 신구약성경의 많은 부분들이 "의롭다 하다justify"는 말을 단지 의롭다고 선언한다는 뜻으로 사용한다. 예를 들면, 신명기에 "사람들 사이에 시비가 생겨 재판을 청하면 재판장은 그들을 재판하여 의인은 의롭다 하고 악인은 정죄할 것이며"라는 말이 나온다(신 25:1). 사람을 의롭게 하는 것은 재판장이 하는 일이 아니다. 재판장이 하는 일은 의로운 판결을 내리는 것이다. 의로운 사람은 의롭다 하고, 악인을 악하다고 판결할 뿐이다. 잠언은 이렇게 말한다. "악인을 의롭다 하고 의인을 악하다 하는 이 두 사람은 다 여호와께 미움을 받느니라"(잠 17:15). 그렇다고 악인을 의롭게 만드는 것을 하나님이 싫어하시는 것은 아니다. 악인을 돌이켜 의로운 사람이 되게 할 수 있다면 마땅히 그렇게 해야 한다. 하나님께서 사람을 거듭나게 하실 때 하시는 일이 바로 이것이다. 여기서 말하는 바는 분명하다. 악인을 의롭다 선언하는 것이 곧 악인을 의롭게 만든다는 말은 아니다. 의롭게 된 것은 아니지만 의롭다고 선언된 것이다. 사실과 진리를 거스르는 판결은 하나님이 미워하신다. 그렇기 때문에 여기서 칭의란 단지 우리가 내리는 판결과만 관계가 있다. 선언적인 의미에서 그렇다는 말이다. 신약성경에서도 같은 의미로 사용된다. "모든 백성과 세리들은 이미 요한의 세례를 받은지라. 이 말씀을 듣고 하나님을 의롭다 하되"(눅 7:29). 백성들과 세리들이 하나님을 의롭게 만들었다는 말인가? 불경스런 생각이다. 하나님을 의롭다고 인정한다는 말이다. 하나님이 전적으로 합당한 일을 하셨다는 의미다. 하나님의 의로우심을 선포하고, 하나님의 진실하심을 옹호했을 뿐이다. 신구약성경의 다른 본문들도 마찬가지다. 이 본문들만으로도, 의롭게 한다는 것이 곧 의롭게 만드는 것을 말하는 것이 아니라는 사실을 보이기에 충분하다.

둘째, 칭의는 정죄와 정반대되는 말이다(참조. 신 25:1, 잠 17:15, 롬 8:33-34). 정죄로 사람이 더 악해지는 것이 아니듯, 칭의로 사람이 더 선해지거나 의롭게 되는 것은 아니다.

셋째, 하나님이 판결을 내리시는 것을 통해 칭의라는 말뜻을 이해하도록 돕는 본문들이 있다. "누가 능히 하나님께서 택하신 자들을 고발하리요. 의롭다 하신 이는 하나님이시니"(롬 8:33). 이 말씀에는 택함받은 자들 안에서 하나님이 어떤 일을 행하신다는 개념은 조금도 없다. 오히려 하나님의 택자들에 대한 원수의 고소에 주목한다. 여기서 단언하는 바는 하나님의 판결은 궁극적이고 최종적이라는 사실이다. "의롭다 하신 이는 하나님이시니"라는 말을 통해서 본문은 하나님의 판결을 이야기한다.

로마서 8:33-34은 다른 점에서도 중요하다. 이 본문은 "의롭다 하다"는 말이 뜻하는 바 그것이 가진 법정적 의미를 보여줄 뿐 아니라, 불의한 자를 의롭다 하시는 칭의가 바로 이 법정적 의미라는 사실을 보여준다. 바울은 여기서 "의롭다 하다"는 말을, 이 서신 앞부분에 썼던 것과 같은 의미로 사용하고 있다. 로마서는 바로 이 주제, 곧 죄인을 의롭다 하는 칭의와 관계가 있다. 칭의는 로마서 처음 다섯 장의 중요한 주제다. 로마서 8:33-34은 결론적으로 칭의가 뜻하는 것은 "정죄"라는 말과 대비를 이루며, 법정에서 이루어진 고소를 뒤집는 성격이 있다는 사실을 보여준다. 그러므로 성경의 어느 책보다 이 교리를 잘 펼쳐 보이는 로마서에서, "의롭다 하다"는 말은 의롭다는 선언이다. 그렇기 때문에 여기에 의롭게 된다거나 거룩하게 된다거나 선하게 만든다는 의미는 전혀 내포되어 있지 않다.

칭의가 법정적forensic 용어라고 주장하는 것은 바로 이런 이유에서다. 칭의는 법정에서 선언되고 선고하는 판결과 관계된 법정적, 판결적, 사법적 용어다. 이런 용어가 뜻하는 요점은, 칭의와 거듭남이 각각 포함하는 행위를 구별 짓는 것이다. 거듭남은 우리 안에서 일어나는 하나님의 역사다. 칭의는 우리 밖에서 이루어지는 하나님의 판결이다. 이 둘 사이는 의사의 행위와 판사의 행위처럼 다르다. 사람 몸 안의 암세포를 제거할 때 의사는 우리 몸에 직접 어떤 일을 한다. 하지만 판사는 그렇게 하지 않는다. 판사는 우리가 법적으로 어떤 상태인지 선고만 한다. 우리가 무고하면 판사는 그에 따라 판결을 내린다.

이런 구분을 제대로 할 때, 비로소 복음이 순전하게 유지된다. 칭의와 거듭남, 칭의와 성화를 혼동하면, 복음은 근본에서부터 왜곡될 수밖에 없다. 여전히 칭의는 교회의 흥망이 달린 중요한 신앙고백이다.

칭의는 의롭다는 선언이다. 이 선언이 공정하다면, 의롭다는 판결에는 그 선언에 걸맞는 의로운 상태가 이미 전제되어 있다. 예를 들어, 판사가 해당 법과 관련하여 어떤 사람을 의롭다 선언할 때, 그 판사가 하는 일이란 단지 자신이 그 사람에게서 발견한 것을 선언하는 것일 뿐, 그런 판결의 근거가 되는 의로운 상태를 부여하는 것은 아니다. 판결을 내릴 때 의로운 사람을 의롭다 하고, 악한 사람을 악하다 해야 할 이유가 여기 있다(신 25:1). 이런 경우 칭의는 단순히 관련된 사람의 상태나 행동에 대한 서술일 뿐이고, 판사는 그에 따라 판결을 내린다. 판사는 의로운 사람들을 죄 없다 선언한다. 이런 선언은 그렇게 선언되어야 할 사실이 이미 전제되어 있다.

하지만 판사의 이런 칭의는 불의한 자를 의롭다 하는 하나님의 칭의와 다르다. 하나님이 선언하시는 칭의는 의로운 사람에 대한 선언이 아니라, 악하여 하나님의 진노와 정죄 아래 있는 사람들을 의롭다 하는 선언이다. 어떻게 그런 일이 있을 수 있는가? 하나님의 판결은 항상 진리를 따라 이루어진다. 단지 공평하게 이루어지는 것이 아니라, 완전한 공의를 따라 이루어진다. 그렇다면 어떻게 하나님이 전혀 의롭지 않은 불의한 자들을 의롭다 할 수 있단 말인가?

우리는 여기서 아주 특별한 사실을 대면하게 된다. 하나님이 불의한 자들을 의롭다 하신다는 사실은 결코 부정할 수 없다(참조. 롬 3:19-24). 사람이 불의한 자를 의롭다 한다면, 그것은 하나님 보시기에 가증한 짓이다. 사람은 악인을 정죄하고 죄 없는 사람들을 **의롭다** **판결해야 한다**. 하지만 하나님은 어느 인생도 할 수 없는 악인을 의롭다 하시는 일을 행하신다. 그럼에도 하나님은 불의하지 않다. 불의한 자들을 의롭다 하실 때도 하나님은 의로우시다(롬 3:26). 죄인을 의롭다 하고도 하나님이 여전히 의로우신 이유는 무엇인가?

우리가 흔히 쓰는 칭의 개념 자체만으로는 불의한 자를 의롭다 하시는 하나님의 칭의에 내포된 의미를 다 담아내지 못한다. 칭의에는 "의롭다 선언하다"는 영어 표현보다 더 많은 의미가 담겨 있다. 죄인을 의롭다 하시는 하나님의 칭의에는, 칭의라는 말이 일반적으로 사용되는 경우와 전혀 다른 새로운 요소가 있다. 그리고 이런 새로운 요소는, 죄인을 의롭다 하시는 하나님의 칭의가 바라보는 전혀 다른 상황과, 그 상황을 만족시키는 하나님의 은혜와 정의가 놀랍도록 주어진 사실에서 비롯된다. 이 칭의를 통해 하나님은 누구도 할 수 없는 일, 다른 어느 곳에서도 하지 않으신 일을 행하신다. 하나님의 칭의만이 갖는 비견될 수 없는 고유한 일은 무엇인가?

죄인을 의롭다 하시는 하나님의 칭의에는 그렇게 선언된 것을 전제하는 법과의 괴리가 없다. 다른 곳에서와 마찬가지로 여기서도 하나님의 판결은 진리를 따라 이루어진다. 하나님의 칭의 행위의 독특함은, 의로운 상태와 의로운 관계를 선언하실 뿐 아니라 친히 그렇게 만드신다는 데 있다. 칭의는 항상 법정적이고 사법적이라는 사실을 기억해야 한다. 그렇기 때문에 이 경우 하나님은 이런 새로운 관계를 선언하시는 것은 물론, 친히 그런 새롭고 의로운 관계를 이루신다. 그분은 불의한 자를 의롭게 만드신다. 그 결과 그들을 의롭다 선언하실 수 있는 것이다. 죄인을 의롭다 하는 하나님의 칭의에는 선언적declarative 행위뿐 아니라 구성적constitutive 행위도 있다. 원한다면, 불의한 자를 의롭다 하는 하나님의 선언적 행위를 구성적인 행위라고도 말할 수 있겠다. 이런 점에서 하나님의 칭의는 무엇과도 비견될 수 없다.

칭의가 구성적이라고 하는 이런 결론은, 칭의와 관련된 하나님의 진리와 정당함을 숙고함에서 비롯된 것일 뿐 아니라, 성경도 분명히 말하고 있는 바다. "한 사람이 순종하지 아니함으로 많은 사람이 죄인 된 것같이 한 사람이 순종하심으로 많은 사람이 의인이 되리라"고 하는 로마서의 말씀을 통해, 바울 역시 칭의를 다루고 있다(롬 5:19). 같은 장에 등장하는 이 말씀과 대구를 이루는 다른 여러 표현들도 마찬가지다. 로마서 5:17에서 바울은 "은혜와 의의 선물을 넘치게 받는 자들"에 대해서 말하고 있고, 18절에서도 "한 의로운 행위로 말미암아" 많은 사람을 칭의의 삶으로 이끈 심판에 대해 말하고 있다. 여기서 바울은 우리의 의로움이 영생에 이르게 하는 선물로 받은 칭의로 이루어져 있다고 본 것이 분명하다. 그리고 이 의로움은 다름 아닌 한분 예수 그리스도의 의로움이다. 그분의 순종을 통한 의로움이다. 우리 주 예수 그리스도로 말미암은 영생에 이르는 의로움과 더불어 은혜의 지배가 이루어진다(롬 5:21). 이것이 바로 그리스도의 의로움이 우리에게 전가되었다고 하는 진리다. 그러므로 하나님의 칭의는 구성적인 행위고, 이를 통해 그리스도의 의로움이 우리 것으로 전가되고, 하나님이 우리를 의로운 자로 받으신다. 하나님 편에서의 이런 은혜의 행위를 생각할 때, 우리는 비로소 이 물음에 대답할 수 있다. 어떻게 하나님이 불경건한 자들을 의롭다 하실 수 있는가? 그리스도의 의로움은 그의 완전한 순종을 통한 의로움이요, 오염되거나 부정해질 수 없는 의로움이요, 불경건한 자들을 의롭다 하는 보증으로서만 아니라, 그런 칭의를 필연적으로 이끌어 낼 수밖에 없는 의로움이다. 하나님께서는 자기 독생자의 의로움을 나눠 받은 자들을 당신의 호의로 맞아들이셔야 한다. 그분의 진노가 모든 불의와 사람들의 불경건으로 말미암아 하늘로부터 나타나는 반면, 그분의 선하신 기쁨 역시 그분의 사랑하고 기뻐하시는 독생자의 의로움에 대하여 나타난다. 의롭다 함을 받은 자들은 선지자의 이 말에 뛸 듯이 기뻐할 것이다. "내게 대한 어떤 자의 말에 공의와 힘은 여호와께만 있나니……이스라엘 자손은 다 여호와로 말미암아 의롭다 함을 얻고 자랑하리라 하느니라"(사 45:24-25). "내가 여호와로 말미암아 크게 기뻐하며 내 영혼이 나의 하나님으로 말미암아 즐거워하리니 이는 그가 구원의 옷을 내게 입히시며 공의의 겉옷을 내게 더하심이 신랑이 사모를 쓰며 신부가 자기 보석으로 단장함 같게 하셨음이라"(사 61:10). "너를 치려고 제조된 모든 연장이 쓸모가 없을 것이라. 일어나 너를 대적하여 송사하는 모든 혀는 네게 정죄를 당하리니 이는 여호와의 종들의 기업이요 이는 그들이 내게서 얻은 공의니라. 여호와의 말씀이니라"(사 54:17). 그리고 사도의 다음과 같은 주장은 더욱 더 의미가 있다, "누가 능히 하나님께서 택하신 자들을 고발하리요. 의롭다 하신 이는 하나님이시니"(롬 8:33).

칭의는 값없이 주시는 은혜로 하시는 하나님의 선언적이고 구성적인 행위다. 하나님의 칭의가 진정으로 선언적 행위일 수 있는 것은, 그것이 또한 구성적 행위이기 때문이다. 하나님께서는 새로운 관계를 선언하실 뿐 아니라 그것을 이루신다. 칭의를 일구는 하나님의 구성적인 행위는 그리스도의 의로움과 순종을 우리에게 전가하는 것으로 이루어진다. 따라서 그리스도의 순종이 칭의의 토대가 되는 것이다. 불의한 자들을 의롭다 하실 때, 하나님께서는 그리스도의 의를 보실 뿐 아니라 그것을 우리의 의로 삼으신다. 하지만 성경적 근거를 더 명확히 하기 위해서 이 교리를 좀 더 살펴볼 필요가 있다.

창세기 15:6에 보면, 아브라함이 언약을 주신 하나님을 믿었고 하나님께서는 이것을 그의 의로 삼으셨다고 말한다. 이 대목은 신약성경이 반복해서 인용하고 있는 부분이다(롬 4:3, 9, 22, 갈 3:6, 약 2:23). 마치 아브라함이 믿은 것 때문에 그가 의롭게 되고 그 믿음을 하나님께서 의로 여기신 것처럼 보인다. 아브라함에게 있던 믿음을, 온전하고 완전한 칭의를 위해 필요한 모든 조건을 다 충족시킨 것으로 받으신 것 같다. 만일 그렇다면 아브라함과 모든 신자들은 자신이 가진 믿음에 근거해서 그 믿음 때문에 의롭게 된 것이다. 하지만 성경 어디에도 그런 말은 찾아볼 수 없다. 성경은 항상 믿음을 **통해**, 믿음으로 **말미암아**, 믿음으로 라고 말하지, 믿음을 **이유로**, 믿음 **때문에**라고 말하지 않는다. 만일 우리가 믿음을 근거로 의롭게 된다면, 믿음 때문에 의롭게 된다고 말하는 것이 가장 정확한 표현일 것이다. 성경에서, 특히 사도 바울이 이런 식의 표현을 삼가하고 있다는 사실만으로도, 어떤 식으로든 칭의를 이렇게 말하거나 생각하지 않도록 주의할 이유로 충분하다. 하지만 믿음 그 자체는 의가 될 수 없다는 것을 보여주는 다른 많은 근거들이 있다. 이런 사실은 칭의를 가져오는 의는 결코 우리 안에서 혹은 우리를 통해서 이루어질 수 없다는 사실을 거듭 보여준다.

1. 우리 안에 있는 의는, 아무리 그것이 완전하고 앞으로의 모든 죄악들까지 다 없이할 수 있는 것이라고 해도 성경이 말하는 완전하고 번복할 수 없는 칭의를 위해 요구되는 것을 충족시키지는 못한다. 그런 의로는 과거의 죄와 불의함은 물론, 과거에 우리가 지은 죄

때문에 드리운 정죄를 없이하지 못한다. 그러나 칭의는 모든 죄와 그로 말미암은 정죄를 없이하는 것까지 포함한다. 결과적으로 이런 칭의의 근거로서의 의로움은 반드시 앞으로 지을 죄뿐 아니라 과거에 지은 죄까지도 해결할 수 있어야 한다. 거듭남과 성화를 통해 우리가 가진 의로는 이런 필요를 전혀 채울 수 없다. 거듭남과 성화를 통해 이 땅에서 우리 안에 이루어지는 의는 결코 완전하지 못하다는 사실을 기억해야 한다. 이런 의로는 어떤 식으로든 의롭게 되기 위해 필요한 의를 충족시킬 수 없다. 오직 완전한 의로움만이, 완전하고 완벽하며 번복할 수 없는 칭의의 토대가 된다. 더구나, 칭의는 영생을 얻도록 하고 그것을 보장한다(롬 5:17-18, 21). 우리 안에 있는 의가 영생을 누릴 준비는 시킬 수 있을지 몰라도 그런 상급의 토대는 될 수 없다.

2. 칭의는 우리가 행한 의로 되는 것이 아니다. 칭의는 행함에서 나는 것이 아니다(롬 3:20; 4:2; 10:3-4, 갈 2:16; 3:11; 5:4, 빌 3:9). 그래도 어떤 모양으로든 어느 정도는 행함을 통해 의롭게 되고 의를 누릴 수 있을 것이라고 하는 것은 가장 심각한 형태의 왜곡이고 영적 무지의 발로라고 성경은 누누이 말한다. 로마 가톨릭의 가르침이 이런 왜곡의 전형이다.

3. 우리는 은혜로 의롭다 함을 받는다. 이는 우리 안에 있거나 혹은 우리가 이룬 어떤 것에 대한 상급이 아니라, 공로가 없는데도 값없이 베푸시는 하나님의 호의로 받는 것이다(롬 3:24이하, 5:15-21). 하나님께서 불의한 자들에게 베푸시는 온전하고 완전한 칭의의 근거를 찾으려고 하지만, 우리 안에 있는 그 어떤 것에서도, 하나님이

우리 안에서 행하시는 어떤 일에서도, 우리가 하는 그 무엇에서도 그러한 근거가 될 만한 의를 찾을 수 없다. 자신을 바라보는 대신 자기 밖으로 눈을 돌려, 자기 안에 있는 것과 전혀 다른 종류의 근거를 찾아야 한다. 성경이 가리키는 그 근거는 무엇인가?

첫째, 그리스도 안에서 의롭다 함을 받는다(행 13:39, 롬 8:1, 고전 6:11, 갈 2:17). 이번 장을 처음 시작하면서, 우리가 의롭다 함을 받는 것은 그리스도와의 연합과 그 연합에 기초한 그리스도와의 특별한 관계를 통해서라고 이미 말했다.

둘째, 그리스도의 대속의 희생을 통해 그의 피로 의롭다 함을 받는다(롬 3:24, 5:9, 8:33-34). 이 논의와 관련하여 이 진리가 특별히 중요한 것은, 그리스도께서 단번에 이루신 구속에 우리의 관심을 집중하게 되기 때문이다. 그러므로 칭의는 우리 마음과 생각과 삶에서 이루어지는 하나님의 은혜의 역사가 아니라, 우리와 상관없이 이루어지는 객관적인 어떤 것이다.

셋째, 하나님의 의로 의롭다 함을 받는다(롬 1:17; 3:21-22; 10:3, 빌 3:9). 다시 말하면, 우리를 의롭다 하는 의는 하나님의 의다. 우리를 의롭다 하는 의가 우리 자신의 의가 아니라는 사실을 이보다 더 잘 보여주는 것도 없다. 우리 안에 이루어진 의 혹은 우리가 행한 의가 전적인 하나님의 은혜의 역사고 그 성격에 있어서 아무리 완전하다고 해도, 그것이 칭의의 근거가 되는 하나님의 의는 아니다. 그것은 여전히 인간의 의일 뿐이다. 하지만 칭의를 통해 드러난 것은 인간의 불의와 상반될 뿐 아니라 인간의 의와 대비되는 하나님의 의라는 사실을 성경은 줄기차게 선언한다. 그것은 본질적으로 **신**

적인 것이다. 물론 그것을 하나님의 속성이라고 할 수는 없지만, 그럼에도 불구하고 그것은 하나님의 속성과 본질과 관련된 의로움이다. 따라서 그것은 하나님께 속한 신적인 의로움이다.

넷째, 칭의에 있어서 그 의는 그리스도의 의요 그분의 순종이다(롬 5:17-19). 여기서 우리는 앞에서 말한 모든 것들을 확정 짓고, 명확하게 할 최종적인 이유를 발견한다. 왜 우리가 자신에게서 눈을 돌려 그리스도와 그분이 이루신 일을 바라보는지에 대한 최종적 이유고, 우리를 의롭다 하는 의가 하나님의 의인 이유다. 그리스도를 통해 인간 본성에서 성취된 그리스도의 의요, 십자가에서 죽기까지 복종한 의다. 그렇기 때문에 그것은 하나님이자 인간인 그분의 의요, 죄로 오염되고 저주받은 우리의 상황이 요구하는 것을 충족시키는 의다. 또한 완전하고 번복할 수 없는 칭의가 요구하는 모든 필요를 충족시키는 의요, 이런 모든 요구를 이루는 의다. 왜냐하면 이 의는 하나님의 성품과 속성에 속한, 더럽혀질수 없는 신성한 의이기 때문이다. 우리 주 예수 그리스도로 말미암은 영생에 이르는 의로움을 통해 은혜가 우리를 지배한다(롬 5:21). "즐겁게 소리칠 줄 아는 백성은 복이 있나니 여호와여 그들이 주의 얼굴빛 안에서 다니리로다. 그들은 종일 주의 이름 때문에 기뻐하며 주의 공의로 말미암아 높아지오니"(시 89:15-16).

칭의는 하나님이 값없이 주시는 은혜에서 비롯되는 역사다. 하나님의 행위요, 하나님만의 역사다. 칭의의 근거와 토대가 되는 의는 하나님의 의다. 하나님의 행위를 이렇게까지 강조하는 것은 합당하지 않을뿐더러, 칭의와 관련된 어떤 방편이나 효력으로 주어진 우리를 동인으로 하는 행위들과도 맞지 않는 것처럼 보일 수 있다. 하지만 성경은, 하나님의 은혜를 받는 사람이 하는 행위가 은혜를 주시는 하나님의 행위와 관련해서만 의미가 있다는 것을 분명히 말한다. 은혜를 받는 사람의 행위는 믿음의 행위고, 오직 이 믿음을 통해서만 칭의의 관계 안으로 들어간다. 우리는 믿음으로, 믿음으로 말미암아, 믿음을 통해 의롭다 함을 받는다(참조. 롬 1:17; 3:22, 25-28, 30; 4:3, 5, 16, 24; 5:1, 갈 2:16; 3:8-9; 5:4-5, 빌 3:9).

  개신교인들 가운데 많은 사람들이 믿음이 칭의에 선행하는 것이 아니라고 주장해 왔다. 이들에 따르면 결과적으로 우리가 믿는 것은 의롭다 여김을 받기 위해서가 아니라, 의롭게 되었기 때문이라는 것이다. 하지만 성경은 믿음과 칭의의 관계를 그렇게 말하지 않는다. 물론 칭의의 결과로 갖게 되는 믿음이 있는 것은 맞다. 먼저 의롭다 여김을 받기 전까지는 자신이 의롭게 된 것을 믿을 수 없다. 하지만 믿음으로 의롭게 된다고 할 때 여기서 말하는 믿음은, 믿음의 이런 이차적인 행위가 아닌, 유효한 부르심 가운데 그리스도와 연합하게 하고 하나님이 받으시고 의롭다 여기도록 하며 그리스도의 의를 전가시키는, 예수 그리스도를 믿는 처음 행위로서의 믿음, 믿음 본래의 행위를 가리킨다고 주장할 충분한 이유가 있다.

  성경의 이런 가르침을 뒷받침하는 몇 가지 견해가 있는데 여기서는 그중 두 가지만 살펴보겠다.

  1. 우리가 믿음으로 의롭다 함을 받는 것이 아니라 의롭다 함을 받았기 때문에 믿는다라고 말하는 것은 너무나 부자연스러울 뿐 아니라, 믿음으로 의롭게 된다는 성경의 일관된 가르침과 다른 것

을 억지로 주장하는 것이다. 성경이 칭의에 대해 말할 때는 항상 칭의에 대한 우리의 자각이나 확신이 아닌 우리를 실제로 의롭게 여기는 하나님의 행위를 가리킨다. 칭의는 우리의 의식이 반영되어 이루어지는 것이 아니다. 죄를 사하고 용납하시는 하나님의 행위다. 믿음으로 된다는 것이 바로 이것이다.

2. 갈라디아서 2:16의 바울의 말이 이 사실을 분명히 보여준다. "사람이 의롭게 되는 것은 율법의 행위로 말미암음이 아니요 오직 예수 그리스도를 믿음으로 말미암는 줄 알므로 우리도 그리스도 예수를 믿나니 이는 우리가 율법의 행위로써가 아니고 그리스도를 믿음으로써 의롭다 함을 얻으려 함이라. 율법의 행위로써는 의롭다 함을 얻을 육체가 없느니라." 여기서 바울은 그리스도를 믿는 믿음으로 의롭게 되기 위하여 예수 그리스도를 믿는다고 말한다. 한마디로, 그리스도를 믿는 믿음은 칭의를 위한 믿음이고, 따라서 믿음이 칭의보다 선행한다는 것이다(참조. 롬 4:23-24).

그러므로 의롭다 하는 하나님의 행위는 믿음의 행위에 수반해서 일어나며, 하나님은 예수를 믿는 자들을 의롭다 하시되, 믿음을 통해 그렇게 하신다고 말할 수 있다. 하지만 믿음은 우리의 행위라는 사실을 기억해야 한다. 예수 그리스도를 믿는 것은 하나님이 아니라 의롭게 되는 죄인이다. 따라서 믿음은 칭의를 위한 필수 불가결한 방편이다. 우리는 믿음으로 의롭게 되고 믿음은 칭의를 위한 필요조건이다. 그리고 오직 믿음만이 칭의를 가져온다. 왜 그런가?

이에 대한 대답으로, 하나님이 그렇게 정하셨기 때문이라고 생각하면 족하다. 계시된 하나님의 경륜에 관해 말해 보라는 요구를 받을 때, 이렇게 말하는 것이 우리가 말할 수 있는 전부이거나 또 그렇게 말하는 것이 가장 합당할 때가 종종 있다. 하지만 이 경우에 대해서만큼은 더 말할 수 있는 충분한 이유가 있다. 사람이 믿음으로만 의롭게 되는 분명한 이유가 있다. 먼저, 이 사실은 오직 은혜로만 의롭게 된다는 사실과 전적으로 부합한다. "상속자가 되는 그것이 은혜에 속하기 위하여 믿음으로 되나니"(롬 4:16). 믿음과 은혜는 완전한 상보 관계를 이룬다. 둘째, 믿음은 그리스도의 의가 칭의의 토대라는 사실과 완전히 조화를 이룬다. 믿음의 독특함은 믿음의 대상을 온전히 받고 의지한다는 데 있다. 그리고 지금 이 경우 그리스도와 그분의 의가 바로 그 대상이다. 구원과 밀접한 관계가 있는 은혜 중에 믿음보다 독특한 것은 없다. 이처럼 우리는 믿음으로 의롭게 된다. 셋째, 믿음으로만 의롭게 되는 칭의는 은혜의 복음이 가져다주는 풍성함과 자유를 잘 드러낸다. 만일 조금이라도 행위로 의롭게 된다면, 복음 같은 것은 있을 수 없다. 어떤 의로운 행위가 죄책으로 짓눌린 정죄받은 타락한 죄인을 하나님께 드릴 수 있단 말인가? 믿음으로 의롭게 된다는 사실은, 우리가 율법의 행위로 의롭게 되는 것이 아니라는 은혜의 복음에 대한 신앙고백의 위대한 내용을 잘 드러낸다. 믿음은 행위와 대치된다. 이 두 가지는 절대 하나가 될 수 없다(참조. 갈 5:4). 믿음으로 의롭게 된다는 사실은 자신의 죄를 깊이 절감한 사람에게 소망을 준다. 이런 사람은 자기에게 아무것도 내놓을 것이 없다는 것을 잘 안다. 그리고 이 사실은 아무것도 내놓을 필요가 없음을 그로 하여금 확신케 한다. 그렇다. 의롭게 되기 위해 무언가를 드린다는 것 자체가 하나님께 가증스러운 일이라는 사실을 확신시킨다. 우리는 믿음으로 의롭게 되기 때문에, 우리가 가진 모든 절망에도 불구하고 오염될 수 없는 변치 않는 의를 가지신 구주께 자신을 맡기기만 하면 된다. 믿음으로 의롭게 된다는 이신칭의만이 복음의 중심이고, 이것만이 벙어리로 하여금 마음과 혀로 노래하게 하고, 앉은뱅이로 기뻐 뛰게 할 수 있다. 칭의가 있기에 은혜가 의로 말미암아 영원토록 다스린다. 이 의는 오직 신자들를 위한 것이다. 믿음으로만 의롭게 된 신자들을 위한 것이다. 믿음으로 믿음에 이르게 하는 하나님의 의다(롬 1:17, 참조. 3:22).

이 교리 때문에 사람들이 방종하며 산다는 해묵은 비판이 있다. 그러나 복음의 능력을 맛보지 못한 사람들이나 이런 주장을 할 수 있다. 믿음으로만 의롭게 되지만, 의롭게 하는 이 믿음은 결코 외톨이가 아니다. 구속하는 은혜의 복음에는 칭의만 있는 것이 아니다. 그리스도는 완전한 구주시며, 그분을 믿는 죄인이 그 안에서 누리는 것은 칭의만이 아니다. 구원을 얻기 위해 자신을 그리스도께 맡긴 사람의 마음에는 오직 믿음의 반응만 있는 것이 아니다. 믿음만이 의롭게 하는 것이 사실이다. 하지만 그렇게 의롭게 된 사람에게는 믿음만 있는 것이 아니다. 만일 그런 사람이 있다면, 그런 사람만큼 은혜의 나라에 어울리지 않는 기궤한 사람도 없을 것이다. 믿음은 사랑으로 역사한다(참조. 갈 5:6). 행함이 없는 믿음은 죽은 믿음이다(참조. 약 2:17-20). 의롭다 하는 믿음은 살아 있는 믿음이다. 살아 있는 믿음은 죽음의 공로와 부활의 능력을 가지신 그리스도와 하나 되게 한다. 죄의 권세에서 벗어나기 위해 자신을 그리스도께 맡기지 않는 사람은, 죄책에서 벗어나기 위해 그리스도께 자신을 맡긴 것이 아니다. "우리가 무슨 말을 하리요. 은혜를 더하게 하려고 죄에 거하겠느냐. 그럴 수 없느니라. 죄에 대하여 죽은 우리가 어찌 그 가운데 더 살리요"(롬 6:1-2).

11장
양자됨

양자됨은 그리스도의 구속을 적용하는 은혜의 여러 다른 행위들과 구별될 뿐 아니라 그것들에 더해진 하나님의 은혜의 행위다. 이런 말을 하는 것이 불필요한 것처럼 보일 수도 있겠다. 이 말 자체에 그리고 그 말뜻에 이미 독특함이 배어 있지 않는가? 하지만 양자됨은 그것이 가진 특권과 더불어 이루어지는 특별한 행위라는 사실을 강조하는 것은 결코 불필요한 일이 아니다. 특히 양자됨은 칭의나 거듭남과 전혀 다른 것이라는 사실을 기억하는 것이 중요하다. 양자됨을 그저 칭의의 한 측면이나 거듭남을 통해 누리는 특권 정도로 여기는 경우가 얼마나 많은지 모른다. 하지만 양자됨은 이런 은혜의 행위 이상이다.

    칭의는 하나님이 우리를 의롭게 여기시고 용납하셔서 영생을 누리도록 하는 것을 말한다. 거듭남은 우리 마음이 하나님의 형상을 따라 새로워지는 것이다. 하지만 아무리 그것이 귀하다고 해도 이런 복락 자체로는 양자됨을 통해 우리에게 주어지는 것을 나타내 보일 수 없다. 구속된 자들은 양자됨을 통해 만군의 여호와 하나님의 자녀가 된다. 하나님의 권속이 되고 그에 따른 모든 특권을 누린다. 칭의나 거듭남 모두 이런 특권을 정확히 표현하지는 못한다. 양자됨만이 가진 이런 독특한 성격을 말하는 본문이 바로 요한복음 1:12이다. "영접하는 자 곧 그 이름을 믿는 자들에게는 하나님의 자녀가 되는 권세를 주셨으니." 하나님의 자녀로서의 자격 혹은 권세를 받음으로 우리는 하나님의 권속이 되는데, 이는 예수님의 이름을 믿는 사람들에게 주어지는 자격과 권세다.

그러나 양자됨과 은혜의 다른 행위들과의 관계에 대해 우리가 알아야 할 것이 있다. 우선, 양자됨이 독특하기는 하지만 그렇다고 칭의나 거듭남과 분리될 수 없다. 의롭다 여김을 받은 사람은 항상 자녀요, 하나님의 자녀가 되는 권세를 받는 사람은 요한복음 1:13이 말하는 바와 같이 "혈통으로나 육정으로나 사람의 뜻으로 나지 아니하고 오직 하나님께로부터 난 자들"이다. 둘째, 칭의와 마찬가지로, 양자됨 역시 법정적 행위다. 바꾸어 말하면, 신분이나 지위가 부여되는 것이지 우리 안에 무슨 새로운 본성이나 성품이 생기는 행위는 아니다. 관계에 관한 것이지, 이런 관계를 인식시키거나 변경시킬 수 있는 태도나 성향이 우리 안에 있다는 말은 아니다. 셋째, 하나님의 자녀로 양자된 사람들에게는 양자의 영이 주어지고, 이를 통해 비로소 자기가 자녀된 것을 알고 그에 따른 특권을 누린다. "너희가 아들이므로 하나님이 그 아들의 영을 우리 마음 가운데 보내사 아빠 아버지라 부르게 하셨느니라"(갈 4:6, 참조. 롬 8:15-16). 양자의 영은 양자됨의 결과지 그것만으로 양자됨 자체를 구성하는 것은 아니다. 넷째, 양자됨과 거듭남 사이에는 밀접한 관계가 있다. 그 관계가 너무나 밀접해서 양자됨의 역사와 우리의 본성적 참여, 이 두 가지 모두를 통해 우리가 하나님의 자녀가 된다고 말하는 사람들이 있을 정도다. 이런 추론을 뒷받침할 만한 증거가 성경에 있다. 인간적으로 한 가족이 되는 길은 두 가지다. 그 가정에 태어나든지, 아니면 입양되는 것이다. 전자는 자연적인 출산을 통해서고, 후자는 법적인 행위로 그렇게 되는 것이다. 성경 역시 우리가 이 두 가지 행위―새로운 출생과 양자됨―모두를 통해 하나님의 자녀가 된다고 말한다 할 수 있겠다. 하지만 결정적으로 그렇게 말하는 것 같지는 않다. 어찌 되었든 간에, 하나님의 은혜를 통한 출생(거듭남)과 양자 삼으시는 것 사이에 서로 밀접한 관계가 있는 것은 사실이다. 하나님께서 사람들을 자녀 삼으실 때, 하나님은 그들이 자녀됨의 권세와 특권을 갖도록 하실 뿐 아니라, 이런 신분에 부합하는 성향과 본성 역시 주신다. 거듭남을 통해서 그렇게 하신다. 그의 형상을 따라 지식과 의와 거룩함으로 새롭게 하시는 것이다. 하나님의 권속이 된 사람들 가운데 하나님의 권속에 부합한 관심과 마음 상태를 갖지 않은 사람은 없다. 거듭남은 양자됨을 위한 필요조건이다. 거듭난 자들의 마음에 계셔서 그들로 하여금 아빠 아버지라 부르게 하시는 이 역시, 거듭나게 하시는 성령이시다. 하지만 양자됨이 곧 거듭남도 아닐 뿐더러, 양자의 영을 통해 거듭나는 것도 아니다. 하나는 필요조건이요, 다른 하나는 그 결과다.

용어에서 알 수 있는 것처럼, 양자됨은 외인으로 있던 사람이 하나님의 가족으로 옮겨지는 행위로, 과연 하나님이 주시는 은혜와 특권의 절정이라고 할 만하다. 하나님이 친히 주시는 계시와 확신이 없다면 그렇게 주장하는 것은 고사하고, 그런 은혜조차 받을 수 없다. 이렇게 하시는 하나님께로부터 드러나는 겸비함과 사랑은 도무지 상상을 초월한다. 그렇기 때문에 오직 성령만이 우리 마음에 이 사실을 인치실 수 있다. "하나님이 자기를 사랑하는 자들을 위하여 예비하신 모든 것은 눈으로 보지 못하고 귀로 듣지 못하고 사람의 마음으로 생각하지도 못하였다 함과 같으니라. 오직 하나님이 성령으로 이것을 우리에게 보이셨으니 성령은 모든 것 곧 하나님의 깊은 것까지도 통달하시느니라"(고전 2:9-10). 오직 성경의 계시와 성령이 우리 마음에서 증거하시는 일이 함께 있어야, 비로소 우리는 믿음의 정점에 이른 자녀된 확신과 사랑으로 하나님을 아빠 아버지하고 부르게 되는 것이다.

양자됨은 하나님이 사람의 아버지가 되는 것이다. 하나님의 아버지되심을 생각할 때, 구별해야 할 것이 있다. 무엇보다도, 하나님의 아버지되심은 전적으로 삼위일체적이다. 성부는 삼위 가운데 제일위로서 제 이위이신 성자와의 관계에서 아버지가 되신다. 성부 하나님만이 이런 영원하고 필연적인 관계를 성자와 가지신다는 의미다. 아주 고유하고 배타적인 관계다. 그 누구도, 심지어 성령도 이런 의미에서는 성자와 비교할 수 없다. 천사들과 사람들은 두말할 것도 없다. 양자됨을 통해 그리스도가 성부와 누리는 아들됨에 사람들이 참여하게 됨에 따라 삼위일체의 신적인 생명에도 참여하게 되었다는 말을 현대 신학에서 종종 듣는다. 하지만 이는 엄청난 오류요 혼동에서 비롯된 것이다. 하나님의 영원하신 아들은 독생자요, 그 누구도 그와 같은 아들됨에 참여할 수 없다. 이런 의미에서는 성부 하나님 역시 다른 누구의 아버지가 아닌 오직 독생하시고 영원하신 아들만의 아버지다.

사람들과 관련해서 때때로 하나님의 보편적 부성이라 불리는 것이 있다. 물론 하나님은 모든 인간의 아버지라 말할 수 있다. 창조와 섭리 가운데 하나님은 모든 인간에게 생명과 호흡과 모든 것들을 주신다. 그분 안에서 모든 생명 있는 것들이 기동하며 존재한다. 사도행전 17:25-29, 히브리서 12:9, 야고보서 1:18이 바로 이런 관계를 말한다. 우리는 모두 하나님으로부터 났고, 하나님은 모든 영혼과 빛들의 아버지시기 때문에, 하나님이 창조와 섭리 가운데 모든 인간을 대하시는 이런 관계에 대해 보편적 부성으로 일컫는 것은 성경적이다. 하나님의 아버지되심과 관련된 이런 관계에 대해 더 명시적으로 말하는 성경 구절들이 있다. 하지만 좀 더 세심하게 살펴보면, 이 구절들 가운데 어떤 것들은 이런 보편적 부성이 아닌 좀 더 명확하고 제한적인 의미에서의 부성을 말하고 있는 것을 알 수 있다. 예를 들어 "우리는 한 아버지를 가지지 아니하였느냐. 한 하나님께서 지으신 바가 아니냐"고 묻는 말라기 2:10에서 가리키는 하나님의 부성이 원래의 창조와 관련된 모든 인간의 아버지로서의 하나님의 부성을 가리키는 것인지는 확실하지 않다. 어찌 되었건, 성경에서 창조와 일반 섭리와 관련해서 하나님을 인간의 아버지로 일컫는 대목은 그리 많지 않다는 사실을 주목해야 한다. 성경에서 하나님을 "아버지"로, 사람을 "하나님의 자녀"로 부를 때는, 한결같이 구속과 양자됨을 통해 이루어진 특별한 관계를 의미하는 말로 그렇게 한다. "너희는 다시 무서워하는 종의 영을 받지 아니하고 양자의 영을 받았으므로 우리가 아빠 아버지라고 부르짖느니라"(롬 8:15)는 말씀과, 예수님이 제자들에게 가르쳐 주신 기도에 나오는 "하늘에 계신 우리 아버지"(마 6:9)와 같은 구절로 대변되는 하나님의 아버지되심을 언급하는 중대한 메시지들은, 하나님의 보편적인 부성이 아닌 하나님과 예수님의 이름을 믿는 자들 사이에 맺어진 친밀하고 특별한 관계를 의미한다는 것을 알 수 있다. 구속과 양자됨을 통해 이루어진 하나님의 아버지되심을 보편적 부성으로 뒤바꿔 버리는 것은 복음을 부정하는 일이다. 구속과 양자됨을 통해 이루어진 가장 고상하고 부요한 관계를 창조의 결과인 모든 사람들과 하나님이 맺으시는 관계로 전락시키는 것이다. 복음에서 구속의 의미를 제거해 버리는 것이며, 이로 인해 사람들은 하나님의 피조물 된 것만으로도 하나님의 권속으로 양자되기에 충분한 것이라 믿으며 살아간다.

하나님의 아버지되심과 신자의 자녀됨이라고 하는 하나님이 인간에게 주신 위대한 진리 역시, 그리스도께서 이루신 구속이 적용되어 이루어진 것 가운데 하나다. 이 또한 유효한 부르심, 거듭남, 칭의만큼이나 모든 사람과 관련된 진리다. 양자됨을 통해 하나님은 자기 백성의 아버지가 되신다. 바로 이런 은혜에 탄복하여 사도 요한은 "보라 아버지께서 어떠한 사랑을 우리에게 베푸사 하나님의 자녀라 일컬음을 받게 하셨는가"라고 외치고 있는 것이다(요일

3:1). 수신자들에게 이런 특권이 단순히 장래의 소망이 아닌 현재에 누리는 특권이라는 사실을 확신시키기 위해, 이 말 다음에 바로 "우리가 그러하도다"라고 덧붙인다. 이런 상태가 빚어내는 사람들 간의 간극을 가리키기 위해 요한은 이렇게 말을 이어 간다. "우리가 그러하도다. 그러므로 세상이 우리를 알지 못함은 그를 알지 못함이라." 자녀된 실제에 대해 조금도 의구심을 갖지 않도록 하기 위해 또한 그는 이렇게 말한다. "사랑하는 자들아, 우리가 지금은 하나님의 자녀라"(요일 3:2). 예수님이 다음과 같이 말씀하실 때 요한은 예수님의 이 말씀을 곰곰이 생각하고 잘 알아들은 것이 분명하다. "나를 사랑하는 자는 내 아버지께 사랑을 받을 것이요……사람이 나를 사랑하면 내 말을 지키리니 내 아버지께서 그를 사랑하실 것이요 우리가 그에게 가서 거처를 그와 함께 하리라"(요 14:21, 23). 첫 번째 서신을 쓰는 그의 마음은 성부의 사랑이 이토록 놀랍게 부어지는 것에 대한 탄성으로 넘쳐난다. "보라 아버지께서 어떠한 사랑을 우리에게 베푸사 하나님의 자녀라 일컬음을 받게 하셨는가." 이는 특별히 성부가 하신 은혜의 행위다. 요한조차 그것을 다 헤아리지 못하고 있고, 결코 그렇게 하지 못할 것이다. 영원토록 하나님의 은혜에 대한 경이가 다함이 없을 것이기 때문이다.

하나님께서는 양자 삼으시는 역사를 통해 자기 백성의 아버지가 되신다. 이런 은혜 행위의 주체는 성부 하나님이다. "보라 아버지께서 어떠한 사랑을 우리에게 베푸사 하나님의 자녀라 일컬음을 받게 하셨는가. 우리가 그러하도다"(요일 3:1). 이런 질문이 생긴다. 누가 하나님의 권속으로 양자된 자들의 아버지신가? 삼위로 계시는 하나님이신가? 그중에서도 특별히 성부 하나님이신가? 하나님을 아버지라 부르는 하나님의 백성들은 누구를 향해 그렇게 부르는가? 성부, 성자, 성령으로 계시는 하나님이신가? 아니면 그중에서도 특별히 성부 하나님이신가? 이것이 지금부터 우리가 관심을 갖고 살펴볼 질문이다.

양자된 자들의 아버지는 바로 성부 하나님이고, 양자됨을 통해 하나님의 백성은 삼위 가운데 제 일위이신 성부의 자녀가 된다는 것을 가리키는 몇 가지 이유를 성경에서 볼 수 있다. 적어도 성경은 인간과 관련하여 하나님의 아버지되심을 말할 때, 그들과 이런 관계로 들어가시는 분은 성부 하나님이라고 특기한다.

1. "아버지"라는 명칭은 삼위 가운데 제 일위께서 가지시는 고유한 이름이다. 삼위 하나님 서로 간에 누리는 관계에서 제 이위만이 아들이시고, 제 삼위만이 성령이신 것과 마찬가지로, 아버지라는 명칭은 오직 삼위 가운데 제 일위이신 하나님께만 속한 것이다. 우리 주님께서 아버지에 관해 말씀하시거나 아버지라고 부르실 때, 이는 그분의 입장에서 보는 바 항상 삼위 가운데 제 일위로 계신 분을 가리킨다. 우리 주 예수 그리스도의 아버지와 하나님되신 분은 오직 삼위 가운데 제 일위뿐이다.

2. 요한복음 20:17에는 우리 주님의 교훈적인 말씀이 나온다. 요한의 기록에 따르면, 예수님이 막달라 마리아에게 이렇게 말씀하셨다. "나를 붙들지 말라. 내가 아직 아버지께로 올라가지 아니하였노라. 너는 내 형제들에게 가서 이르되 내가 내 아버지 곧 너희 아버지, 내 하나님 곧 너희 하나님께로 올라간다 하라." "내가 아직 아버

지께로 올라가지 아니하였노라"고 하실 때, 예수님이 말씀하신 분은 다름 아닌 삼위 가운데 제 일위이신 성부를 가리킨다. 계속해서 "내가 내 아버지께로 올라간다"고 하실 때도 마찬가지다. 예수님이 "내 아버지"라고 부를 분은 오직 성부밖에 없기 때문이다. 하지만 우리가 지금 다루는 주제와 관련하여 눈여겨보아야 할 것은 예수님이 "내 아버지"라고 부른 바로 그분을 또한 제자들의 아버지로 말씀하신다는 사실이다. 예수님이 이제 곧 승천하셔서 뵙고자 하는 아버지는 그분의 아버지이실 뿐 아니라, 또한 제자들의 아버지다. 예수님이 이 아버지와 누리시는 관계는 샘이 날 정도로 제자들이 누리는 관계와 구분되지만, 어쨌든 이 아버지는 또한 우리의 아버지도 되신다. 예수님은 결코 "나는 지금 우리 아버지께로 올라간다"고 하지 않으시고, "내가 내 아버지 곧 너희 아버지, 내 하나님 곧 너희 하나님께로 올라간다"고 하셨다.

3. 예수님은 자주 삼위 가운데 제 일위이신 성부를 "하늘에 계신 내 아버지"라고 부르신다. 표현 방식은 조금씩 달라도 의미는 항상 동일하다. 또한 제자들에게 말씀하실 때도 같은 종류의 표현, 곧 "하늘에 계신 너희 아버지"라고 부르셨다. 예수님이 하늘에 계신 자신의 아버지를 일컬을 때마다 그분이 의미하신 분은 성부시다. 이런 사실로 보아 "하늘에 계신 너희 아버지"라는 비슷한 표현을 볼 때, 예수님은 같은 인격적 존재를 염두하고 있고, 이는 다름 아닌 제자들의 아버지로 여겨지는 성부라고 결론 내릴 수 있다.

4. 일반적으로 신약성경에서 "아버지"라는 칭호는 의심할 여지 없이 삼위 가운데 제 일위인 성부를 가리킨다. 바울서신에서 자주

쓰이는 "하나님"이라는 호칭 역시 성자, 성령과 구분되는 제 일위를 가리키는 인격적인 이름이다. 서신서 여러 곳에서 제 일위를 "우리 주 예수 그리스도의 하나님 아버지"라고 부르기도 한다(롬 15:6, 고후 1:3; 11:31, 엡 1:3, 골 1:3, 벧전 1:3). 이는 두말할 필요도 없이 성자, 성령과 구분되는 성부를 뜻한다. 또한 "하나님 아버지"와 같은 표현이나 이와 비슷한 호칭도 마찬가지다(갈 1:1, 엡 6:23, 빌 2:11, 살전 1:1, 살후 1:2, 딤전 1:2, 딤후 1:2, 딛 1:4, 벧전 1:2, 벧후 1:17, 요이 3, 유 1, 계 1:6). 이런 본문에서 사용되는 거의 모든 하나님 아버지라는 이름은 성자와 구분되고 베드로전서 1:2의 성령과도 구분된다. 지금 우리가 다루는 주제와 관련하여 중요한 것은, 하나님을 신자들의 아버지로 부르는 이 표현과 삼위 가운데 제 일위를 가리키는 우리가 조금 전에 인용한 여러 본문들이 말하는 표현이 거의 흡사하다는 사실이다. 로마서 1:7에서 우리는 바울의 인사말을 접한다. "로마에서 하나님의 사랑하심을 받고 성도로 부르심을 받은 모든 자에게 하나님 우리 아버지와 주 예수 그리스도로부터 은혜와 평강이 있기를 원하노라"(다음 구절들도 보라. 고전 1:3, 고후 1:2, 갈 1:3, 엡 1:2, 빌 1:2, 몬 3, 참조. 갈 1:4, 빌 4:20, 골 1:2, 살전 1:3; 3:11, 13, 살후 1:1-2). 이런 말씀들에는 "하나님 아버지"나 "하나님과 우리 주 예수 그리스도의 아버지"라는 호칭과 유사한 표현이 있을 뿐 아니라, "하나님 아버지"와 "주 예수 그리스도"가 서로 분명히 구분된다. 이 말은 곧 "우리의 아버지"라 불리는 분은 "주 예수 그리스도"와 구별됨을 의미한다. 우리의 아버지는 곧 성부시라는 뜻이다. 같은 맥락에서 데살로니가후서 2:16은 인간들에게 아버지로 존재하시는 인격으로서의 제 일위의 독특함을 잘 묘사하고 있다. "우리 주 예수 그리스도와 우리를 사랑하시고 영원한 위로와 좋은 소망을 은혜로 주신 하나님 우리 아버지께서."

이런 증거를 기초로 양자됨과 관련하여 하나님을 "하늘에 계신 우리 아버지" 혹은 "우리의 아버지"로 여길 때, 이는 곧 삼위 가운데 제 일위이신 성부를 가리킨다는 결론에 이른다. 하나님의 백성은 성부 하나님의 자녀들이다. 하나님은 이들과 최상의 친밀한 관계를 이어 가신다. 이런 사실을 통해 양자됨으로 공고해진 관계에 대한 경이가 더해 간다. 삼위 하나님 중에 제 일위는, 우리 주 예수 그리스도의 아버지되실 뿐 아니라 예수님의 이름을 믿는 모든 자들의 아버지도 되신다. 물론 아버지되신 하나님과 성자가 누리는 관계와 하나님이 자녀들과 누리시는 관계를 동일시해서는 안된다. 영원 전에 나신 것과 우리의 양자됨을 동일시할 수는 없는 것이다. 우리 주님은 친히 이런 구별을 분명히 하셨다. 예수님은 자신을 제자들과 같은 무리에 포함시켜 성부를 "우리 아버지"라 부르지 않으셨다. 예수님은 제자들에게 "그러므로 너희는 이렇게 기도하라. 하늘에 계신 우리 아버지여 이름이 거룩히 여김을 받으시오며"라고 말씀하셨다(마 6:9). 예수님은 결코 제자들과 함께 자신이 가르쳐 주신 기도를 하신 적이 없다. 그럴 수도 없다. 막달라 마리아에게도 말씀하셨다. "내가 내 아버지 곧 너희 아버지, 내 하나님 곧 너희 하나님께로 올라간다"(요 20:17). 하지만 비록 우리가 성부와 누리는 관계가 예수님의 그것과 다르다고는 하나, 양자 삼으시는 하나님의 은혜의 신비 가운데 있는 신자들의 아버지가 바로 도무지 말로 표현할 수 없는 삼위일체의 신비 가운데 계시는 주 예수 그리스도의 아버지시다. 양자 삼는 행위에 있어서 성부 하나님은 특별한 주체일 뿐 아니라, 예수님의 이름을 믿는 이들을 자녀 삼으신다. 만물을 지으시고 붙드시고 구원의 대장을 고난으로 온전하게 하신 성부께서, 장차 영광으로 이끄실 이들을 은혜로 자녀 삼으시고 친히 그들의 아비가 되시는 이 사실보다 양자됨의 놀라움을 잘 드러내고 그것이 가진 특권과 절대적인 안전함을 더 확실히 보여주는 것이 또 있을까? 구원의 대장되신 그분이 하나님이 자녀 삼으신 자들을 형제라 부르기를 부끄러워하지 않으실 뿐 아니라, 말할 수 없는 즐거움으로 뛸 듯이 기뻐하시는 이유가 여기 있다. "볼지어다. 나와 및 하나님께서 내게 주신 자녀라"(히 2:13).

12장
성화

전제들

성화sanctification는 그리스도께서 이루신 구속이 적용되는 측면 가운데 하나다. 구속이 적용되는 데에도 순서가 있고, 이 순서는 하나님의 자녀들이 누리는 영광의 자유의 정점에 다다르기까지 연쇄적으로 이어진다(롬 8:21, 30). 성화는 구속이 적용되는 첫 단계가 아니라, 유효한 부르심, 거듭남, 칭의, 양자됨과 같은 다른 단계들을 전제로 한다. 이런 모든 단계들은 성화와 아주 밀접한 관계가 있다. 그중에서 특별히 성화와 관계되는 두 단계 혹은 두 양상은 부르심과 거듭남이다. 성화는 하나님께서 **우리 안에서** 이루시는 역사로, 우리 안의 직접적인 역사로 드러나는 하나님의 행위다. 우리의 지각을 향해 발하여지는 부르심의 역사는 우리의 반응을 이끌어 낸다. 거듭남은 믿음과 회개와 사랑과 순종으로 나타나는 새롭게 하는 역사다. 부르심과 거듭남이 성화의 과정과 특별한 관계가 있다는 것을 보여주는 또 다른 사실들이 있다. 부르심을 통해 그리스도와 연합하고, 바로 이 연합을 통해 하나님의 백성은 거룩하게 하는 실제적인 덕과 효력을 얻는다. 거듭나게 하는 역사는 성령이 하시는 일이다(요 3:3, 5-6, 8). 거듭나게 하는 역사를 통해 성령이 하나님의 백성과 함께 거하시고, 그들은 신약성경의 용어를 빌자면 "신령하게 spiritual" 된다. 하나님의 백성 안에 내주하시고 인도하시는 성령의 이런 역사가 바로 성화다.

부르심과 거듭남의 우선성으로부터 비롯되는 가장 중요한 사실은, 유효한 부르심을 입고 거듭난 모든 사람들에게 죄는 더 이상 아무런 권세도 없다는 것이다. 부르심을 입고 그리스도와 연합한다(고전 1:9)는 것은, 곧 그리스도의 죽으심과 부활의 능력을 힘입어 그리스도와 연합한다는 말이다. 죄에 대하여는 죽고, 옛 사람은 십자가에 못 박혔으며, 죄의 몸은 멸하였고, 더 이상 죄의 지배를 받지 않는다(롬 6:2-6, 14). 로마서 6:14의 바울의 말은 단순히 격려의 말이 아니다. 은혜 아래 있는 자들은 더 이상 죄의 권세 아래 있지 않다는 귀납적이고 논리적이며 필연적인 진술이다. 문맥상 수신자들을 격려하고 있는 것은 사실이지만, 이 대목에서만큼은 강한 부정을 하고 있다. "죄가 너희를 주장하지 못하리니." 이 문제를 거듭남의 관점에서 보더라도 똑같은 결론에 이를 것이다. 모든 거듭난 사람들 안에서 그들을 주장하고 이끄시는 주체는 성령이시다. 그렇기 때문에 거듭난 모든 사람들이 가진 지배적인 성향과 근본적인 원리와 주도적인 성품은 거룩이다. 거듭난 "신령한" 사람은 그 속사람이 하나님의 법을 기뻐한다(고전 2:14-15, 롬 7:22). 거듭난 사람은 죄를 짓지 않고 죄를 지을 수도 없다는 사도 요한의 말은 이런 의미일 것이다(요일 3:9, 5:18). 거듭난 사람은 죄가 없다는 말이 아니다(참조. 요일 1:8, 2:1). 요한은 지금 거듭난 사람이라면 사망에 이르는 죄를 지을 수 없고(요일 5:16), 예수가 하나님의 아들로서 육신을 입고 세상에 오셨음을 부인할 수 없고(요일 4:1-4), 자신을 다시 죄에 방임할 수 없고, 스스로를 악으로부터 지키고, 악한 자가 그를 만지지도 못한다는 사실을 강조하고 있는 것이 분명하다. 신자 안에 거하시는 이가 세상에 있는 자보다 크다(요일 4:4).

성경의 이런 가르침들을 잘 알아야 한다. 하나님의 유효한 부르심을 받고 성령으로 거듭난 사람이라면 누구나 로마서 6:14, 요한일서 3:9, 5:4, 18이 말하는 승리를 가졌다. 그리고 이 승리는 실제적인 것이 아니면 아무것도 아니다. 이 승리를 그저 잠정적이거나 상황에 따라 달라지는 것 정도로 말하는 것은 신약성경의 일관된 증거를 왜곡하는 것이다. 구속이 적용되는 모든 단계가 신자의 삶에서 실제적인 것만큼이나 이 승리 역시 실제적이다.

죄의 지배로부터의 자유와 관련해서, 죄의 권세에 대한 이런 승리는 일련의 과정을 통해 이루어지는 것도 아니고, 우리 자신의 노력으로 이루어 가는 것도 아니다. 그리스도와의 연합과 성령의 새롭게 하시는 은혜로 단번에 이루어진다. 이 승리가 우리 자신의 노력이나 수고로 되는 것이 아니라고 말하는 완전주의자들의 주장만큼은 옳다. 믿음을 통해 순식간에 이루어지는 일이라는 주장도 옳다. 하지만 이들은 성화의 전체 구조를 어그러뜨리는 세 가지 큰 잘

못을 범하고 있다.

첫째, 거듭나고 유효한 부르심을 받은 사람이라면 누구나 이 승리를 소유했다는 사실을 이들은 인식하지 못하고 있다. 둘째, 그들은 이 승리를 칭의의 상태와 별개인 하나의 복으로 여긴다. 셋째, 그들은 이 승리에 대해 성경이 말하는 것과 매우 다르게 설명한다. 더 이상 죄를 짓지 않는다고 한다. 최소한 죄인 줄 알면서도 그것을 범하지는 않는다는 것이다. 성경이 말하는 것처럼 그리스도와 연합한 사람이라면 누구나 필연적으로 해당하는 죄의 권세와 죄에 대한 애착으로부터의 급진적인 단절로서의 승리가 아닌, 다른 의미의 승리를 뒷받침하기 위해 이 구절들을 사용하는 것은 잘못이다. 그리스도와의 연합은 그의 죽음이 가진 효력과 그의 부활의 능력 안에서의 연합이다. 이렇게 그리스도와 함께 죽고 그리스도와 함께 다시 산 모든 사람은 죄로부터 자유하며, 죄가 더 이상 이 사람 위에 군림하지 못한다.

성화의 목적

그리스도와의 연합으로 죄의 권세로부터 자유를 얻고, 거듭남을 통해 죄의 부패로부터 건짐을 받았다고 해서 신자의 마음과 삶에 남아있는 모든 죄까지 사라지는 것은 아니다(참조. 롬 6:20; 7:14-25, 요일 1:8; 2:1). 신자라고 해서 완전히 거룩하고, 흠이 없고, 더러운 것이 없고, 죄인들과 전혀 상관이 없을 정도로 완전한 그리스도의 형상에 이른 것은 아니다. 성화는 분명 이 사실과 관련되어 있다. 모든 죄를 근절하고 하나님의 독생자의 형상과 완전히 일치하여 주가 거룩하신 것처럼 거룩하게 되는 것이 성화의 목적이다. 완전 성화 entire sanctification의 개념을 진지하게 생각한다면, 이는 우리의 낮은 몸이 그리스도의 영광의 몸과 같이 변화되고, 썩어질 것이 썩지 않을 것을 입고, 죽을 것이 죽지 않을 것을 입는 때가 되어야 그렇게 될 수 있을 것이다(빌 3:21, 고전 15:54).

성화와 관련해서 이 사실이 얼마나 중요한지 알아야 한다. 이 사실을 이해하는 몇 가지 방식이 있다.

첫째, 신자에게 있는 모든 죄는 하나님의 거룩하심과 상치된다. 신자에게 있는 죄, 신자가 범하는 죄라고 해서 죄의 본질이 달라지는 것은 아니다. 물론 신자는 하나님과 새로운 관계를 누린다. 신자에게는 어떤 법정적 정죄함도 없고 하나님의 법정적 진노가 그 위에 드리워진 것도 아니다(롬 8:1). 하나님은 신자의 아버지시고, 신자는 하나님의 자녀다. 성령께서 그 안에 거하시고, 그를 위해 탄원하신다. 그리스도께서 성부 앞에서 신자를 변호하신다. 하지만 신자 안에 남아 있는 죄와 신자가 범하는 죄는 하나님의 진노를 받아 마땅하고, 하나님은 신자의 아버지로서 이런 죄를 기뻐하지 않으신다. 그렇기 때문에 신자에게 남아 있는 죄는 하나님의 자녀로 거듭난 신자에게는 전혀 어울리지 않는다. 그러므로 죄는 신자를 자기 형상대로 새롭게 하신 하나님과 정반대된다. "나의 자녀들아, 내가 이것을 너희에게 씀은 너희로 죄를 범하지 않게 하려 함이라"(요일 2:1)는 호소에는 사도의 떨리는 목소리가 느껴진다. 죄를 아무렇지도 않게 여기고, 현재의 상태로 안주하고, 죄를 탐닉하거나 하나님의 은혜를 호색거리로 만드는 어떤 성향도 용납하지 않도록 하려고, 사도 요한은 하나님께 소망을 둔 사람은 누구나 "그의 깨끗하심과 같이 자기를 깨끗하게"(요일 3:3) 한다는 사실과, "육신의 정욕과 안목의 정욕과 이생의 자랑"(요일 2:16)과 같이 세상에 속한 모든 것은 성부께로부터 난 것이 아니고 이 세상에서 난 것이라는 사실을 신자들에게 호소한다.

둘째, 신자에게 남아 있는 죄 때문에 신자의 마음과 삶에서는 죄와의 싸움이 계속된다. 남아 있는 죄가 있는 한, 바울이 로마서 7:14이하에서 말하는 싸움이 있을 수밖에 없다. 이런 싸움이 비정상적인 것임은 두말할 필요가 없다. 성령이 내주하시는 사람에게 조금이라도 죄가 남아 있는 한, 그 사람의 마음에는 긴장과 갈등이 있다. 성화가 더해 가고 그리스도의 형상을 더 닮아 갈수록, 하나님의 거룩하심에 부합하지 않는 모든 모습에 움찔하고 그것을 미워할 수밖에 없다. 하나님의 위엄을 더 깊이 알아 갈수록, 하나님을 향한 사랑이 더해 가고, 예수 그리스도 안에 있는 하나님의 존귀한 부르심의 상을 얻고자 하는 열망이 더 강렬해지고, 자기 안에 남아 있는 죄가 얼마나 엄중한지 더더욱 인식하고, 그것을 꺼리고 혐오하는 마음이 더더욱 강해질 것이다. 가장 거룩한 자에게 가까이 갈수록 자신의 죄악됨을 더 분명히 보고 이렇게 부르짖을 수밖에 없다. "오호라, 나는 곤고한 사람이로다"(롬 7:24). 계시된 하나님의 거룩하심으로 가까이 나아간 모든 하나님의 백성들을 통해 한결같이 드러난 모습이 아닌가? "화로다 나여 망하게 되었도다. 나는 입술이 부정한 사람이요 나는 입술이 부정한 백성 중에 거주하면서 만군의 여호와이신 왕을 뵈었음이로다"(사 6:5). "내가 주께 대하여 귀로 듣기만 하였사오나 이제는 눈으로 주를 뵈옵나이다. 그러므로 내가 스스로 거두어들이고 티끌과 재 가운데서 회개하나이다"(욥 42:5-6). 성경이 말하는 진정한 성화는, 거룩하고 순전한 하나님의 형상을 온전히 닮아 가지 못하는 모든 모습이 얼마나 죄악된 것인지를 무시하거나 별거 아닌 것으로 생각하는 자긍하는 마음과는 아무런 상관이 없다. "하늘에 계신 너희 아버지의 온전하심과 같이 너희도 온전하라"(마 5:48).

셋째, 비록 죄가 여전히 남아 있기는 하나, 그것의 권세가 사라졌다는 사실을 한결같이 이해할 뿐 아니라 그 이해가 점점 자라 간다. 남아 있는 죄와 권세를 휘두르는 죄는 전혀 다르고, 거듭난 신자가 죄와 싸우는 것과 거듭나지 못한 사람이 죄에 크게 개의치 않는 것 역시 전혀 다르다. 죄가 우리 안에 사는 것과 우리가 죄 안에 사는 것은 전혀 별개다. 원수가 수도를 함락시키는 것과 원수의 패잔병들이 수비대를 괴롭게 하는 것은 전혀 다른 양상이다. 죄가 더 이상 자기와 상관이 없고 자신을 더 이상 지배할 수 없다는 것과, 도덕적이고 신령한 존재로 살아가도록 하는 데 꼭 필요한 구속하고 새롭게 하고 거룩하게 하는 은혜가 자기를 붙들고 있고, 자신은 성령으로 말미암아 하나님이 거하시는 하나님의 전이고, 영광의 소망으로 그리스도께서 자기 안에 계신다는 사실을 아는 것은, 그리스도인에게 너무나 중요하고 성화를 이루어 가는 데 어마어마한 영향을 미친다. 이 말은 주 예수 그리스도 안에서 자신을 죄에 대해 죽은 자요, 하나님에 대해서는 산 자로 여긴다는 말과 다름 아니다. 이 사실을 믿는 믿음은 "너희는 죄가 너희 죽을 몸을 지배하지 못하게 하여 몸의 사욕에 순종하지 말고 또한 너희 지체를 불의의 무기로 죄에게 내주지 말고 오직 너희 자신을 죽은 자 가운데서 다시 살아난 자 같이 하나님께 드리며 너희 지체를 의의 무기로 하나님께 드리라"(롬 6:12-13)는 호소를 성취하는 근거와 동력이 된다. 여기서 보면 직설법이 명령의 근거와 기반으로 드러나고, 그리스도를 통해 자기에게 이루어진 사실을 믿는 믿음이 의무를 이루는 데 꼭 필요한 것으로 나타난다. 죄가 더 이상 자신을 다스릴 권세가 없다고 하는 이 믿음이 의와 하나님을 섬기는 동력이 되어 마침내 영생과 거룩의 열매를 맺을 수 있도록 한다(롬 6:17, 22). 성화를 통해 우리 안에 죄가 점점 죽고, 거룩함이 점점 더해 가고 깊어진다.

성화의 동인

앞에서 살펴본 대로, 우리가 스스로를 거룩하게 하는 것이 아니라는 사실을 잊지 말아야 한다. 거룩하게 하시는 분은 하나님이시다(살전 5:23). 신자의 성화를 이루어 가시는 분은 특별히 성령이시다. 이와 관련하여 우리가 주목해야 할 것이 몇 가지 있다.

첫째, 성령께서 성화를 이루어 가시는 방식은 신비에 싸여 있다. 어떤 모양으로 성령이 내주하시는지, 성령이 하나님의 백성이 죄의 부패로부터 점점 깨끗하게 되고 그리스도의 형상으로 변모되어 가도록 그들의 마음과 생각과 의지에 어떤 모양으로 효력 있게 역사하시는지 우리는 모른다. 성령이 우리 마음에 역사하시는 것을 의식할 수 있고 알 수 있다는 편견을 가져서도 안되고, 그렇다고 성화를 무의식에 속한 일로 치부해서 성화는 우리가 의식할 수 있는 전 영역에서 이루어진다는 사실을 간과해서도 안되겠지만, 어쨌든 성화를 이루시는 분은 성령이시고, 이런 성령의 역사는 우리의 분별과 이해의 범주를 넘어선다는 사실은 분명히 알아야 한다. 물론 방해 받지 않는 성령의 이런 끊임없는 역사의 결과는 우리의 지각과 감정과 의지를 통해 드러난다. 그렇다고 해서 우리가 이해하고 경험하는 정도가 곧 성령이 역사하시는 정도라고 여겨서는 안된다. 신자가 행하는 모든 고유하고 독특한 거룩한 행위는 성령의 역사로 말미암은 것이다. 성령의 은혜와 능력이 역사하는 방식을 밝혀 보려고 하면, 성령의 비밀한 역사를 분석하고 살피는 것이 얼마나 우리의 이해를 아득히 넘어서는 일인지를 깨닫게 된다.

둘째, 우리는 전적으로 성령께 의존된 존재라는 사실을 분명히 깨달아야 한다. 물론, 성화의 과정에는 우리의 행위 역시 온전히 포함된다. 하지만 자신의 의지력이나 결단을 의지해서는 안된다. 우리가 가장 약할 때가 사실은 가장 강할 때다. 은혜로 구원받은 것이 분명한 것과 마찬가지로 구원을 이루어 가는 것 역시 은혜로 된다. 자신의 무기력함을 깊이 절감하지 않고서는, 성화의 방편으로 자기의를 삼고 교만해져 성화가 뜻한 바에 이르지 못하게 된다. 성화의 방편이 아닌 모든 은혜의 하나님을 의지해야 한다. 자긍하는 도덕주의는 교만을 부추기는 반면, 성화는 겸손과 회개를 더해 가게 한다.

셋째, 우리를 거룩하게 하시는 성령은 그리스도를 죽은 자 가운데서 다시 살아나게 하신 그리스도의 성령이시다. 성령을 생각할 때, 부활하시고 영광 중에 계신 그리스도와 상관없이 우리 안에 역사하는 분으로 생각해서는 안된다. 성화가 그리스도의 죽음과 부활을 통해 시작된 것처럼, 그 과정 역시 전적으로 그리스도의 죽음과 부활을 통해 이루어진다. 존귀하게 되신 주님으로부터 오는 모든 덕과 효력으로 성화가 이루어지고, 그분이 이루신 죽음과 부활 때문에 이런 덕이 주님의 것이 되었다. 그리고 성령으로 더불어 이 덕이 신자들에게 나누어진다. 이와 관련된 가장 중요한 성경 본문은 고린도후서 3:17-18일 것이다. 여기서 바울은 주는 영이시라고 말하고, 또 우리가 주의 형상으로 변화되는 과정이 "주의 영", 혹은 더 정확히 말해서 "성령의 주"에 의한 것임을 가리킨다. 18절 말미의 표현을 어떻게 해석하든지 간에, 거룩하게 하시는 성령의 사역이 그리스도의 형상을 점진적으로 닮아 가는 것으로 이루어질 뿐 아니라, 승천하신 주님의 역사에 전적으로 의존한다는 것은 분명하다(참조. 고전 15:45). 그리스도께 속한 것들을 취하여 하나님의 백성들에게 그것들을 알게 하고 나누어 주는 것을 통해 성령께서는 그리스도를 영화롭게 하시는데, 이것이 바로 성령이 하시는 일이고 특권이다(참조. 요 16:14, 16, 고후 3:17-18). 이것이 바로 보혜사로 내주하시는 성령께서 하시는 일이다(요 14:16-17).

성화의 방편

성화를 이루어 가는 초자연적인 동인이신 성령을 끊임없이 의지하는 한편, 성화는 신자의 의식적인 삶에서 이루어지는 과정임을 생각해야 한다. 성화의 과정에서 당사자는 그저 피동적으로 이 과정에 순응하는 자로 남아 있는 것이 아니다. 이 사실은 무엇보다 사도의 말에서 분명하게 나타난다. "너희가 나 있을 때뿐 아니라 더욱 지금 나 없을 때에도 항상 복종하여 두렵고 떨림으로 너희 구원을 이루라. 너희 안에서 행하시는 이는 하나님이시니 자기의 기쁘신 뜻을 위하여 너희에게 소원을 두고 행하게 하시나니"(빌 2:12-13). 여기서 말하는 구원은 이미 이루어진 구원을 말하는 것이 아니라 종말적 구원이다(참조. 살전 5:8-9, 벧전 1:5, 9; 2:2). 이 구절만큼 거룩하게 하시는 하나님의 역사와 우리의 역할을 명쾌하고 분명하게 말하는 곳도 드물다. 우리의 노력 때문에 우리 안에 이루어지는 하나님의 역사가 보류되는 것도 아니고, 하나님이 하시기 때문에 우리가 해야 할 일을 하지 않아도 되는 것도 아니다. 또한 하나님이 자기 역할을 하고, 우리가 우리의 역할을 함으로 서로 협동하여 필요한 결과를 산출하는 것도 아니다. 하나님이 우리 안에서 일하시고, 우리 또한 일을 한다. 하지만 하나님이 일하시니 우리도 일한다. 우리 편에서 구원을 이루어 가는 것은 하나님이 우리 안에서 일하시는 결과다. 일하지 않고 바라기만 해서 되는 것도 아니고, 바라는 것도 없이 일만 해서 되는 것도 아니다. 바라는 것과 일하는 것이 함께 간다. 하나님이 행하시는 이런 역사로, 우리는 하나님이 기뻐하시는 일을 바라고 행하게 된다. 바울은 우리 구원을 이루어 가라고 촉구할 뿐 아니라, 하나님께서 친히 우리 안에서 구원을 이루신다고 격려한다. 성화의 일에 더욱 매진할수록, 그렇게 하도록 하는 모든 은혜와 능력이 하나님으로부터 나온다는 사실을 더 분명히 알게 된다.

성경에서 일관되게 드러나는 행함에 대한 이런 촉구를 통해서, 우리는 하나님의 아들을 닮아 가도록 예정하신 하나님의 뜻을 위해 전 존재가 성화의 과정에 힘써 참여해야 한다는 사실을 깨닫는다(롬 8:29). 바울은 다시 빌립보 교인들에게 이렇게 말한다. "내가 기도하노라. 너희 사랑을 지식과 모든 총명으로 점점 더 풍성하게 하사 너희로 지극히 선한 것을 분별하며 또 진실하여 허물 없이 그리스도의 날까지 이르고 예수 그리스도로 말미암아 의의 열매가 가득하여 하나님의 영광과 찬송이 되기를 원하노라"(빌 1:9-11). 마찬가지로 베드로 역시 이렇게 말한다. "그러므로 너희가 더욱 힘써 너희 믿음에 덕을, 덕에 지식을, 지식에 절제를, 절제에 인내를, 인내에 경건을, 경건에 형제 우애를, 형제 우애에 사랑을 더하라. 이런 것이 너희에게 있어 흡족한즉 너희로 우리 주 예수 그리스도를 알기에 게으르지 않고 열매 없는 자가 되지 않게 하려니와"(벧후 1:5-8). 이 사실을 위해 계속해서 말씀을 인용하는 것은 부질없는 짓이다. 신약성경 전체가 이 일을 강조하고 있기 때문이다(참조. 롬 12:1-3, 9-21; 13:7-14, 고후 7:1, 갈 5:13-16, 25-26, 엡 4:17-32, 빌 3:10-17; 4:4-9, 골 3:1-25, 살전 5:8-22, 히 12:14-16; 13:1-9, 약 1:19-27; 2:14-26; 3:13-18, 벧전 1:13-25; 2:11-13:17, 벧후 3:14-18, 요일 2:3-11; 3:17-24). 성화를 위해서는 생각과 관심과 마음과 지각과 의지를 그것에 집중하고, 그리스도 예수 안에 있는 하나님의 존귀한 부르심의 상을 바라보고, 하나님께서 이 일을 위해 우리에게 허락하신 방편들에 전 존재로 참여해야 한다. 성화는 사람을 거룩하게 하는 일이다. 사람은 기계가 아니다. 성화는 하나님의 형상을 따라 지식과 의로움과 거룩함으로 새롭게 된 사람을 거룩하게 하는 것이다. 성화를 통해 우리가 궁극적으로 바라는 것은, 하나님이 우리를 아시는 것처럼 우리도 온전히 알고 하나님이 거룩하신 것처럼 거룩해지는 것이다. 하나님 안에 있는 이 소망을 가진 자마다, 그분이 깨끗하신 것처럼 자기를 깨끗하게 한다(요일 3:3).

13장
견인

우리 자신의 경험이나 사람들의 모습을 보거나 성경 역사나 성경의 어떤 구절들을 보면, "성도의 견인The Perseverance of the Saints"이라고 불러 온 이 교리를 강하게 부정하는 것처럼 보인다. 교회의 역사는 물론 성경의 기록들은 오히려 성도의 견인을 믿는 믿음을 파선시키는 예들로 가득 차 있는 것 같다. 성경이 "한 번 빛을 받고 하늘의 은사를 맛보고 성령에 참여한 바 되고 하나님의 선한 말씀과 내세의 능력을 맛보고도 타락한 자들은 다시 새롭게 하여 회개하게 할 수 없나니 이는 그들이 하나님의 아들을 다시 십자가에 못 박아 드러내 놓고 욕되게 함이라"고 말하고 있지 않는가?(히 6:4-6) 우리 주님도 친히 "나는 참포도나무요 내 아버지는 농부라. 무릇 내게 붙어 있어 열매를 맺지 아니하는 가지는 아버지께서 그것을 제거해 버리시고……사람이 내 안에 거하지 아니하면 가지처럼 밖에 버려져 마르나니 사람들이 그것을 모아다가 불에 던져 사르느니라"(요 15:1-2, 6)고 말씀하시지 않았는가? 역사적인 사실로 보나 방금 인용한 말씀들을 보나, 이 문제와 관련된 성경 구절들을 해석하는 것은 여간 어렵지 않을 것 같다. 이 말씀에서 배교가 뜻하는 것은 무엇인가? 타락했다는 말은 무슨 뜻인가?

견인 교리를 제대로 이해하기 위해서는 먼저 이 교리가 의미하지 않는 것이 무엇인지 알아야 한다. 먼저 이 교리는 그리스도에 대한 신앙을 고백하고 성도의 모임에 신자로 받아들여진 모든 사람이 영생을 얻고 영원한 구원에 대한 확신을 누린다고 말하지 않는다. 우리 주님은 이 세상에 육신으로 계실 때 자신을 믿고 따르는 유대인들에게 다음과 같이 경고하셨다. "예수께서 자기를 믿은 유대인들에게 이르시되 너희가 내 말에 거하면 참으로 내 제자가 되고 진리를 알지니 진리가 너희를 자유롭게 하리라"(요 8:31-32). 예수님은 참된 제자인지를 알 수 있는 시금석으로 예수님의 말씀에 지속적으로 거하는 것을 말씀하신다. "너희가 내 이름으로 말미암아 모든 사람에게 미움을 받을 것이나 끝까지 견디는 자는 구원을 얻으리라"고 하시는 말씀에서도 이 사실은 확인된다(마 10:22). 히브리서에서도 이 기준은 그대로 적용된다. "우리에게 큰 대제사장이 계시니 승천하신 이 곧 하나님의 아들 예수시라. 우리가 믿는 도리를 굳게 잡을지어다"(히 4:14). 요한복음 15장에 나오는 포도나무와 가지의 비유에서도 엄중한 교훈을 얻는다. "사람이 내 안에 거하지 아니하면 가지처럼 밖에 버려져 마르나니 사람들이 그것을 모아다가 불에 던져 사르느니라"(요 15:6). 참된 믿음인지를 알 수 있는 중요한 시금석은 바로 그리스도 안에서 그분의 말씀 안에 거하면서 마지막까지 견디는 것이다.

성경의 이런 강조를 통해 두 가지를 배울 수 있다. 첫째, 먼저 타락한다는 것이 무엇인지, 여기서 말하는 배교가 무엇을 의미하는지 알 수 있다. 겉으로는 그리스도를 믿고 순종하는 것처럼 보이고, 잠시 동안은 좋은 신자로 드러나고, 그리스도와 그의 나라를 위해 큰 열심을 보이다가, 신앙을 대적하지는 않는다 하더라도 이내 모든 흥미를 잃고 싸늘해져 버릴 수 있다. 뿌리를 내리고 자라기까지 하지만 해가 뜨자 말라 버리고 아무 열매도 맺지 못하는 돌짝밭에 뿌려진 씨앗이 교훈하는 바와 같다(참조. 막 4:5-6, 16-17). 물론 이런 부류 안에서도 다양하게 나눌 수 있다. 어떤 사람들은 회심한 것처럼 보인다. 잠시 동안은 열정을 주체하지 못할 정도로 뜨겁다가 이내 언제 그랬냐는 듯이 싸늘하게 식어 버린다. 더 이상 성도들과 사귐을 갖지도 않는다. 그러나 이런 열정마저도 드러나지 않는 사람들이 있다. 그들이 가졌다는 그리스도를 믿는 믿음을 한 번도 제대로 드러내 본 적이 없다. 시간이 흐를수록 점점 희미해져서 결국 완전히 끊어져 버린다. 더 이상 의인의 길을 가지 않는다. 둘째, 잠시 있다가 사라질 믿음을 가진 사람들도 어느 정도까지는 자라고 일정 기간 믿음도 유지한다. 이런 사실은 씨 뿌리는 자의 비유를 보아도 알 수 있다. 그들은 돌짝밭에 뿌려진 씨다. 이들도 기쁨으로 말씀을 받고 어느 정도까지는 이 기쁨이 계속 이어진다. 잎사귀도 보이고, 심지어 이삭이 패이기까지 한다. 싹이 트는 것은 물론 자라기까지 한다. 다만 한 가지, 잘 여문 알곡이 열리지 않는다. 이런 사람을 가리키는 히브리서의 표현이 관심을 사로잡는다. "하나님의 선한 말씀과 내세의 능력을 맛보고도 타락한 자들은 다시 새롭게 하여 회개하게 할 수 없나니 이는 그들이 하나님의 아들을 다시 십자가에 못 박아 드러내 놓고 욕되게 함이라"(히 6:5-6). 결국에는 타락하여 떨어져 나가는 자들을 묘사하는 말들이 놀랍다. 이런 표현들을 통해 우리는 하나님 나라에서 역사하는 능력과 그 영향이 얼마나 큰지를 가늠한다. 결국 구원을 받을 만큼 급격한 변화가 없는 것으로 드러날 사람들에게까지 영향이 미치니 말이다. 베드로후서 2:20-22에서도 믿음에서 떨어져 나가는 이런 사실과 경험을 다룬다. 본문에서 베드로 사도는 하나님과 주 예수 그리스도도 알고, 의의 길이 무엇인지도 알고, 이런 지식을 통해 세상의 부패한 것에서 건짐을 받았으나, 다시금 동일한 부패에 빠져 자기에게 전해진 거룩한 계명에서 돌아선 자들을 가리켜, "참된 속담에 이르기를 개가 그 토하였던 것에 돌아가고 돼지가 씻었다가 더러운 구덩이에 도로 누웠다 하는 말이 그들에게 응하였도다"라고 말하고 있는 것이다. 그러므로 우리는 성경 자체를 통해서, 매우 고상하고 존귀하며 새롭게 하는 복음의 진리와 능력을 기쁨으로 경험하고, 사람들이 보기에 하나님의 은혜로 거듭나 거룩하게 된 사람들과도 구별이 안될 정도로 강력한 하나님 나라의 초자연적인 능력을 경험한 사람이라 할지라도, 여전히 그리스도와 영생의 기업을 이을 후사에는 외인으로 남아 있을 수 있다는 결론에 이르게 된다. 이런 가능성과 실제 그런 경우들이 있음을 염두하지 않는 견인 교리는 오히려 견인 교리를 왜곡하는 것이며, 견인 교리가 주는 유익과 상반되는 방종을 부추길 뿐이다.

엄밀히 말해서 견인 교리라고 할 수도 없다.

이런 사실들을 통해 우리는 "성도의 견인"이라는 말이 내포하는 의미가 무엇인지, 그리고 그렇게 표현하는 것이 타당하다는 것을 더 잘 이해할 수 있게 되었다. 이 교리를 "신자의 안전The Security of the Believer"이라고 하지 않고 위와 같이 부르는 것은 신자의 안전이라는 말 자체가 잘못되었기 때문이 아니라, 성도의 견인이라는 말이 이 교리가 말하고자 하는 바를 주의 깊고 포괄적으로 더 잘 담아내고 있기 때문이다. 성도의 견인이라는 말 자체가, 신자는 영생과 관련하여 믿음과 거룩에서 뒤로 미끄러지거나 떨어져 나갈 염려가 전혀 없을 만큼 안전하다는 뜻이나 그런 암시를 전혀 포함하고 있지 않다. 신자의 상태를 그런 식으로 이해하지 않도록 한다. 이 교리를 그런 식으로 왜곡해서 이해하고 이야기하는 것은 아주 해로운 결과로 나타날 수밖에 없기 때문이다. 아무리 죄를 많이 짓고 불신앙으로 행해도 신자는 안전하다는 말은 사실이 아니다. 왜 그런가? 불가능한 조합을 주장하기 때문이다. 신자도 죄를 짓는다. 중대한 죄에 빠지기도 하고, 오랫동안 계속해서 뒤로 미끄러질 수도 있다. 하지만 신자는 자신을 죄에 방치하며 죄의 지배 아래 살거나 계속해서 특정한 불신앙의 죄책 아래 있을 수 없다. 그렇기 때문에 계속되는 죄와 불신앙의 삶에도 불구하고 신자는 안전하다는 말은 전혀 잘못된 것이다. 예수 그리스도를 믿는 믿음은 항상 거룩하고 신실한 삶과 관련이 있다. 그러므로 믿음과 거룩의 열매를 맺지 못하는 신자란 있을 수 없다. 믿음을 가진 후에 어떤 죄를 얼마나 짓는 것과 상관없이 신자는 안전하다고 말하는 것은, 그리스도를 믿는 믿음을 추상적인 것으로 만드는 것이고, 하나님의 은혜를 호색거리로 악용하도록 부추길 뿐이다. 견인은 신자들이 끝까지 견디어 이기는 것을 말하는 교리다. 이 교리가 성도들의 인내를 뜻한다는 것은 재론의 여지가 없다. 이 말은 성부의 유효한 부르심과 내주하시는 성령을 통해 그리스도와 연합한 성도들은 끝까지 견디어 이긴다는 의미다. 견디는 신자들은 인내하되 계속해서 그렇게 한다. 지속적으로 인내하고 견디든 말든 구원을 받을 것이라는 말이 아니라, 신자는 틀림없이 그렇게 견디고 이긴다는 말이다. 결국 성도들이 누리는 안전은 그들이 끝까지 견디는 것과 무관하지 않다. 예수님도 그렇게 말씀하시지 않는가? "끝까지 견디는 자는 구원을 얻으리라"(마 24:13).

베드로 사도가 하나님이 하늘에 간직하신 "썩지 않고 더럽지 않고 쇠하지 아니하는 유업"이라는 산 소망을 언급하는 것 또한 "말세에 나타내기로 예비하신 구원을 얻기 위하여 믿음으로 말미암아 하나님의 능력으로 보호하심을" 받는 성도들이 끝까지 견디도록 하기 위한 것이다(벧전 1:4-5). 여기서 성도들과 관련해서 특별히 주목할 세 가지가 있다. 첫째, 그들은 보호하심을 받는다. 둘째, 믿음을 통해 보호하심을 받는다. 셋째, 말세에 나타내기로 예비하신 구원을 얻기 위해 믿음으로 말미암아 하나님의 능력으로 보호하심을 받는다. 잠시 동안이 아니라 끝까지 그렇게 보호하심을 받는다. 믿음과 상관없이 그렇게 되는 것이 아니라 믿음으로 말미암아 보호하심을 받는다. 그러므로 안전 교리를 악용하여 태만함에 머물거나 자신의 정욕에 머물러서는 안된다. 오히려 성도의 견인 교리를 제대로 알고 오직 우리가 끝까지 믿음과 거룩함으로 견딜 때 그리스도 안에 있는 우리의 안전을 믿는 믿음을 누릴 수 있다는 사실을 받아들여야 한다. "형제들아, 나는 아직 내가 잡은 줄로 여기지 아니하고 오직 한 일 즉 뒤에 있는 것은 잊어버리고 앞에 있는 것을 잡으려고 푯대를 향하여 그리스도 예수 안에서 하나님이 위에서 부르신 부름의 상을 위하여 달려가노라"고 말하면서 바울이 생각했던 것은 바로 영광과 생명으로 부활하는 결승점이었다(빌 3:13-14).

성도의 견인 교리를 통해 우리는, 마지막까지 견디는 자라야 참된 성도라는 사실을 생각하지 않을 수 없다. 그리스도 안에 있는 존귀한 부르심의 상은 저절로 얻게 되는 것이 아니다. 견인이라는 말은, 우리를 구원하시는 목적을 이루기 위해 하나님이 정하신 방편들에 우리의 전인이 열정적이고 집중적으로 헌신하고 참여하는 것을 의미한다. 성경이 말하는 견인 교리는 오늘날 복음주의 진영에 만연하는 정적주의quietism나 반율법주의antinomianism와는 하등 상관이 없다.

끝까지 견디는 자라야 성도인 것은 분명하지만, 그래도 질문은 남는다. 성도들은 정말 끝까지 견디는가? 하나님은 그리스도를 진실로 믿는 자들이 끝까지 견디도록 정하셨고, 또 그렇게 하시는 것이 맞는가? 이 물음에 대한 대답은 단연코 예다. 반율법주의적인 방종과 억측에 맞서는 것 이상으로, 성도도 은혜에서 떨어질 수 있다고 하는 알미니안의 가르침을 부정하는 것 역시 아주 중요하다.

물론 성경에도 "은혜에서 떨어진 자"라는 말이 나온다(갈 5:4). 하지만 바울은 여기서 신자도 하나님의 은혜에서 떨어져 영원한 멸망에 이를 수 있는지 여부를 말하고 있는 것이 아니다. 율법의 공로로 의롭게 되는 것과 정반대인 은혜로 의롭게 되는 교리를 악용하여 방종에 이르는 것에 대해 말하고 있다. 사실 이 본문에서 바울이 말하는 것은, 어떤 식으로든 어느 정도든 율법의 행위로 의롭게 되기를 구하는 것은 은혜로 의롭게 된다는 교리를 저버리고 그것으로부터 완전히 떠나는 것과 같다는 사실이다. 은혜와 공로가 뒤섞인 칭의는 있을 수 없다. 은혜로 의롭다 여김을 받든 행위로 의롭게 되든, 둘 중 하나만이 있을 뿐이다. 조금이라도 행위를 가입하게 하는 것은, 곧 은혜를 저버리는 것이요 전체 율법을 행할 채무 아래로 들어가는 것이다(참조. 갈 5:3). 바울의 이런 가르침은 견인과 관련된 전체 문제와 깊이 연관된다. 견인을 증진하는 데 오직 믿음으로 말미암아 은혜로 의롭다 함을 받는 칭의 교리보다 더 중요한 믿음의 내용은 없다. 하지만 바울이 여기서 말하는 것은 하나님의 은혜에서 떨어져 나가는 신자가 아니다. 은혜에서 떨어져 나가는 신자라는 말은 사실 바울의 다른 서신에서 볼 수 있는 분명한 가르침들과 상반되는 것이다. 성도들이 끝까지 견디어 이긴다는 입장을 분명히 하기 위해 가장 우선적으로 호소해야 할 것이 바로 바울의 가르침이다.

신약성경이 말하는 "성도"란 어떤 사람들인가? 예수 그리스도의 부르심을 받은 자들이다(롬 1:6-7). 신약성경이 말하는 성도 됨과 죄인들을 예수 그리스도와의 교제로 불러들이는 유효한 부르심은 떼어서 생각할 수 없다(고전 1:9). 이제 우리는 물어야 한다. 성경 어느 대목에서 바울이 죄인을 성도로 만드는 이런 부르심에 대해 말하고 있는가? 로마서 8:28-30이다. 여기서 우리는 하나님이 자기 백성들을 미리 아시고 예정하신 영원한 목적에서 시작해 영화에까지 이르게 하시는 중단될 수 없는 일련의 사건들을 목도한다. 이런 구원의 연쇄적인 고리에서 부르심을 빼는 것은 불가능하다. 부르심을 받는 자들은 하나님의 뜻을 따라 부르심을 받는다(28절). 하나님의 뜻이 부르심보다 앞선다. 이는 예정과 관련해 하나님의 뜻을 설명하는 29절, 30절에서 바울이 연이어 말하고 있는 바다. "하나님이 미리 아신 자들을 또한 그 아들의 형상을 본받게 하기 위하여 미리 정하셨으니……미리 정하신 그들을 또한 부르시고." 더욱이 미리 아심과 부르심이 예정보다 먼저 있고, 예정은 또한 칭의와 영화로 이어진다. "부르신 그들을 또한 의롭다 하시고 의롭다 하신 그들을 또한 영화롭게 하셨느니라"(30절). 지금 우리가 다루는 주제와 관련하여 이 본문이 말하는 중요한 의미를 간과할 수 없다. 이 주제와 관련된 대상은 예수 그리스도의 부르심을 입은 성도들이다. 이들은 예수 그리스도를 믿는 믿음으로 의롭게 된 사람들이다. 참된 그리스도인을 그리스도의 부르심을 입고 의롭게 된 사람들에 못 미치는 것으로 정의해서는 안된다. 그렇다면 우리는 이렇게 물을 수 있다. 부르심을 입고 의롭게 된 사람도 타락하여 영원한 구원에 이르지 못할 수 있는가? 바울의 대답은 너무나 분명하다. 부르심을 받고 의롭게 된 사람은 반드시 영화롭게 된다. 부르심을 받은 이후만이 아니라 그 전에 대해서 말해도 동일한 대답을 얻는다. 부르심을 받은 사람들은 하나같이 하나님의 아들의 형상을 본받기 위해 정하심을 받았다(29절). 하나님께서 당신의 백성들을 예정하신 목적이

실패할 수 있는가? 알미니안들도 그렇게는 말하지는 않을 것이다. 그들조차, 하나님이 미리 아셔서 영원한 구원으로 예정하신 사람은 끝까지 견디고 이겨 결국 구원에 이르게 된다고 믿기 때문이다.

이 논의가 왜 중요한지 알아야 한다. 성도들이라 할지라도 타락하여 영원히 잃어버릴 수 있다면, 부르심을 입고 의롭다 여김을 받은 자들 역시 타락하여 잃어버린 자가 될 수 있다는 말이 된다. 하지만 성령의 감동을 받은 사도는 그런 일은 결코 있지 않고 있을 수도 없다고 말한다. 하나님께서는 부르신 자들을 의롭다 하시고 또한 영화롭게 하신다. 하나님의 아들의 형상과 같아지는 것이 바로 영화다. 이것이 바로 "그는 만물을 자기에게 복종하게 하실 수 있는 자의 역사로 우리의 낮은 몸을 자기〔그리스도〕 영광의 몸의 형체와 같이 변하게 하시리라"는 바울의 말이 뜻하는 바다(빌 3:21). 로마서 8:23의 "양자될 것 곧 우리 몸의 속량"이라는 말 역시 같은 의미다. 성도의 견인을 부정하는 것은 곧 바울 사도의 중요하고도 분명한 가르침을 무색케 하는 것이다.

이 본문만으로도 성도의 견인 교리를 주장하기에는 충분하다. 하지만 성경은 계속해서 이 사실을 확증해 준다. 사람이 말하는 것과 전혀 다른 권세를 가진 이가 하신 말씀을 기억하자. 그분은 자기를 보내신 분의 뜻을 행하기 위해 이 땅에 오셨고, 그 뜻은 그분에게 주신 자들을 하나도 잃어버리지 않고 마지막 날에 살리는 것이었다(요 6:39). 신약성경에서 그리스도를 믿는 사람을 성도라고 한다는 사실을 부정할 사람은 없다. 신자가 성도다. 신자에 대해 예수님은 뭐라고 말씀하시는가? "내 아버지의 뜻은 아들을 보고 믿는 자마다 영생을 얻는 이것이니 마지막 날에 내가 이를 다시 살리리라 하시니라"(요 6:40). 그래도 혹시 실패할 수 있는 것 아닌가? 그런 일은 없을 것이라고 예수님은 분명히 말씀하신다. 우리를 위해 그 후에 있을 일들까지 밝히 말씀하고 계시기 때문이다. 자기를 믿는 모든 자가 영생을 얻는 것만이 아니라 "마지막 날에 그를 다시 살리시는 것"이 성부의 뜻이다. 마지막 날에 이루어질 이런 부활의 성격에 대해 의구심을 갖지 않도록, 앞 절을 통해 마지막 날에 있을 부활과 성부께서 그에게 주신 것은 어느 것 하나도 잃어버리지 않을 것이라는 사실을 대비하신다. 바꾸어 말하면, 지금 예수님이 말씀하시는 마지막 날에 있을 부활은 성부께서 그에게 주신 것들을 하나도 잃어버리지 않았음을 분명히 하는 부활이다. "나를 보내신 이의 뜻은 내게 주신 자 중에 내가 하나도 잃어버리지 아니하고 마지막 날에 다시 살리는 이것이니라"(요 6:39). "내게 오는 자는 내가 결코 내쫓지 아니하리라"(요 6:37)는 말씀으로 예수님은, 신자는 결코 멸망할 수 없다는 사실에 대한 가장 분명한 확신을 주고 계시지 않는가? 그에게로 나아간다는 것은 곧 그분을 믿는다는 것이다. 예수님이 생각하시고 확증하시는 성도의 안전은 성도들이 마지막 날에 누릴 생명의 부활과 조금도 다르지 않다.

하지만 이것이 다가 아니다. 요한복음에 기록된 예수님의 말씀을 좀 더 살펴보자. 예수님은 또한 이렇게 말씀하신다. "아버지께서 내게 주시는 자는 다 내게로 올 것이요"(요 6:37). 성부께서 사람들을 아들에게 보내시는 곳이면 어디나, 그에 따라 그리스도께로 나아가는 일이 생긴다. 그분을 믿게 된다는 말이다. 하지만 그리스도께로 나아가는 일이 있는 곳은 어디나 성부께서 아들에게 사람들을 보내시는 일이 있다는 것도 참이다. 성부께서 주시지 않으면(요 6:65), 성부께서 이끌지 않으면(요 6:44) 누구도 그리스도께로 나아올 수 없다고 하시기 때문이다. 우리는 이것을 성부께서 그리스도께로 사람을 보내시고 이끄시는 동일한 일의 두 가지 측면, 혹은 동일한 일을 바라보는 두 가지 방식으로 보아야 한다. 성부께서 이끄신다는 말은 사람들에게 역사하는 하나님의 행위로서 사건을 본 것이고, 그리스도께 주신다는 말은 성부께서 아들에게 수여하시는 것으로 본 것이다. 이 두 가지를 서로 다른 일처럼 따로 분리해서 생각할 수 없다. 이 말은 곧 성부께서 그리스도께 주시지 않는 한, 누구도 그리스도께로 나아갈 수 없다는 말이다. 성부께서 그리스도께 주시지 않는 한 아무도 그분께 나아갈 수 없다는 사실은, 우리가 이미 예수님의 말씀을 통해 확인한 바다. 그러므로 성부께서 주시는 것과 사람이 그리스도께 나아가는 것은 서로 분리될 수 없다. 하나가 없이는 다른 하나도 없고, 하나가 있는 곳에는 반드시 다른 하나도 뒤따른다.

    이런 이해를 가지고 요한복음 10장을 보면 신자는 결코 멸망할 수 없다는 진리를 분명히 확인할 수 있다. 다시 한 번 예수님은 성부께서 자기에게 주신 자들에 대해 말씀하신다. 비록 예수님이 그들이 자신의 양인 것을 나타내기 위해 새로운 명칭을 사용하기는 하지만, 그렇다고 여기에 나오는 성부께서 주시는 것과 요한복음 6장에 나오는 그것을 분리해서 생각할 수 없다. 여기서 예수님이 말씀하시는 것은 무엇인가? "그들을 주신 내 아버지는 만물보다 크시매 아무도 아버지 손에서 빼앗을 수 없느니라. 나와 아버지는 하나이니라 하신대"(요 10:29-30). 아무도 아버지의 손에서 빼앗아 갈 수 없도록 하는 이 능력에 대해서는 바로 앞에 예수님이 하신 말씀에서 찾아볼 수 있다. "내가 그들에게 영생을 주노니 영원히 멸망하지 아니할 것이요 또 그들을 내 손에서 빼앗을 자가 없느니라"(요 10:28). 예수님께서 지금 말씀하시는 것은 성부께서 자기에게 주신 자들에게 있는 실패할 수 없는 안전이다. "멸망하지 않을 것이요." 이 같은 안전은 누구도 그의 손에서 빼앗을 수 없다는 사실을 통해 확인할 수 있다. 이는 "그들을 주신 내 아버지는 만물보다 크시매 아무도 아버지 손에서 빼앗을 수 없느니라"고 하신 그분의 말씀이 진리임을 확증한다. 성부께서 아들에게 주신 자들은 아들의 손 안에 있을 뿐 아니라 여전히 성부의 손에 있다는 신비한 사실이, 실패할 수 없는 성도의 견인을 확증한다. 성부와 성자의 손에서 성도들을 빼앗아 갈 자는 아무도 없다. 이것이 바로 성부께서 아들에게 주신 자들이 누리는 기업이다.

하지만 우리는 또한, 성부께서 그리스도께 주신 모든 자들은 반드시 그리스도께로 나아오며, 곧 그분을 믿으며, 또 그분을 믿는 자들은 모두 그분께 주어진 자들이라는 사실을 잊지 말아야 한다. 그렇기 때문에 요한복음 10:28-29에서 예수님이 하신 말씀은 성부께서 아들에게 주신 자들만을 단순히 가리키는 것이 아니다. 그분은 또한 믿는 모든 자들을 가리켜 말씀하시는 것이다. 요한복음 6장의 본문에서 우리는 그리스도께 주어진 자들이 신자요, 신자는 그리스도께 주어진 자들이라는 사실을 확인했다. 따라서 모든 신자들, 곧 요한복음 6:37, 44-45, 65이 말하는 그리스도께 나아오는 모든 자들에 대하여 진리요 참 하나님이요 영원한 생명이신 분의 권세로 예수의 이름을 믿는 모든 자는 멸망하지 않을 것이라고 말할 수 있다. 이들은 하나같이 마지막 날에 다시 살아서 복된 자들의 부활에 참여한다. 바울의 말을 빌면, 그들은 "어떻게 해서든지 죽은 자 가운데서 부활에" 이를 것이다(빌 3:11).

이 진리를 볼 때 우리에게는 하나님의 사랑의 여상함과 은혜에 경탄해 마지않을 새로운 이유가 있다. 이 소중한 믿음의 내용을 공고히 하는 하나님의 은혜 언약의 고리는 결코 분리될 수 없다. "산들이 떠나며 언덕들은 옮겨질지라도 나의 자비는 네게서 떠나지 아니하며 나의 화평의 언약은 흔들리지 아니하리라. 너를 긍휼히 여기시는 여호와께서 말씀하셨느니라"(사 54:10).

14장
그리스도와의 연합

지금 우리는 그리스도의 구속이 어떻게 적용되는지를 살펴보고 있다. 눈치가 빠른 독자라면, 왜 아직도 그리스도와의 연합을 다루지 않는지 의아해 할 것이다. 두말할 필요도 없이 그리스도와의 연합은 그리스도의 구속을 적용함에 있어서 아주 중요한 부분이다. 만일 이 연합을 다루지 않는다면, 지금 우리가 하고 있는 논의는 온전하지 못할 뿐 아니라 그리스도인의 삶에 대한 이해 역시 심각하게 왜곡될 수밖에 없다. 그리스도와의 연합과 교제보다 더 중심적이고 근본적인 것도 없기 때문이다.

하지만 지금까지 구속이 적용되는 여러 측면과 더불어 이 주제를 다루지 않은 분명한 이유가 있다. 그리스도와의 연합이라는 주제는 그 자체로 매우 광범위하고 포괄적이기 때문이다. 구속이 적용되는 한 단계 정도로 치부할 수 있는 것이 아니다. 성경이 가르치는 바와 같이, 넓은 견지에서 보면 그리스도와의 연합은 구속이 적용되는 모든 단계의 토대가 된다는 사실을 알 수 있다. 구속을 적용하는 일에는 물론, 단번에 이룬 그리스도의 완성된 사역에 있어서도 그리스도와의 연합은 중심에 자리한다. 구원 과정 전체가 그리스도와의 연합의 한 단계에서 시작할 뿐 아니라, 구원은 다름 아닌 이 연합의 다른 단계들이 실현되는 것이기 때문이다. 신약성경에서 빈번하게 등장하는 "그리스도 안에서"라는 짧은 표현이 말하는 것이 바로 연합이다. "그리스도와의 연합"을 말할 때 생각하는 것이 바로 "그리스도 안에서"라는 말이 뜻하는 것이다. 성경은 "그리스도 안에서"라는 말을 단순히 구속의 적용을 의미할 때만 사용하지 않는다. 물론 그리스도와의 연합의 어떤 측면은 구속의 적용에만 사용되어야 하는 것이 맞다. 이 부분에 대해서는 나중에 다룰 것이다. 하지만 먼저 그리스도와의 연합이 갖는 포괄적인 의미를 다루지 않는다면 이 주제를 제대로 다룬다고 할 수 없다. 포괄적인 의미를 먼저 이해할 때, 구속의 적용과 관련해서도 이 말이 뜻하는 바를 제대로 알 수 있을 것이다.

그리스도와의 연합과 관련해서 성경이 가르치는 것들을 살펴보면 그 범위가 어디까지 미치는지 알게 된다. 이렇게 할 때, 비로소 우리는 그리스도와의 연합이 어디로부터 시작해서 어디로 향하는지를 알게 된다.

성부께서 영원 전에 "그리스도 안에서" 우리를 택정하심으로 구원이 시작되었다. 바울은 말한다. "하나님 곧 우리 주 예수 그리스도의 아버지께서 그리스도 안에서 하늘에 속한 모든 신령한 복을 우리에게 주시되 곧 창세전에 그리스도 안에서 우리를 택하사"(엡 1:3-4). 성부께서 영원 전에 우리를 택하시되, 그리스도 안에서 그렇게 하셨다. 여기에 내포된 것들을 다 이해할 수는 없지만, 한 가지 분명한 것은 영원 전에 성부께서 우리를 택정하실 때 그리스도와 상관없이 그렇게 하신 것은 아니라는 사실이다. 이 말은 곧 성부께서 영원한 사랑의 경륜으로 구원받을 자들을 택정하실 때, 그리스도와의 연합과 상관없이 그렇게 하신 것이 아니라는 말이다. 그들은 그리스도 안에서 택하심을 받았다. 우리가 그 원천에까지 구원을 최대한 거슬러 가 보면 "그리스도와의 연합"이 자리하는 것을 볼 수 있다. 그리스도와의 연합은 나중에 덧붙여진 것이 아니라 애초부터 거기에 그렇게 있었다.

하나님의 백성들을 구원하기 위해 그리스도께서 자기 목숨을 대속물로 내어주신 것도 그들이 그리스도 안에 있었기 때문이다. 그리스도의 죽음과 부활과 승천에서 하나님의 백성들이 그분과 연합해 있다는 사실이 드러난다(롬 6:2-11, 엡 2:4-6, 골 3:3-4). 바울은 말한다. "우리는 그리스도 안에서 그의 은혜의 풍성함을 따라 그의 피로 말미암아 속량 곧 죄 사함을 받았느니라"(엡 1:7). 그렇기 때문에 그리스도께서 단번에 이루신 구속 역사를 생각할 때, 창세전에 성부의 선택으로 이루어진 그리스도의 연합과 상관없이 그렇게 하지 않는다. 다시 말해, 그리스도가 저주받은 나무에 달려 죽고 죽은 자들 가운데서 다시 살아나셨을 때 그리스도와 백성들 간의 연합을 가능하게 한 하나님의 사랑과 지혜와 은혜의 신비로운 작정과 상관없이 구속을 생각하지 않는다는 말이다. 이는 곧 교회는 그리스도의 몸이라는 말이고 "그리스도께서 교회를 사랑하시고 그 교회를 위하여 자신을 주셨다"는 말과 다르지 않다(엡 5:25).

하나님의 백성들은 그리스도 안에서 새롭게 지어졌다. "우리는 그가 만드신 바라. 그리스도 예수 안에서 선한 일을 위하여 지으심을 받은 자니"(엡 2:10). 지금 바울은 행위가 아닌 은혜로 구원받았다는 진리를 주장하고 있다. 구원은 하나님의 은혜로 시작되었고, 그리스도 안에 있는 새로운 피조물로 구원을 받음으로 확정되었다. 구원의 시작뿐 아니라 그것을 실제로 누리기 시작하는 것 역시 그리스도와의 연합을 통해서라는 사실에 놀랄 이유는 없다. 영원 전에 성부의 택정하심으로 구원이 시작된 것 역시 그리스도 안에서 그렇게 된 것이고, 그리스도의 속죄의 피로 단번에 구원에 참여하는 것 역시 그리스도 안에서 그렇게 된다는 것을 이미 살펴보지 않았는가? 하나님의 백성들이 실제로 구속에 참여한 자가 될 때까지 그리스도와의 연합이 보류된다고 생각할 수 없다. 그들은 그리스도 안에서 새롭게 창조된 사람들이다.

하지만 새 생명의 시작만 그리스도 안에서 되는 것이 아니라, 이 생명이 지속되는 것 역시 그리스도와의 연합이라는 동일한 관계 덕분이다. 그리스도인의 삶과 행실은 그리스도 안에서 계속된다(롬 6:4, 고전 1:4-5, 참조. 고전 6:15-17). 예수님의 부활에 참여하여 살아감으로 신자들은 새 생명을 누린다. 그리스도 안에서 모든 일, 곧 모든 언변과 모든 지식에 풍족하게 된다.

신자는 그리스도 안에서 죽는다. 그리스도 안에서 그리스도로 말미암아 잠들고, 그리스도 안에서 죽는다(살전 4:14, 16). 그리스도와의 연합은 죽음으로도 끊어질 수 없다는 사실만큼 이 연합의 불변성을 잘 보여주는 것이 또 어디 있을까? 죽음은 엄연한 사실이다. 죽음으로 영혼과 육신이 분리된다. 하지만 그렇게 분리된 상태에서도 여전히 그리스도와 연합한 상태로 남아 있다. "그의 경건한 자들의 죽음은 여호와께서 보시기에 귀중한 것이로다"(시 116:15).

마지막으로, 하나님의 백성들은 그리스도 안에서 부활하고 영화롭게 될 것이다. 마지막 나팔 소리와 더불어 죽은 자들이 썩지 않을 몸을 입고 다시 살아날 때, 그들 역시 그리스도 안에서 살아난다(고전 15:22). 그리고 그리스도와 더불어 영화롭게 된다(롬 8:17).

우리가 아는 것처럼 그리스도와의 연합은 창세전에 성부 하나님의 선택에 뿌리를 박고 있고, 하나님의 자녀들이 영화롭게 되는 것으로 결실한다. 하나님의 백성들의 지평은 광대하고 장구하다. 공간과 시간에 갇혀 있지 않고 영원까지 이른다. 하나님의 백성들의 시야는 두 개의 초점을 따라 궤적을 그린다. 하나는 영원한 경륜 속에 있는 성부 하나님의 택정하신 사랑이고, 다른 하나는 그리스도의 영광이 나타날 때에 그리스도와 더불어 누리는 영광이다. 전자는 그 시작이 없고, 후자 역시 그 끝을 모른다. 그리스도께서 재림하실 때에 그와 더불어 영화롭게 되는 것은 영원한 세대를 통틀어 계속될 완성의 시작일 뿐이다. "우리가 항상 주와 함께 있으리라"(살전 4:17). 과거를 돌아보고 장래를 조망할 수는 있지만, 그것이 단지 우리가 알고 있는 현세의 역사로만 국한될 필요는 없다. 오히려 이 땅의 역사가 의미가 있고 소망이 있는 것은 신자들이 이런 조망을 가지고 있기 때문이다. 믿음으로 사는 삶과 영광의 소망 속에서 과거와 현재와 미래를 아우르는 것이 무엇인가? 신자들이 하나님이 이미 정하신 경륜을 생각하면서 그렇게 큰 기쁨으로 즐거워하는 이유는 무엇인가? 현재 당하는 여러 어려움과 당혹스러움에도 불구하고 그렇게 인내할 수 있는 것은 무엇 때문인가? 신자들로 하여금 큰 확신으로 장래를 바라보고 하나님의 영광의 소망 가운데 즐거워할 수 있도록 하는 것은 무엇인가? 그것은 그들이 항상 그리스도와의 연합을 기초로 과거를 돌아보고, 현재를 살아가고, 장래를 바라보기 때문이다. 신자에게 창세전에 그리스도 안에서 이루어진 택정하심의 실체를 확신하도록 하는 것은, 그리스도의 죽음과 부활의 능력을 통해 항상 현재적으로 누리는 그분과의 연합이다. 영세전에 그리스도 안에서 택정함을 입은 것처럼, 지금도 신자는 그리스도 안에서 하늘의 모든 신령한 복을 성부로부터 받는다(참조. 엡 1:3-4). 신자가 영원한 기업의 후사로 인침을 받는 것은, 그리스도께서 기업의 보증이 되사 그 얻으신 것을 속량하셨고, 그 안에서 약속의 성령으로 인치심을 받았기 때문이다(참조. 엡 1:13-14). 그리스도와의 연합이 아니고는 자신의 과거, 현재, 미래 어디를 보나 그리스도와 상관없는 암담함과 두려움뿐이다. 그리스도와의 연합이 있음으로 시간과 영원의 전체 그림이 완전히 달라지고 하나님의 백성은 말할 수 없는 기쁨과 충만한 영광으로 기뻐하는 것이다.

그리스도와의 연합은 아주 포괄적인 주제다. 하나님의 영원한 선택이라고 하는 궁극적인 시작에서부터 택함을 받은 자들이 영화롭게 되는 종국적인 결실에 이르기까지의 전체 구원 과정을 포함한다. 그리스도가 이루신 구속을 적용하는 어느 한 단계에서 그치지 않는다. 성취와 적용에 이르는 구속의 전 과정의 토대가 된다. 그리스도와의 연합은 이 모든 것을 아우를 뿐 아니라, 그리스도께서 위하여 친히 값주고 사셔서 구속해 주시기로 한 모든 사람에게 그것을 효력 있게 적용하고 나누어 주실 것을 확증한다.

또한 그리스도와의 연합은 그리스도께서 이루신 구속을 적용하는 아주 중요한 부분이기도 하다. 구속이 효력 있게 적용되기 전에는 **실제로** 그리스도께 참여한 자가 아니다. 에베소 교인들에게 쓴 편지에서 사도 바울은 그들이 창세전에 그리스도 안에서 택정함을 받았다는 사실과 더불어, 그들도 "그리스도 밖에 있었고 이스라엘 나라 밖의 사람이라 약속의 언약들에 대하여는 외인이요 세상에서 소망이 없고 하나님도 없는 자"였고, "본질상 진노의 자녀"였던 때가 있었다는 사실 역시 상기시켰다(엡 2:3, 12). 영원 전에 그리스도 안에서 택정함을 받기는 했지만, 하나님의 아들과의 교제를 위해 유효한 부르심을 받을 때까지는 그들도 그리스도에 대하여 외인이었던 것이다(고전 1:9). 이처럼 성부 하나님의 유효한 부르심이 있어야, 사람은 그리스도께 참여한 자가 되고 구속의 복을 누리는 즐거움에 참여하게 된다.

하나님의 부르심을 통해 이루어지는 이런 그리스도와의 연합의 본질은 무엇인가? 몇 가지를 말할 수 있다.

1. **그리스도와의 연합은 영적이다.** 신약성경에서 "**영적**spiritual" 이라는 말만큼이나 더 자주 왜곡되는 단어도 드물 것이다. 모호하거나 막연한 느낌을 가리킬 때 사람들은 이 말을 사용한다. 신약성경에서 "영적"이라는 말은 성령과 관련해서 쓰인다. 영적인 사람은

성령이 내주하고, 성령의 인도함을 받아 행하는 사람이다. 영적인 마음이란 성령에 붙잡히고 성령에서 비롯된 마음 상태를 가리킨다. 그렇기 때문에 그리스도와의 연합이 영적이라고 할 때, 그것은 무엇보다도 이 연합의 끈이 바로 성령이라는 뜻이다. "우리가 유대인이나 헬라인이나 종이나 자유자나 다 한 성령으로 세례를 받아 한 몸이 되었고 또 다 한 성령을 마시게 하셨느니라"(고전 12:13, 참조. 고전 6:17, 19, 롬 8:9-11, 요일 3:24; 4:13). 우리는 구원하는 은혜가 역사함에 있어서 그리스도와 성령 간의 긴밀한 관계를 더 잘 알아야 할 필요가 있다. 성령은 그리스도의 영이시다. 성령은 주의 영이시고 그리스도는 성령의 주다(참조. 롬 8:9, 고후 3:18, 벧전 1:11). 그리스도의 영이 우리 안에 거하시면 그리스도께서 우리 안에 거하신다. 그리스도께서는 성령으로 말미암아 우리 안에 거하신다. 그리스도와의 연합은 크나큰 신비다. 성령이 연합의 끈이라는 사실은 이 신비를 손상하는 것이 아니라, 오히려 이 신비를 환히 밝혀 준다. 한편으로는 이 신비를 감각적으로 접근하지 못하도록 막아 주고, 다른 한편으로는 순전한 감성으로 다가가도록 돕는다.

다음으로 그리스도와의 연합이 **영적인** 이유는 그것이 영적인 관계를 말하기 때문이다. 그리스도와 신자가 누리는 연합은 한 하나님으로 세 위께서 누리시는 그런 연합과는 다르다. 삼위 하나님의 연합은 우리가 그리스도의 인격에서 보는 연합—한 인격 안에 있는 두 본성—과도 다르다. 우리가 누리는 영혼과 육신으로 한 인간을 이루는 연합과도 다르다. 단순히 감정, 정서, 지각, 생각, 마음, 목적과 같은 것들의 연합도 아니다. 그리스도와 성도의 연합은 우리가 구체적으로 정의하기 어려운 연합이다. 하지만 성령의 본성과 사역과 일치하는 아주 신령한 연합이기 때문에, 그리스도께서 자기 백성 중에 거하고 그의 백성이 그분 안에 거하는 연합은 성령의 본성이나 사역과 일치하는 우리의 분석 능력을 훨씬 뛰어넘는 신령한 연합이다.

 2. **이 연합은 신비다.** 그리스도와의 연합과 관련하여 "신비적"이라는 말을 사용하기에 앞서 먼저 성경에 나오는 "신비"라는 말을 살펴보는 것이 좋겠다. 이해가 도무지 불가능하거나 불가사의한 일을 가리키기 위해 흔히들 이 말을 사용한다. 하지만 성경이 신비라는 말을 쓸 때의 의미는 아니다. 로마서 16:25-26에서 사도는 이 말을 이해할 수 있도록 몇 가지를 이야기한다. 여기서 바울은 "나의 복음과 예수 그리스도를 전파함은 영세 전부터 감추어졌다가 이제는 나타내신 바 되었으며 영원하신 하나님의 명을 따라 선지자들의 글로 말미암아 모든 민족이 믿어 순종하게 하시려고 알게 하신 바 그 신비의 계시를 따라 된 것"이라고 말한다. 이 신비와 관련하여 우리가 눈여겨볼 것이 네 가지가 있다. 우선, 영원 전부터 신비로 간직되었다. 하나님의 생각과 경륜 속에 감취었다. 둘째, 하지만 계속해서 감추인 상태로 있는 것은 아니다. 하나님의 뜻과 계명에 따라 나타나고 알려졌다. 셋째, 하나님 편에서의 이런 계시는 성경을 통해 이루어졌고 성경에 담겨 있다. 성경을 통해 온 나라들에 계시되었고 더 이상 비밀로 감취어 있지 않는다. 넷째, 이 계시가 목적하는 바는 온 나라들이 믿음의 순종에 이르는 것이다. 그러므로 이 신비란, 눈으로 보지 못하고 귀로도 듣지 못하며 사람의 마음으로 깨달을 수 없

는 것이 아니라, 하나님께서 성령으로 우리에게 계시하셨고 계시와 믿음으로 우리에게 알려지고 또 우리가 누리게 된 비밀이다.

그리스도와의 연합의 신비가 바로 이 같은 신비다. 바울은 그리스도와의 연합을 말하면서, 그것을 남편과 부인 사이에 존재하는 연합과 비교한 후에 이렇게 말한다. "이 비밀이 크도다. 나는 그리스도와 교회에 대하여 말하노라"(엡 5:32). 바울은 또다시 "하나님이 그들로 하여금 이 비밀의 영광이 이방인 가운데 얼마나 풍성한지를 알게 하려 하심이라. 이 비밀은 너희 안에 계신 그리스도시니 곧 영광의 소망이니라"고 하면서 이 연합에 대해, "이 비밀은 만세와 만대로부터 감추어졌던 것인데 이제는 그의 성도들에게 나타났다"고 말한다(골 1:26-27). 그리스도와의 연합은 신비. 이런 사실을 통해 우리는 이 연합의 가치와 이 연합에 포함된 친밀함을 잘 알 수 있다.

이 연합을 설명하기 위해 성경이 말하는 광범위한 유비가 아주 인상적이다. 가장 고차원적으로는 삼위 하나님의 각각의 위격 간에 이루어지는 연합에 비교된다. 너무나 경이롭고 놀랍기는 하지만, 사실이 그렇다(요 14:23, 17:21-23). 가장 낮은 차원으로는 건축물을 구성하는 각각의 돌들과 그것들을 떠받치는 모퉁잇돌과의 관계에 비유된다(엡 2:19-22, 벧전 2:4-5). 이 두 가지 경계 사이에 있는 다양한 차원의 관계와 존재에서 비롯된 많은 각종 유비들이 이 연합을 설명하기 위해 성경에 등장한다. 아담과 그의 모든 후손 사이의 연합과도 비유된다(롬 5:12-19, 고전 15:19-49). 남편과 부인이 이루는 연합과도 비유된다(엡 5:22-33, 참조. 요 3:29). 인간의 몸과 머리가 이루는 연합과도 비유된다(엡 4:15-16). 포도나무와 가지에도 비유된다(요 15장). 이처럼 생명이 없는 존재의 영역에서 삼위 하나님의 위격에 이르는 다양한 차원의 존재들에서 비롯된 유비들이 이 연합을 설명하기 위해 사용되고 있다.

이런 사실을 통해 우리는 위대한 원리를 배운다. 그리스도와의 연합의 본질과 방식을 모퉁잇돌과 다른 돌들 사이에 이루는 것과 같은 연합 정도로 격하시켜서도 안되고, 포도나무와 가지가 이루는 연합으로 한정해서도 안되며, 사람의 머리와 몸, 혹은 남편과 부인이 이루는 연합으로 축소시켜서도 안된다. 연합의 방식과 본질과 성격은 각각의 경우마다 다르다. 유사하기는 해도 똑같은 것은 아니다. 그리스도와 그의 백성들 간의 연합을, 위에서 언급한 다양한 차원의 연합 가운데 하나로 한정해서는 안되는 것과 마찬가지로, 이 연합을 삼위 하나님의 각 위격 간의 연합의 차원과 동일시해서도 안된다. 다시 말하지만, 여기서 사용되는 유비는 동일성을 말하지 않는다. 그리스도와의 연합이 곧 우리가 삼위 하나님의 삶 속에 결합되는 것을 뜻하는 것은 아니기 때문이다. 이런 말은 그리스도와의 연합이라는 이 위대한 진리를 왜곡하는 것이다. 이런 비유들을 이렇게 이해하는 것은, 우리가 사고할 때 항상 염두에 두어야 할 중요한 원리인 유비가 곧 동일성을 나타내는 것은 아니라는 사실을 간과한 결과다. 무엇을 서로 비교했다고 해서 그것이 같다는 말은 아니다. 피조물이 참여하는 이런 모든 연합과 조화 중에서 가장 고상한 것이 바로 신자들이 그리스도와 누리는 연합이다. 가장 위대한 신비는, 한 하나님 안에 세 위격이 계시는 삼위 하나님의 연합이다.

그리고 가장 위대한 경건의 신비는, 하나님의 아들이 사람이 되셔서 육신 가운데 나타나신 성육신의 신비다(딤전 3:16). 하지만 피조물이 참여하는 가장 위대한 신비는 하나님의 백성들이 그리스도와 누리는 연합이다. 그리스도와의 이런 연합이 신비라는 사실은, 그것이 신성 안에서 성부와 성자가 누리는 연합과 비교된 사실에서 가장 극명하게 드러난다.

믿음을 발휘하는 데 포함된 기이함을 묘사할 때 우리는 흔히 신비로운mystical이라는 표현을 쓴다. 믿음의 삶에는 우리가 인지할 수 있는 신비가 있음을 알아야 한다. 신자들은 그리스도와의 사귐으로 부르심을 받았고, 이 사귐은 곧 그리스도와의 교제communion를 말한다. 믿음의 삶이란 승귀하셔서 영존하시는 구속자와 누리는 살아 있는 연합과 교제의 삶이다. 믿음이란, 이 땅에 오셔서 단번에 구속을 성취하신 구속주에 대한 믿음만을 말하는 것이 아니다. 죽으실 뿐 아니라, 다시 살아나셔서 우리의 위대한 대제사장이요 중보자로 영존하시는 분을 믿는 믿음이기도 하다. 이처럼 믿음이란 살아 계셔서 구원자와 주가 되시는 그분을 믿는 것이기 때문에, 믿음이 정점에서 발휘되는 것을 교제라 할 수 있다. 그리스도와의 사귐에 비교할 수 있는 인간 사이의 사귐은 어디에도 없다. 의식적으로 서로 주고받는 사랑으로 그리스도께서 자기 백성들과 교제하시고, 그의 백성들은 그분과 교제한다. 그래서 사도 베드로는 이렇게 말한다. "예수를 너희가 보지 못하였으나 사랑하는도다. 이제도 보지 못하나 믿고 말할 수 없는 영광스러운 즐거움으로 기뻐하니"라고 말한다(벧전 1:8). 믿음의 삶은 사랑의 삶이요, 사랑의 삶은 교제의 삶, 곧 영존하셔서 자기 백성을 위해 중보하시고, 우리의 연약함을 체휼하시는 분과의 신비로운 친교의 삶이다. 믿음의 삶은 죄와 상관없이 자기 백성들과 같이 모든 일에서 동등하게 시험을 받으심으로 그들이 당하는 유혹과 고난과 연약함에 대한 무한한 연민을 가지신 분과의 사귐이다. 진정한 믿음의 삶은, 쇠와 같이 냉랭한 이지적인 동의가 아니다. 믿음의 삶이란 열렬하고 뜨거운 사랑과 사귐일 수밖에 없다. 하나님과의 교제야말로 참된 신앙의 면류관이요 최고봉이기 때문이다. "우리의 사귐은 아버지와 그의 아들 예수 그리스도와 더불어 누림이라"(요일 1:3).

그리스도와의 연합은 전체 구원 교리의 중심이다. 하나님의 영원한 선택으로 하나님의 백성들을 위해 작정된 모든 것, 단번에 이루신 구속을 통해 하나님의 백성들을 위해 획득되고 보장된 모든 것, 그리스도가 이루신 구속을 적용하고 참여함으로 누리도록 하신 모든 것, 하나님의 은혜 가운데 지복의 상태로 하나님의 백성들이 들어가게 될 모든 것이 바로 그리스도와의 연합과 교제라는 이 범주 안에 다 포함된다. 앞에서 살펴본 것처럼, 하나님의 백성들에게 주어지는 모든 특권과 복락의 정점은 바로 전능하신 하나님의 아들과 딸들로서 하나님의 권속으로 받아들여지는 것이다. 하지만 그리스도와의 연합이 없는 양자됨이란 있을 수 없다. 창세전에 그리스도 안에서 택정함을 입는 것은 곧 하나님의 자녀로 양자되기 위한 선택이라는 사실이 중요하다. 바울은 성부께서 거룩하게 하시려고 창세전에 그리스도 안에서 한 백성을 택정하신 것을 말하면서, 하나님께서 사랑 안에서 그들을 예수 그리스도로 말미암아 양자 삼으셨다고 덧붙인다(엡 1:4-5). 거룩하게 하기 위해 한 백성을 택정하신 것과 양자 삼으시기 위해 예정하신 것이 대구를 이룬다. 하나의 위대한 진리를 이렇게 두 가지로 표현한 것이다. 이런 두 가지 표현 방식을 통해 우리는 성부께서 이루신 선택에 포함된 두 가지 서로 다른 측면을 본다. 이처럼 그리스도와의 연합과 양자됨은 이 놀라운 은혜를 상보적으로 잘 나타내 보여준다. 양자됨을 통해 그리스도와의 연합은 정점에 이르고, 양자됨은 그리스도와의 연합을 토대로 이루어진다. 하나님의 백성들은 "하나님의 상속자요 그리스도와 함께 한 상속자"다(롬 8:17). 생명이나 죽음이나 현재 일이나 장래의 일이나 모든 것이 그들의 것이다. 그들이 그리스도의 것이고 그리스도가 하나님의 것이기 때문이다(고전 3:22-23). 하나님의 백성은 모든 지혜와 지식의 보고가 감취어진 그분과 연합되었고, 모든 정사와 권세의 머리이신 그분 안에서 그들은 완전하다.

하나님의 백성들은, 그리스도 안에 있는 다함이 없이 풍성한 은혜와 진리와 지혜와 권세와 선하심과 사랑과 의로움과 신실하심의 샘에서, 이 세상 생활에 필요한 모든 것들과 장차 누리게 될 삶을 바라는 소망에 필요한 모든 것들을 길어 올린다. 그렇기 때문에 그리스도와의 연합만큼 주 안에서 확신과 능력과 위로와 기쁨을 누리게 하는 진리는 없다. 이 진리는 또한 성화를 불러일으킨다. 십자가에 못 박히시고 승천하신 구속주이신 그리스도로부터 거룩하게 하시는 은혜를 얻기 때문만이 아니라, 이 연합에 포함된 고상한 특권과 그리스도와의 교제를 인식함으로 감사와 순종과 헌신이 촉발되기 때문이다. 연합은 교제를 의미하고, 이런 교제는 우리의 주가 되시기 위해 죽으시고 부활하신 분을 경외하고 사랑과 겸손으로 동행하게 한다. "누구든지 그의 말씀을 지키는 자는 하나님의 사랑이 참으로 그 속에서 온전하게 되었나니 이로써 우리가 그의 안에 있는 줄을 아노라. 그의 안에 산다고 하는 자는 그가 행하시는 대로 자기도 행할지니라"(요일 2:5-6). "내 안에 거하라. 나도 너희 안에 거하리라. 가지가 포도나무에 붙어 있지 아니하면 스스로 열매를 맺을 수 없음 같이 너희도 내 안에 있지 아니하면 그러하리라"(요 15:4).

그리스도와의 연합과 관련하여 우리가 놓치지 말아야 할 또 다른 측면이 있다. 이 측면을 간과하면 그리스도와의 연합을 이해하고 누리는 데 심각한 결함을 초래할 수밖에 없다. 그것은 바로 그리스도가 다른 위격들과 누리시는 관계와 그리스도와의 연합을 통해 우리가 누리는 위격들과의 관계를 적용하는 것이다. 예수께서는 친히 "나와 아버지는 하나이니라"고 말씀하신다(요 10:30). 그렇다면 우리는 그리스도와의 연합으로 우리 역시 그리스도께서 성부와 가지시는 것과 유사한 관계를 누리게 될 것을 기대할 수 있다. 이는 우리 주께서 말씀하신 바다. "사람이 나를 사랑하면 내 말을 지키리니 내 아버지께서 그를 사랑하실 것이요 우리가 그에게 가서 거처를 그와 함께 하리라"(요 14:23). 너무나 엄청난 말씀임이 분명하지만 틀림없는 사실이다. 그리스도는 물론 성부께서도 오셔서 신자 안에 거처를 정하신다. 이것보다 더 놀라운 말씀은 아마 그리스도의 이 말씀일 것이다. "내가 비옵는 것은 이 사람들만 위함이 아니요 또 그들의 말로 말미암아 나를 믿는 사람들도 위함이니 아버지여, 아버지께서 내 안에, 내가 아버지 안에 있는 것같이 그들도 다 하나가 되어 우리 안에 있게 하사 세상으로 아버지께서 나를 보내신 것을 믿게 하옵소서. 내게 주신 영광을 내가 그들에게 주었사오니 이는 우리가 하나가 된 것같이 그들도 하나가 되게 하려 함이니이다. 곧 내가 그들 안에 있고 아버지께서 내 안에 계시어 그들로 온전함을 이루어 하나가 되게 하려 함은 아버지께서 나를 보내신 것과 또 나를 사랑하심 같이 그들도 사랑하신 것을 세상으로 알게 하려 함이로소이다"(요 17:20-23). 신자들과 연합하여 그들과 함께 거처를 정하시는 분은 성부만이 아니다. 성령께서도 그렇게 하신다. "내가 아버지께 구하겠으니 그가 또 다른 보혜사를 너희에게 주사 영원토록 너희와 함께 있게 하리니 그는 진리의 영이라 세상은 능히 그를 받지 못하나니 이는 그를 보지도 못하고 알지도 못함이라. 그러나 너희는 그를 아나니 그는 너희와 함께 거하심이요 또 너희 속에 계시겠음이라"(요 14:16-17). 그렇다면, 그리스도와의 연합과 더불어 이루어지는 것은 성부와 성자와 성령과의 연합이다. "우리의 사귐은 아버지와 그의 아들 예수 그리스도와 더불어 누림이라"(요일 1:3)는 요한의 말과 "누구든지 그리스도의 영이 없으면 그리스도의 사람이 아니라"고 하는 바울의 말은 예수께서 친히 사도들에게 하신 증거를 되풀이한 것일 뿐이다. 그리스도만이 하나님의 백성들과 이런 친밀한 관계를 유지하신다고 생각하는 것은, 우리가 누리는 그리스도와의 연합을 너무나 제한적으로 만들고 축소시키는 것이다.

이것이 바로 가장 고상한 차원의 신비다. 여기서 신비란 뭔지 모를 막연한 느낌이나 황홀경과 같은 신비주의를 뜻하는 것이 아니다. 참되고 살아 계신 한분 하나님과 사귀는 신비다. 왜냐하면 우리의 구원과 관련된 삼위 하나님의 위대한 경륜 안에서 각각의 위격이 가지신 독특함을 누리는 세 분의 구별된 인격과의 교제이기 때문이다. 신자들은 성부를 알고, 아버지로서의 그분만의 독특한 성품과 역사를 통해 그분과 교제한다. 그들은 또한 성자를 알고, 아들과 구주와 구속주와 존귀하게 되신 하나님으로서 그분이 가진 독특한 성품과 역사 안에서 그분과 더불어 교제한다. 그들은 또한 성령을 알고, 대언자와 보혜사와 거룩하게 하시는 분으로서 그분이 가진 독특한 성품과 역사 안에서 그분과 더불어 교제한다. 이 교제는 황홀경 가운데 누리는 몽롱하고 막연한 것이 아니다. 성경을 통해 우리에게 주어진 계시에 기초한 믿음이요, 성령의 내적인 증거를 통해서 이 계시를 적극적으로 끌어안는 믿음이다. 이뿐 아니라 깊은 감정의 샘을 솟구치게 하는 거룩한 사랑과 기쁨에 겨운 믿음이다. 신자들은 삼위 하나님과의 교제라고 하는 지성소로 들어간다. 그들이 그리스도 예수 안에서 함께 일으킴을 받아 하늘에 앉게 되기 때문이다(엡 2:6). 그들의 생명은 그리스도와 더불어 하나님 안에 감취었다(골 3:3). 악한 양심으로부터 깨끗하게 된 마음과 물로 씻기움을 받은 몸을 가진 그들은 믿음의 확신으로 가까이 나아간다. 사람의 손으로 지은 성소가 아닌 하늘로 들어가신 그리스도께서 지금 우리를 대신하여 하나님을 뵙고 있기 때문이다(히 9:24).

15장
영화

영화glorification는 그리스도께서 이루신 구속을 적용하는 마지막 단계요, 유효한 부르심으로 시작된 구속의 적용이라고 하는 전 과정이 완성되는 단계다. 영화란, 영원 전에 하나님의 택정함을 받은 자들이 하나님이 예정하신 목적에 이르는 것을 말한다. 여기에는 그리스도의 대속의 사역으로 획득되고 성취된 구속의 완성이 포함된다. 그렇다면 영화는 언제 일어나는가?

여기서 우리가 알아야 할 것은 영화가 무엇이고 언제 실현되는가 하는 것이다. 영화는 신자들이 죽는 동시에 그들의 영혼이 다다르는 복된 상태가 아니다. 죽음과 동시에 몸을 떠난 영혼이 거룩함으로 완전해지고 즉시로 주 그리스도 앞으로 가는 것은 맞다. 몸을 떠난다는 것은 곧 주와 함께 거한다는 말이다(참조. 고후 5:8). 영광 가운데 계신 그리스도와 함께 거한다는 것은, 곧 어떤 죄의 부패도 없다는 말이다. 이 땅을 떠난 성도들의 영혼은 "온전하게 된 의인의 영들"이다(히 12:23). 소요리문답은 이 진리를 이렇게 요약한다. "신자들의 영혼은 죽음과 동시에 완전히 거룩하게 되고, 즉시 영광으로 들어간다. 여전히 그리스도와 연합한 상태인 그들의 육신은 부활이 이르기까지 무덤에 머문다." 하지만 하나님의 백성들이 죽어 영화롭게 되는 것이 맞고 사도 바울의 말과 같이 이 땅을 떠나 그리스도와 함께 거하는 것이 훨씬 낫다 할지라도(참조. 빌 1:23), 그것이 곧 영화는 아니다. 이는 신자가 바라고 소망하는 궁극적인 목적이 아니다. 그리스도께서 자기 백성을 위해 이루신 구속은 죄로부터의 구속일 뿐 아니라 모든 죄의 결과로부터의 구속이다. 사망은 죄의 삯이고 신자의 죽음이 곧 이 사망으로부터의 구원은 아니다. 마지막 원수인 사망이 아직 멸망을 당하지 않았다. 마지막 원수인 사망이 아직 승리로 삼키워진 것은 아니다. 사망은 오직 영화를 통해 멸해진다. "이 썩을 것이 썩지 아니함을 입고 이 죽을 것이 죽지 아니함을 입을 때"에 드러날 영광을 신자가 죽음과 동시에 들어가게 되는 복락으로 대체하는 것은, 그리스도를 욕보이고 그리스도인이 누리는 소망을 깎아내리는 짓이다(고전 15:54). 앞으로 닥칠 자신의 죽음에 몰두해 있다는 것은, 곧 그 사람의 믿음과 사랑과 소망이 비뚤어져 있다는 말이다. 성령의 첫 열매를 가진 우리라도 "속으로 탄식하여 양자될 것 곧 우리 몸의 속량을 기다리느니라"고 사도 바울은 말한다(롬 8:23). 영화를 가리키는 말이다. 썩어진 몸이 그리스도의 영광의 몸으로 화한 하나님의 백성이 완전하게 된 몸과 영혼을 입고, 부활하시고 승천하시고 영화롭게 되신 구속주의 형상으로 화하게 되는 때야말로 전인의 완전하고 최종적인 구속이 이루어지는 때다(참조. 빌 3:21). 하나님은 죽은 자의 하나님이 아니라 산 자의 하나님이다. 그렇기 때문에 하나님을 온전히 누리는 부활에 미치지 못하는 그 무엇도, 살아 계신 하나님이 구속된 자기 백성들을 이끌어 들이실 영광의 일부가 될 수 없다. 그리스도는 죽은 자들 가운데 처음으로 살아나신 잠자는 자들의 처음 열매시고, 많은 형제 중에서 가장 먼저 나신 분이시다.

영화를 위해서 몸의 부활이 있어야 한다는 사실은, 영화는 하나님의 모든 백성이 동시에 함께 들어가는 어떤 것이라는 사실을 말해준다. 하늘에 있건 땅에 있건 그 누구도 먼저 들어갈 수 없다. 이런 의미에서 영화는 죽음이나 죽음과 더불어 신자들이 그리스도와 함께 거하는 영광과 다르다. 성도들은 저마다 죽는 때가 다르기 때문에 이 땅을 떠나 그리스도와 머물게 되는 때도 다르다. 이런 의미에서 죽음은 철저히 개인적이다. 하지만 영화는 그렇지 않다. 어느 누구도 다른 사람보다 앞서지 못하고 어떤 특권도 없다. 모두가 함께 똑같이 그리스도와 더불어 영화롭게 된다.

신약성경은 이 사실을 특별히 강조한다. 이렇게까지 이 사실을 강조할 필요가 있나 하고 의아해 할지 모르겠다. 모두가 영화롭게 된다는 사실이 중요하지, 모두가 동시에 그렇게 되는지 여부는 그리 중요한 것이 아니라고 말할지도 모르겠다. 그러나 그렇지가 않다. 사도 바울은 이 사실을 알려야 할 필요를 느꼈고, 그래서 데살로니가에 있는 신자들에게 주님이 재림하실 때에 죽지 않고 살아 있는 신자라 할지라도 이미 죽은 자들보다 앞서지 못한다는 사실을 상기시켰다. "주께서 호령과 천사장의 소리와 하나님의 나팔 소리로 친히 하늘로부터 강림하시리니 그리스도 안에서 죽은 자들이 먼저 일어나고" 그리하여 살아 있는 자와 그리스도 안에서 죽었다가 부활한 자가 **함께** 구름 속으로 끌어 올려 공중에서 주를 영접하게 될 것이다(살전 4:16-17). 바울은 또 이렇게 말한다. "보라 내가 너희에게 비밀을 말하노니 우리가 다 잠 잘 것이 아니요 마지막 나팔에 순식간에 홀연히 다 변화되리니 나팔 소리가 나매 죽은 자들이 썩지 아니할 것으로 다시 살아나고 우리도 변화되리라"(고전 15:51-52). 그렇다면 영화는, 그리스도께서 마지막 원수를 이긴 승리의 함성과 함께 하늘로부터 죄와 상관없이 구원으로 재림하시는 때에 구속받은 전체 무리들에게 순식간에 일어날 변화다. "이 썩을 것이 썩지 아니함을 입고 이 죽을 것이 죽지 아니함을 입을 때에는 사망을 삼키고 이기리라고 기록된 말씀이 이루어지리라. 사망아 너의 승리가 어디 있느냐. 사망아 네가 쏘는 것이 어디 있느냐"(고전 15:54-55).

그리스도의 구속이 적용되는 최종적인 행위는 모든 신자들에게 동시에 일어날, 하나님의 구속 계획이 성취되는 일이라는 사실은 우리에게 많은 것을 시사한다. 구속받은 전체 무리가 한 몸으로 영화롭게 될 것이라는 사실은 영화가 구속의 완성이라는 사실과도 정확히 일치한다. 구속의 사랑과 은혜의 모든 단계들을 하나로 묶는 것은 그리스도와의 연합이다. 창세전에 하나님의 백성들은 그리스도 안에서 택정함을 받았다. 그리스도의 피로 구속함을 받은 것도 그리스도 안에서다. 교회를 사랑하사 교회를 위해 자신을 내어주신 것이다. 하나님의 백성은 그리스도와 더불어 살아났고, 그리스도와 더불어 일으킴을 받았고, 그리스도 예수 안에서 함께 하늘에 앉혔다(참조. 엡 5:25, 2:5-6). 그리스도께서는 "자기 앞에 영광스러운 교회로 세우사 티나 주름 잡힌 것이나 이런 것들이 없이 거룩하고 흠이 없게 하려"고 구속을 이루셨다(엡 5:27). 하늘의 거룩한 뜻이 이 땅에서 최종적으로 이루어지게 될 때, 그리스도께서 성부의 영광으로 다시 이 땅에 오실 것이다. 그리스도는 또한 자신의 영광으로 오신다. 이날은 "복스러운 소망과 우리의 크신 하나님 구주 예수 그리스도의 영광이 나타나"는 때가 될 것이다(딛 2:13). 하지만 이날은 또 하나님의 자녀들이 나타나는 때다(롬 8:19). 이날에는 성부의 영광과 그리스도의 영광과 하나님의 자녀들의 영광의 자유가 완전한 일치를 이룬다. 택함을 받은 자들이 영화롭게 되는 것은, 아들을 영화롭게 하고 존귀하게 하시는 성부의 최종적 행위와도 일치할 것이다. "자녀이면 또한 상속자 곧 하나님의 상속자요 그리스도와 함께 한 상속자니 우리가 그와 함께 영광을 받기 위하여 고난도 함께 받아야 할 것이니라"(롬 8:17). 여기에는 거룩한 합치가 있는데, 이는 하나님의 영광을 입증하는 하나님의 사랑과 지혜와 능력의 경이로움을 잘 보여준다. "여호와께서 홀로 높임을 받으시리라"(사 2:11). 영화는 하나님의 구속의 뜻이 실현되는 가운데 하나님의 모든 백성에게 동시에 미치는 사건이다. 영화는 영원 전에 그리스도 예수 안에서 주어진 은혜와 뜻이 최종적으로 결실하는 것이다(참조. 딤후 1:9). 하나님의 백성들이 누릴 영화에 대한 이런 진리들은 그리스도인의 소망을 말하는 다른 신앙의 내용들과 조화를 이룬다.

1. 영화는 영광 중에 오시는 그리스도의 재림과 연결되어 있다.

오늘날 그리스도를 믿는다고 하는 많은 사람들에게는 그리스도께서 누구나 볼 수 있도록 공개적으로 영광스럽게 오신다는 사실조차 그렇게 큰 의미로 다가가지 않는다. 세련되고 많이 배운 오늘날의 그리스도인들에게 이런 말은 그저 순진한 신앙으로 들릴 뿐이다. 하지만 이런 태도는 베드로 사도가 자신의 수신자들에게 준 경고와 너무나 흡사하다. "먼저 이것을 알지니 말세에 조롱하는 자들이 와서 자기의 정욕을 따라 행하며 조롱하여 이르되 주께서 강림하신다는 약속이 어디 있느냐. 조상들이 잔 후로부터 만물이 처음 창조될 때와 같이 그냥 있다 하니"(벧후 3:3-4). 하늘 구름을 타고 오실 우리 주님의 재림에 대해 무관심하는 것은 우리 주님의 동정녀 탄생을 의심하거나, 대속의 죽음을 부인하거나, 주님의 육신적 부활을 일축하는 불신앙과 다르지 않다. 눈에 보이도록 임하실 우리 주님의 육신적이고 공개적인 재림을 비웃을 때 특별히 이런 불신앙이 더 악화된다. 그리스도의 재림에 대한 이런 확신과 소망이 장래를 바라보는 우리의 중심에 자리하지 않는다는 것은, 곧 우리가 그리스도인의 관점을 갖고 있지 않고, 그리스도인답게 사고하지 않는다는 말이다. 신자의 소망은 죄와 상관없이 우리를 구원하기 위해 다시 오시는 구주의 재림에 집중된다. 바울은 이를 가리켜 "복스러운 소망과 우리의 크신 하나님 구주 예수 그리스도의 영광이 나타나심"이라고 말한다(딛 2:13). 자기가 믿는 분을 알고, 보지 못한 그분을 사랑하는 신자는, "아멘 주 예수여 오시옵소서" 할 것이다(계 22:20). 주님의 이런 재림은 영광의 소망에 꼭 필요한 것이기 때문에, 그리스도께서 영광 중에 나타나심이 없이는 신자에게 영화는 아무런 의미도 없다. 영화는 그리스도와 더불어 영화롭게 되는 것이다. 후자를 제해 버리는 것은, 신자들이 영화롭게 된다는 사실에서 신자들이 확신 가운데 말할 수 없는 기쁨과 충만한 영광으로 이 사건을 대망할 수 있도록 할 어떤 것을 제해 버리는 것이다. "오히려 너희가 그리스도의 고난에 참여하는 것으로 즐거워하라. 이는 그의 영광을 나타내실 때에 너희로 즐거워하고 기뻐하게 하려 함이라"(벧전 4:13).

   2. 신자들이 영화롭게 되는 것은 피조물이 새롭게 되는 것과 깊은 관련이 있다. 썩어짐의 종노릇하는 데서 건짐을 받는 것은 신자들만이 아니다. 피조물도 마찬가지다. "피조물이 허무한 데 굴복하는 것은 자기 뜻이 아니요 오직 굴복하게 하시는 이로 말미암음이라"(롬 8:20). 하지만 "피조물도 썩어짐의 종노릇 한 데서 해방되어 하나님의 자녀들의 영광의 자유에" 이르게 될 것이다(롬 8:21). 그렇다면 피조물이 영광으로 회복되는 때는 언제인가? 이에 대해 바울은 너무나 명확하게 말한다. 썩어질 것에 종노릇하는 고통과 슬픔에서 비롯된 피조물의 고통과 탄식의 끝은, 다름 아닌 우리의 "양자될 것 곧 우리 몸이 속량" 되는 때다(롬 8:23). 영광의 자유를 가져다줄 부활을 기다리는 것은, 신자들만이 아니라 피조물 역시 같은 사건을 갈망하고 있다는 말이다. 피조물이 기다리는 것은 "하나님의 자녀들의 영광의 자유"를 함께 나누게 될 날이다. 다른 곳에서는 새 하늘과 새 땅으로 표현된 것을 바울은 이렇게 말하고 있는 것이다. 베드로는 이렇게 말한다. "우리는 그의 약속대로 의가 있는 곳인 새 하늘과 새 땅을 바라보도다"(벧후 3:13). 베드로는 지금 전 우

주적 갱신을 신자들이 바라고 고대하는 것과 연결 짓고 있다. "하나님의 날이 임하기를 바라보고 간절히 사모하라. 그날에 하늘이 불에 타서 풀어지고 물질이 뜨거운 불에 녹아지려니와"(벧후 3:12).

영화를 대망한다고 해서 무슨 편협한 시각에 빠져 있는 것이라고 생각해서는 안된다. 신자들이 영화롭게 되는 배경으로서 우리가 생각하지 않을 수 없는 것은, 새롭게 된 우주, 새 하늘과 새 땅, 모든 죄의 결과로부터 자유롭게 되어 더 이상 저주가 없고 의로 충만하고 의가 영원토록 거처를 삼는 우주다. "무엇이든지 속된 것이나 가증한 일 또는 거짓말하는 자는 결코 그리로 들어가지 못하되 오직 어린양의 생명책에 기록된 자들만 들어가리라"(계 21:27). "다시 저주가 없으며 하나님과 그 어린양의 보좌가 그 가운데에 있으리니 그의 종들이 그를 섬기며 그의 얼굴을 볼 터이요 그의 이름도 그들의 이마에 있으리라"(계 22:3-4).

초대 교회로부터 지금까지 기독교회를 괴롭히고, 그리스도인의 사고의 흐름을 성공적으로 오염시켜 온 이단들 가운데 하나는 물질을 악의 원천으로 보는 이단이다. 이런 이단은 교회사에서 여러 형태로 나타났다. 사도들 역시 당대의 이런 이단들과 싸울 수밖에 없었고, 신약성경, 그중에서도 특히 서신서에 그 증거가 분명히 보인다. 일례로 요한은 육신을 입으신 그리스도의 실체를 심각하게 부인하는 이단과 싸워야 했다. 그런 그였기에 이렇게 편지할 수밖에 없었다. "사랑하는 자들아 영을 다 믿지 말고 오직 영들이 하나님께 속하였나 분별하라. 많은 거짓 선지자가 세상에 나왔음이라. 이로써 너희가 하나님의 영을 알지니 곧 예수 그리스도께서 육체로 오신 것을 시인하는 영마다 하나님께 속한 것이요 예수를 시인하지 아니하는 영마다 하나님께 속한 것이 아니니 이것이 곧 적그리스도의 영이니라. 오리라 한 말을 너희가 들었거니와 지금 벌써 세상에 있느니라"(요일 4:1-3). 그리스도 예수를 고백한다는 것은 그분이 육신을 입고 오셨다는 것까지 고백하는 것을 말하며, 이 사실을 부정하는 것은 예수를 명백하게 부인하는 것이라는 말이다. 이런 이단과 관련하여 바른 신앙인지를 보는 방법은, 예수가 육신을 입으셨음에 대한 고백이다.

이런 이단의 또 다른 형태로, 영혼이 육체라고 하는 거추장스런 감옥과 장애로부터 풀려나는 것을 구원으로 여기는 이들이 있다. 이들에 따르면, 구원과 성화란 비물질적인 영혼이 물질적이고 육신적인 것의 저급한 영향으로부터 벗어나기까지 나아가는 것이다. 이런 개념이 아주 고상하고 "신령하게" 보일 수도 있다. 하지만 이는 그저 "세련된 이교도"의 모습일 뿐이다. 이는 하나님이 사람을 지으시되 육신과 영혼을 가진 존재로 지으시고 보시기에 심히 좋았다고 하는 성경의 가르침에 대한 심각한 위협이다. 이는 또한 죄는 사람의 영혼에서 비롯되고 자리하는 것이지 물질이나 몸에 있는 것이 아니라는 성경의 죄 교리와도 정면으로 배치된다.

이런 이단적 가르침은 영화와 관련하여서는 아주 교묘한 형태로 나타난다. 저들은 영혼의 불멸성을 주장한다. 언뜻 보기에 그럴듯하고 합당하게 보인다. 물론 영혼이 불멸한다는 주장이 전혀 틀린 것은 아니다. 하지만 영혼의 불멸성만을 강조하고 관심을 갖는 이단들의 주장은, 불멸하는 생명과 복에 대한 성경의 가르침과는 판이하게 다르다. 성경이 말하는 "불멸성"이라는 것은 다름 아닌 영화를 말한다. 그리고 영화는 부활이다. 삼 일 만에 부활하신 그리스도의 부활의 모양과, 위대한 권능과 영광으로 하늘 구름을 타고 오실 때의 영화로운 인간 본성과 같은 변화된 본성으로의 부활이 없는 한, 영화는 없다. 이는 단순히 영혼의 불멸성에만 골몰하는 사람들의 특징인 감상주의적 이상주의와는 다르다. 여기서 우리는 영생의 부활로 요약되고, 하나님의 나팔소리와 천사의 외침과 함께 하늘로부터 오시는 그리스도의 강림으로 표현된, 그리스도인이 가진 소망의 구체성과 사실성을 목도한다.

마찬가지로 그리스도인의 소망은 우리가 살아가는 물질적인 세상, 곧 하나님의 피조물인 우주와 무관한 것이 아니다. 온 우주는 부득이하게 헛된 것에 굴복하게 되었고, 인간의 죄로 저주를 받게 되었으며, 인간의 반역으로 손상되어 버렸다. 하지만 썩어짐의 종노릇 하는 데서 풀려날 때가 올 것이고, 그때는 하나님 백성들의 구속이 완성되는 때가 될 것이다. 이 두 사건은 동시에 일어날 뿐 아니라, 소망 가운데 서로 밀접하게 연결되어 있다. 영화는 전 우주적인 사건이다. "우리는 그의 약속대로 의가 있는 곳인 새 하늘과 새 땅을 바라보도다"(벧후 3:13). "그 후에는 마지막이니 그가 모든 통치와 모든 권세와 능력을 멸하시고 나라를 아버지 하나님께 바칠 때라"(고전 15:24). "하나님이 만유의 주로서 만유 안에 계시려 하심이라"(고전 15:28).

주

1장 속죄의 필요

1. 다음 책을 참조하라. Hugh Martrin, *The Atonement: in its Relations to the Covenant, the Priesthood, the Intercession of our Lord*, Edinburgh, 1887, p. 19.
2. *Cur. Deus Homo*. Deus Homo, Lib. I, Cap. I, "qua necessitate scilicet et ratione dues, cum sit omnipotens, humilitatem et infirmitatem humanae naturae pro eius restauratione assumpserit."
3. 다음 책을 참조하라. Augustine, *On the Trinity*, Bk. XIII, Chap. 10; Aquinas, *Summa Theologica*, Part III, Q. 46, Arts 2 and 3. (「신학대전」)
4. 다음 책을 참조하라. Francis Turretin, *Institutio Theologiae Elencticae*, Loc. XIV, Q. X; James Henley Thornwell, "The Necessity of the Atonement" in *Collected Writings*, Vol. II, Richmond, 1886, pp. 205-261; George Stevenson, *A Dissertation on the Atonement*, Philadelphia, 1832, pp. 5-98; A. A. Hodge, *The Atonement*, London, 1868, pp. 217-222.

263

2장 속죄의 본질

1. 다음 책을 참조하라. T. J. Crawford, *The Doctrine of the Holy Scripture respecting the Atonement*, Edinburgh, 1880, pp. 58ff., 89f.; Hugh Martin, 앞의 책, Chap. IV, especially p. 81; James M'Lagan, *Lectures and Sermons*, Aberdeen, 1853, pp. 54ff.; Francis Turretin, 앞의 책, Loc. XIV, Q. XIII.
2. 다음 책을 참조하라. B. B. Warfield, *Biblical Doctrines*, New York, 1929, "Christ our Sacrifice," pp. 401-435; W. P. Paterson, *A Dictionary of the Bible* ed. James Hastings, New York, 1902, Vol. IV, pp. 329-349.
3. 다음 책을 참조하라. James Denney, *The Death of Christ*, New York, 1903, pp. 54f.
4. 다음 책을 참조하라. Hugh Martin, 앞의 책, Chap. III.
5. 다음 책을 참조하라. T. J. Crawford, 앞의 책, pp. 77ff.; George Smeaton, *The Doctrine of the Atonement as Taught by the Apostles*, Edinburgh, 1870, pp. 137ff.; A. A. Hodge, *The Atonement*, Philadelphia, 1867, pp. 39f., 179ff. 가장 최근에는 로저 R. 니콜이 이 주제에 대해서 주의 깊고 상세한 연구를 했다. "C. H. Dodd and the Doctrine of Propitiation" in *The Westminster Theological Journal*, May 1955, Vol. XVII, 2, pp. 117-157.
6. 다음 책을 참조하라. Auguste Sabatier, *The Doctrine of the Atonement and its Historical Evolution*, Eng. Trans. New York, 1904, pp. 29, 113, 118ff.; F. D. Maurice, *The Doctrine of Sacrifice Deduced from the Scriptures*, London, 1893, pp. 152ff., 157ff.; D. M. Baille, *God Was in Christ*, New York, 1948, pp. 186ff.; Hastings Rashdall, *The Idea of the Atonement in Christian Theology*, London, 1925, pp. 100f.
7. 다음 책을 참조하라. A. W. Argyle, "The New Testament Interpretation of the Death of our Lord" in *The Expository Times*, June. 1949, p. 255; G. C. Workman, *At Onement or Reconciliation with God*, New York, 1911, pp. 76ff.; F. W. Dillistone, *The Significance of the Cross* (Philadelphia, 1944), pp. 114ff.; John B. Champion, *The Heart of the New Testament*, Grand Rapids, 1941, pp. 21ff.
8. 다음 책을 참조하라. T. J. Crawford, 앞의 책, pp. 69ff.
9. 다음 책을 참조하라. B. B. Warfield, 앞의 책, pp. 327-398; T. J. Crawford, 앞의 책, pp. 60ff.

10. T. J. Crawford, 앞의 책, p. 62.
11. 같은 책, p. 63
12. 다음 책을 참조하라. John Calvin, *ad loc*.

3장 속죄의 완전성

1. D. M. Baillie, 앞의 책, p. 194, n. 1.
2. *The Vicarious Sacrifice*, New York, 1891, p. 42.
3. 같은 책, p. 47
4. 같은 책, p. 53
5. Hue Martin, 앞의 책, pp. 241f.

찾아보기

ㄱ

갈보리(Calvary) 117
거듭남(regeneration) 124, 127
  갱신의 측면 151
  거듭난 증거 155
  거듭남과 분리될 수 없는 열매들 152, 154
  거듭남과 성화 207-208
  거듭남과 양자됨 195
  거듭남에 있어 우리는 피동적이다 150
  거듭남의 의미 147-149
  믿음에 우선함 124-125, 155
  부르심과 거듭남 131, 141-142
  세례로 거듭남 147
  정결의 측면 149, 151
거룩(holiness)
  거룩을 위한 구원 34, 197
  거룩을 위한 택정 243-248

하나님의 거룩 37, 46, 53, 90
겟세마네(Gethsemane) 117
견인(perseverance) 127, 133, 140
  "신자의 안전" 225
  성도는 끝까지 견디는가 227
  이 교리에 대한 성경의 증거 230
  잘못된 이해 221, 224-225
겸비함(humiliation)
  구속의 조건 85
경륜(counsel)
  경륜과 그리스도 142
  경륜에 대한 물음 191
  분명한 목적 141
  영원한 목적 143, 253
  하나님의 영원한 경륜 124, 137, 237, 240, 243
경험(experience)
  인간 경험에의 비유 115-116

계시(revelation)
　계시의 증거 198
교회(church)
　그리스도의 몸 238, 256
구속(redemption) 39, 86, 89
　구속과 속전 69-70
　구속의 완성 253
　구속의 의미 96
　그리스도와의 연합과 구속 157
　능력과 희생으로 이룬 구속 118
　사탄에게 속전을 지불함 77
　성육신과 구속 43
　완성된 성취 73
　죄로부터의 구속 73, 79
　죄의 모든 결과로부터의 구속 254
구원(deliverance) 69
구원(salvation)
　구원 과정의 핵심 진리 235-236, 247-248
　구원과 우리의 행위 76
　구원을 위한 베푸심 124
　구원의 조건 173
　로마 가톨릭의 이해 167-168
　복음이 말하는 구원 173
　온전하고 완전한 구원 164
　종말적 구원 217
　죄로부터의 구원 125, 193
　또한 '구속'을 보라.
구원론(soteriology)
　구원론의 핵심 진리 45-46
구원자(saviour) 163, 167
　충분하고 완전한 구원자 그리스도 45
　충분하고 합당한 구원자 163, 166-167

그리스도(Christ)
　"그리스도 안에서" 236-238
　고난으로 완전하게 됨 44
　그리스도 안에서의 칭의 187-188
　그리스도의 영 242
　그리스도의 중보적인 통치 94-95
　믿음과 그리스도 165-169, 191
　우리 주인에 대한 부시넬의 언급 86-87
　의로운 사람 예수 111
　칭의에 참여하는 자들 238
　또한 '중보자', '십자가', '죽음', '인성', '중보', '어린양', '순종', '제사장', '의로움', '희생', '그리스도', '구원자', '종', '연합' 등을 보라.
그리스도와의 교제(communion) 145, 246, 248-251
기독교 신앙(Christianity)
　기독교 신앙에 대한 부시넬의 언급 86-87

ㄷ

대속, 속죄, 구속(atonement) 35
　고유성 86
　고유한 효력 89
　구속의 조건 85
　궁극성 84
　보편 속죄 98, 109, 112-113
　역사적 객관성 82
　완전한 구속 119
　제한적 속죄 105
　제한적 속죄 89
　또한 '필요'와 '속죄'를 보라.

독력구원(monergism)
하나님만이 이루시는 구원 66-67
때가 참(fulness) 83
뜻(will)
하나님의 뜻 '작정'을 보라.

190-191
잠시 있다가 사라질 믿음 223,
225-226
참된 믿음의 시금석 222-223
회개와 믿음의 상관관계 169-170

ㅁ

만족(satisfaction)
로마 가톨릭 신학에 따른 죄를 만족시
킴 81-82
멜기세덱(Melchizedek) 51
"모든"(all) 범주와 대상 101, 108
"모든 사람"(every one)
범위와 대상 93-94
물(water)
"물로 거듭남" 148, 151
종교적 사용 148
미사(Mass)
로마 가톨릭 교리 84
믿음(faith)
믿음의 개념 160-165
계시에 기초한 믿음 251
구원의 핵심 168
그리스도를 영접함 126-127
로마 가톨릭의 견해 167
믿음과 칭의 129-130, 189-190
믿음의 독특함 192
믿음의 보증 160-165
믿음의 본질 165
믿음의 삶 193
아브라함의 믿음 186
이신칭의에 대한 성경의 가르침

ㅂ

반율법주의(antinomianism) 227
배교(apostasy)
배교의 의미 223
보편구원론(universalism)
모든 민족에게 주어진 복음 110
보편적 표현들 11
복음 메시지(Gospel message) 67, 110
부르심(call, calling) 124, 127
그리스도와의 연합과 부르심 240-241
보편적인 부르심 136
부르심에 대한 응답 145, 228-229
부르심의 개념 132, 139, 141-142
부르심의 결과 229-230
부르심의 본질 139-140
부르심의 우선성 142-144
부르심의 주인 136
부르심의 패턴(목적) 140-142
성화와 부르심 207-208
유효한 부르심 135
부활(resurrection)
그리스도의 부활 77, 107
마지막 날에 있을 부활 231, 238,
254-255, 262
부활과 새로운 삶 107
분리, 소외(alienation) 59, 63

269

분리의 원인 68
이중적 분리 57
또한 '원한'을 보라.

ㅅ

사귐(fellowship) '그리스도와의 교제'
를 보라.
미리 아심(foreknowledge) 128-129,
140, 229
사랑(love)
사랑과 속죄 54-56
사랑과 안전 104-105
사랑과 죄에 대한 심판 118
사랑에 대한 부시넬의 언급 86-87
사랑의 불변성 233-234
사랑이 나타남 35-37
영원한 사랑과 구속 86
하나님의 사랑 25, 44, 89, 198, 201
새로운 출생(new birth) '거듭남'을 보라.
생명(life)
새 생명 106, 109, 238
영생 37, 105
선택(election) 102, 143, 164, 237,
239-240, 248
성경(bible)
유일한 원천과 규준 115
성도(saints)
마지막까지 견디는 자들 227-234
성령(Holy Spirit)
"성령으로 남" 149, 151
"신령한", "영적인" 208, 242
결정과 성령의 역사 149-150

그리스도의 성령 242
성령과 그리스도와의 연합 250-251
성령의 역사로서의 성화 208, 214-216
성령의 증거 198, 251
양자의 영 196
성육신(incarnation) 84
성화(sanctification) 77, 82, 124-125,
132-133, 173, 248
거듭남과 성화 207-208
부르심과 성화 207-208
성화에서 우리의 행위 215-217
성화와 성령 214-215
세례(baptism) 147
세상(world) 92-93, 109-110
소망(hope)
신자의 소망 258, 262
하나님의 영광의 소망 239
속전(ransom) 69, 75
속죄(propitiation) 39, 76, 86
속죄와 사랑 54
속죄의 범위, 배타성, 영속성 110-111
속죄의 의미 52
신약과 구약에서의 이해 51-52
잘못된 이해 54
속죄제(sin-offering) 48
또한 '희생'을 보라.
속함, 보상(expiation) 50, 75, 85-86
구약에서의 이해 47
순종(obedience)
구속의 조건 85
그리스도의 순종 35, 39
그리스도의 순종이 가진 의 184, 189
순종과 성향과 결심 44

순종과 십자가의 죽음 43-45
순종과 죽음 40
순종을 배움 44
이중적 순종 43
인성으로의 순종 45
적극적인 순종과 소극적인 순종
   41-43, 72
"신비"(mystery) 243
신자의 징계(chastisement of believers)
   81
십자가(Cross)
   그리스도의 십자가 35
   십자가 죽음 43
   십자가의 영광 113

ㅇ

아들됨(sonship) '양자됨'을 보라.
안전(security) 104, 119, 206, 227, 233
   또한 '견인'을 보라.
알미니안(Arminians) 227-230
양자됨(adoption) 71, 126-127
   그리스도와의 연합과 양자됨 248
   양자됨과 거듭남 195
   양자됨과 칭의 195
   양자됨의 개념 196
   양자됨의 특징 195
   자녀됨의 실체 200
   또한 '성부됨'을 보라.
어린양(lamb)
   하나님의 어린양 47
연합(union)
   그리스도와의 연합 45-47, 132-133,
      141-142, 167-168, 256
   연합의 본질 240-247
   부르심으로 연합함 207-208, 240-241
   불가분리성 238-239
   양자됨과 연합 247-248
   연합을 통한 칭의 78-79
   연합을 통해 죄의 지배에서 자유함
      210
   연합의 원천과 열매 239-241
   연합이 주는 위로 239-240, 248-249
   연합과 적용 247
영화(glorification)
   영화와 "불멸성" 26
   영화와 구속의 적용 124, 127-129,
      178
   영화와 그리스도의 영광의 나타남
      257-258
   영화와 피조물이 새롭게 됨 259
   영화의 의미 253
예정(predestination) 102, 128-129, 229
   양자로 정하심 248
완전주의자들(perfectionists)
   완전주의가 가진 세 가지 결정적인
      잘못 209-210
용서(forgiveness) 173
용서(remission) '용서'를 보라.
   모든 죄와 정죄로부터의 벗어남
      186-187
"원수들"(enemies)
   적극적인 의미와 소극적인 의미 66
원한, 적개심(enmity)
   적개심과 유효한 부르심 145
   적개심과 화목 57-60

주관적인 원한 63
하나님께 적용할 때 56
웨스트민스터 소요리문답(Westminster
　Shorter Catechism) 169, 254
웨스트민스터 신앙고백서(Westminster
　Confession of Faith) 89
율법(law)
　그리스도와 율법 42-43
　율법과 관련된 구속 70
　율법의 금지와 요구 42
　율법의 저주 70-71
　의식법 71
　행위의 율법 72-73
은혜(grace)
　"은혜에서 떨어짐" 227
　구속의 적용에 있어서의 은혜 137,
　　143, 146, 151, 183, 187, 198, 201,
　　206, 217, 234
　영원의 관점에서 본 은혜 141
　은혜로 말미암은 구원 238
　은혜로 말미암은 칭의 187, 192
　은혜의 복음의 영광 168
　주권적인 명령과 은혜의 초청 163
　하나님의 은혜 89, 111, 133
의(righteousness)
　그리스도의 의 35, 90
　만물의 갱신 259-260
　우리 안에 있는 의 187-188
　의의 종됨 214
　전가된 그리스도의 순종의 의 184
　하나님의 의 189
　행위의 의 187
　회개와 의 170

인성(human nature)
　그리스도의 인성과 대속의 역사적 성
　　격 83
　인간 본성에서 성취된 의 189
　인성으로 순종하심 44
　하나님의 버림을 받음 117

ㅈ

작정(decree)
　의롭다 하기 위한 작정 130
　하나님의 주권적인 작정 29
전가(imputation)
　의의 전가 184
　죄의 전가 47
정결(purification) 148-149
정의(justice)
　정의의 요구 90, 116
　하나님의 정의 36, 73
정적주의(quietism) 227
제사장(priest)
　그리스도의 제사장적 기능 50, 85
제시(offer)
　값없는 제시 99
　복음의 보편적인 제시 161
　복음의 제시 99
종(servant)
　의의 종 그리스도 40
종교개혁자들(reformers)
　그들의 강조점 167
죄(sins)
　과거와 장래의 죄 186-187
　그리스도가 죄를 담당함 89-90,

116-117
사랑과 죄에 대한 심판 118
신자 안에 남아 있는 죄 211-212
온 세상 죄 92
우리 죄를 회개함 170-171, 173
죄로부터의 구원 35-37
죄와 분리 55-56, 62-63
죄와 속죄의 필요 52-53
죄와 허물로 죽음 145
죄와 희생 46-47, 50-51
죄의 모든 결과로부터의 구속 254, 260
죄의 실체와 심각성 33, 110-111, 175-176
죄의 지배로부터의 자유 154, 209-210, 225-226
죄책과 죄의 권세로부터의 구속 73-74, 193-194
하나님의 심판 36, 116
현존하는 죄 89-90, 116-117
죽음(death)
　그리스도 안에서 죽음 76, 238
　그리스도의 죽음 95-96
　그리스도의 죽음과 구원 43
　그리스도의 죽음과 보편 속죄 93-94
　그리스도의 죽음의 의미 95-96, 100-103, 106-109
　사망에서 생명으로 옮김 152
　사망을 멸함 254
　신자들의 죽음 253-254
　역사적 사건 63
　죽음과 새 생명 76
　또한 '순종'을 보라.

중보(intercession)
　그리스도의 중보 51, 103
중보자(advocate)
　우리의 중보자이신 그리스도 112, 211, 216
지혜(wisdom) 28, 44
진노(wrath)
　진노를 깨달음 161
　진노와 하나님의 선하신 기쁨 184-185
　판결에 따른 하나님의 진노 211
　하나님의 진노를 누그러뜨림 55-56, 95
　하나님의 진노와 율법의 요구 70-71
　하나님의 진노와 칭의 175-176

책임(responsibility)
　인간의 책임 140, 168-169
칭의(justification) 72, 74, 82, 90, 93, 103
　"영원"한 칭의와 실제적인 칭의 130
　거듭남과 칭의의 구분 181-182
　그리스도를 믿는 믿음으로 의롭게 됨 35-36
　로마 가톨릭의 교리 178, 187
　믿음과 칭의 129-130, 186-187
　법정적 칭의 183
　부르심과 칭의 124, 127
　성경의 용례 178-179
　칭의에 있어서 신자의 행위 189-190
　칭의에 있어서의 구성적인 행위 183-184
　칭의와 구속주의 의로움 34
　칭의와 양자됨 195-196

273

칭의와 우리 안에 이루어진 의 188
칭의와 인간의 본성 65
칭의의 의미 177-178, 182
칭의의 특징 182-183
행위로 의롭게 됨 187, 228

ㅍ

필요(necessity)
　가설적 필요 28, 31
　결과적 절대적 필요 28, 37

ㅎ

하나님(God)
　삼위 하나님의 위격 간의 연합
　244-246
　성부 하나님 137-138, 200-204
　성부 하나님과 그리스도와의 연합
　249-250
　또한 '경륜', '작정', '하나님의 부성',
　'은혜', '거룩', '정의', '율법', '사랑',
　'지혜', '진노'를 보라.
하나님의 부성(fatherhood) 200-206
　보편적 부성 199
　삼위일체적 부성 198
　하나님의 부성과 구속의 적용 200
　하나님의 부성과 신성의 제 일위 202
　하나님의 부성의 다른 관계 204-205
　또한 '양자됨'을 보라.
항의파(remonstrant)
　대속의 교리 89
화목(reconciliation) 39, 56-68, 75, 86

법정적 성격 67
신약성경에서 "화목하게 하는 것"과
　"화목" 57-68
하나님의 역사 67
화목과 동의어로서의 칭의 130
화목의 의미 66
회개(repentance) 207-208
　믿음과 회개의 상관관계 170
　회개의 의미 170-171
회심(conversion) 127, 132
효력(efficacy)
　그리스도를 믿는 믿음의 효력 168-169
　그리스도의 사역의 효력 31-33, 85,
　89, 98
　효력 있는 대속 113
　효력과 그리스도의 죽음과 부활의 가
　치 215-216
희생, 제사(sacrifice)
　구약과 신약에서의 희생 개념과 속죄
　52
　그리스도의 사역을 제사로 이해 47
　모든 좋은 선물을 주시는 것과 상호 관
　계가 있는 희생 102
　그리스도의 자기 희생과 순종 44
　그리스도의 희생 40
　대속에 대한 마틴의 생각 88-89
　대속에 대한 부시넬의 언급 86-87
　레위기적 패턴 32-33, 49
　희생의 본질 50-51
　역사적 사건 84
　요구된 희생 35
　자기 희생의 원리 86
　희생의 효력 31-32, 85,